L'administration locale au Maghreb après les printemps arabes

Algérie, Maroc, Tunisie

Collection *Droit des collectivités territoriales*
fondée et dirigée par
Bernard POUJADE et Xavier CABANNES
Professeurs à l'Université Paris Cité

Série des travaux de l'association française
de droit des collectivités locales

Dernières parutions

Benjamin TENDRON, *Les pôles d'équilibre territoriaux et ruraux et la « politique de pays »*, 2022.
Pauline TÜRK (dir.), *Pour un droit constitutionnel des collectivités territoriales. Évolutions et débats*, 2020.
Marie JAN, *L'égalité professionnelle dans la fonction publique territoriale. L'exemple de la Région Nouvelle-Aquitaine*, 2020.
Jean-Christophe CERVANTES, *Le principe d'unité des catégories de collectivités territoriales en question*, 2019.
Carole CHEVILLEY-HIVER, Matthieu HOUSER et Anne MARCEAU (dir.), *Les collectivités territoriales à l'ère du numérique*, 2019.

Thierry DI MANNO et Alexis LE QUINIO (dir.), *Quelle(s) commune(s) pour le XXIe siècle ? Approche de droit comparé*, 2018.

Maylis DOUENCE (dir.), *L'exercice des compétences locales entre rationalisation et créativité*, 2018.

Apolline THIRION, *La nouvelle compétence GEMAPI, Gestion des milieux aquatiques et préventions des inondations, Quels moyens mis à disposition des collectivités territoriales pour structurer et financer cette nouvelle compétence ?*, 2018.

Jean-Marc BROU (dir.), *La dynamique de l'économie mixte dans la région Occitanie*, 2017.

Julie BENETTI (dir), *Les collectivités territoriales et le principe d'égalité*, 2016.

Mathilde MONTAUBIN, *Le référendum d'indépendance de l'Écosse*, 2016.

Jean-François BRISSON, *L'Assemblée délibérante, avenir de la démocratire locale ?*, 2016.

Sous la direction de
Dominique Maillard Desgrées du Loû
et Jean-Philippe Bras

L'ADMINISTRATION LOCALE AU MAGHREB APRES LES PRINTEMPS ARABES

Algérie, Maroc, Tunisie

L'Harmattan

Colloque international de Paris des 10 et 11 janvier 2019

Avec le soutien de l'Institut du Monde arabe

Actes réunis par D. Maillard Desgrées du Loû

5-7, rue de l'École-Polytechnique ; 75005 Paris
http://www.editions-harmattan.fr
ISBN : 978-2-14-028770-1
EAN : 9782140287701

SOMMAIRE

LES PRINTEMPS ARABES DANS LE MAGHREB CENTRAL : LA FIN DU SYNDROME CENTRALISTE ?

Jean-Philippe BRAS

Professeur de droit public à l'Université de Rouen
Centre universitaire rouennais d'études juridiques CUREJ (EA4703)

L'histoire politique et administrative sur la longue durée du Maghreb central n'exprime pas, c'est le moins que l'on puisse dire, un tropisme particulier pour la décentralisation. Le local et le central sont perçus par les protagonistes de leurs relations comme antithétiques, antagonistes, donnant lieu à des rapports tourmentés, procurant l'avantage tantôt aux centralités, tantôt aux périphéries. Et la construction des centralités s'opère à l'encontre des périphéries comme entités politiques, que l'Etat soit beylical (Algérie, Tunisie), chérifien (Maroc), colonial, ou Etat-nation des indépendances. Aussi, les réformes constitutionnelles qui ont accompagné les transformations politiques des printemps arabes à partir de 2011, marquent de ce point de vue une rupture (certes d'intensité variable) et une réponse : une rupture, en affichant la décentralisation comme l'un des principes majeurs devant dorénavant présider à l'organisation des pouvoirs publics ; une réponse à une dimension essentielle des crises politiques à l'origine des printemps arabes, sa dimension territoriale, au travers de mobilisations s'articulant autour de la mise en question de la relation entre centre et périphéries.

Si l'on veut rechercher une constante dans l'histoire longue (braudélienne) des rapports entre le central et le local au Maghreb, c'est une forme d'intranquillité qui peut la qualifier, dans une confrontation entre un pouvoir d'Etat centralisateur et souvent prédateur, et un pouvoir local rétif à la centralisation et prompt à l'insurrection. Une tension structurelle entre le central et le local traverse les grandes séquences historiques de la région, médiévale, moderne et contemporaine. Elle vaut pour les différentes versions de l'exercice du pouvoir dans des espaces du politique en variation entre l'empire (ottoman, colonial), la royauté, l'Etat-nation, et les communautés sub ou supraétatiques (religieuses, lignagères, locales).

Des contraintes de structure peuvent éclairer cette dimension antagoniste des rapports entre le local et le central.

I. L'édification des entités politiques du Maghreb arabe et le défi géographique de l'intégration verticale

La première de ces contraintes est manifeste. Elle se lit sur les cartes, relevant de la géographie physique, que viendra relayer la géographie humaine. Les grandes entités politiques territoriales de la région se composent sur le mode de la verticalité, dans un axe nord-sud, alors que la structuration géographique (physique) de ces territoires obéit à une horizontalité : mer-côtes-plaines au nord[1] et aux contours périphériques de l'est et de l'ouest ; chaînes montagneuses se dressant au centre, du Haut Atlas à la dorsale tunisienne ; le Sahara déployant ses espaces désertiques au sud.

Il en résulte une association en étages de ces trois types de configurations géographiques dans chacun des trois Etats.

Cette verticalité viendra même se dupliquer en interne dans l'Algérie ottomane, en trois *beyliks*, et se répliquer dans l'Algérie coloniale après 1830, avec trois provinces puis départements qui reprennent les contours des beyliks.

Un tel trait géographique suscite l'étonnement d'Emile Larcher dans son Traité de législation algérienne. « *C'est par une singularité de l'histoire que l'Algérie, divisée par trois zones parallèles à la mer, s'est trouvée administrativement partagée en trois régions perpendiculaires à la côte* »[2].

---

[1] Avec quelques exceptions, rifaine ou kabyle, où les contreforts montagneux viennent mouiller en Méditerranée.

[2] E. Larcher, *Traité élémentaire de législation algérienne*, Arthur Rousseau, Paris-Adolphe Jourdan, Alger, 1903, tome I, p. 453.

Or, ces considérations ne sont pas sans conséquences sur les humaines géographies, par une mise ensemble de populations ayant des rapports très différenciés aux territoires. Les densités d'occupation des territoires sont très variables, faibles en zone saharienne, fortes dans les plaines et sur les côtes où se déploie le principal du tissu urbain, variables dans les massifs montagneux. Les contraintes climatiques et géographiques dictent les modes d'usage des territoires, entre pastoralisme et agriculture, commerce et artisanat. Elles déterminent les mobilités, entre sédentarités urbaines et périurbaines, rurales aussi, nomadisme et semi-nomadisme scandés par l'économie caravanière et la transhumance.

Ces disparités géographiques et leurs conséquences conduisent à un traitement lui-même différencié des populations par le pouvoir central. Elles posent notamment la question de l'accessibilité du pouvoir central à certains ensembles de populations, rendue malaisée par des barrières physiques, et celle de la possibilité d'une centralité géographique de la localisation du pouvoir d'Etat. Aussi, celui-ci se trouve souvent excentré, dans un positionnement géographique côtier (Tunis, capitale de l'Ifriqiya hafside, Alger, mais aussi la Bougie médiévale) ou à proximité des établissements côtiers (Tlemcen, sous les Abdelwadides, entre le XIIIe et le XVIe siècle). Il est certes moins périphérique quand il se localise dans les plaines intérieures au Maroc (Fès idrisside, puis mérinide, Marrakech, fondée pas les Almoravides, Meknès), et pour l'épisode du royaume de Kairouan en Tunisie (capitale aghlabide au IXe siècle). Mais la construction d'une centralité consolidée du pouvoir politique et administratif y est tout aussi malaisée, comme le reflètent les pratiques ambulatoires entre villes impériales de la monarchie marocaine. Et quand se pose la question de l'édification d'un Etat moderne, le tropisme côtier revient au galop (Casablanca, capitale économique, et Rabat, capitale administrative).

Une autre conséquence de cette configuration géographique du pouvoir politique au Maghreb est la distance, l'éloignement qui s'instaure entre les espaces urbains, la ville lieu du pouvoir central et des espaces ruraux qui vont s'auto-organiser dans des structures tribales et maraboutiques. Ce type de configuration est au fondement de la thèse que développe Ibn Khaldoun au XIVe siècle sur les dynamiques politiques au Maghreb, exposée dans les *Prolégomènes*. Car cette distance génère une opposition entre deux types de « civilisation » (*umran*). L'une relève de la vie bédouine (*umran al badawi*) pratiquant les vertus militaires, le courage, la solidarité (*asabiyya*), la frugalité et le consensus. L'autre est urbaine et sédentaire (*umran al-madani*). L'individu y épargne et recherche le superflu. Les solidarités se désagrègent. Des populations sans virilité confient la protection de la cité à des mercenaires et le pouvoir central s'exerce par la force et non par le consentement. De cette opposition naît une confrontation débouchant sur une construction cyclique de l'histoire, scandée par des temps de décadence et de régénérescence des entités politiques[3]. Une histoire toujours fatale, car les vainqueurs du jour seront les vaincus du lendemain. Les forces bédouines – les Almoravides de Youssef Ben Tachfine en remontant des étendues sahariennes au XIe siècle, la confédération de tribus almohades en descendant des montagnes de l'Atlas au XIIe siècle – emportent tout sur leur passage. Mais, en investissant les centres de pouvoir, elles s'y arrêtent, se sédentarisent et entrent dans le cycle implacable de la dévitalisation. Le pouvoir bédouin devient urbain, décadent… et prédateur. Car, par l'impôt il faut financer les mercenaires auxquels on délègue le pouvoir militaire que l'on n'exerce plus, et le luxe de la vie urbaine auquel l'homme de la montagne ou du désert a pris goût. La trop forte pression fiscale déprime l'économie, le centre politique s'affaiblit et se rend vulnérable aux assauts d'autres tribus bédouines qui, dans leurs montagnes ou leurs parcours sahariens, ont gardé intacte l'*asabiyya* pourvoyeuse de la victoire militaire.

Une autre source de la fragilité des centralités politiques dans le Maghreb médiéval est l'absence de leur installation dans un cadre territorial stable. Ainsi s'enchaînent des séquences de fragmentation, favorisées par l'affaiblissement du califat abbasside, ou d'unification (sur une base religieuse avec les dynasties fatimides au Xe siècle, puis almoravides et almohades)

---

[3] Sur ces points, voir Gabriel Martinez-Gros, *Ibn Khaldoun et les sept vies de l'Islam*, Sindbad, Actes Sud, 2006, pp. 55-104.

d'une entité aux contours maghrébins (incluant *Al-Andalus*) ou beaucoup plus larges pour les Fatimides. Les deux derniers siècles de l'ère médiévale connaissent une stabilisation toute relative des centralités politiques à travers la dualisation Mérinides à l'ouest, Hafsides à l'est[4]. Si l'instauration de l'empire ottoman a un effet de modération sur les cycles khaldouniens, en fixant les centralités politiques sur des bases extérieures, elle ne met pas fin à une partition des territoires dans leur rapport à un pouvoir central. Le lien politique et administratif entre le pouvoir central et les populations locales, et les pouvoirs locaux, s'établit selon des modalités différenciées et une intensité variable selon la proximité et l'accessibilité. Interviennent aussi le mode d'occupation et d'usage des territoires par les populations et leur capacité d'auto-organisation politique au travers des structurations et des solidarités tribales (dans les filiations affichées) et religieuses (autour d'une figure maraboutique). Ces paramètres connaissent des variations historiques qui se manifestent notamment par les alternances d'avancées et de rétraction du *bled makhzen*, territoire sur lequel l'Etat exerce son contrôle et prélève l'impôt, dans son rapport au *bled siba*, terre de dissidence.

La fragilité des centralités et la capacité réelle ou supposée des périphéries à renverser la table marquent l'histoire longue du Maghreb, dans une forme de syndrome de l'attente indéterminée aux *limes*[5]. Qui rejouera la scène de la descente des montagnes ou de la remontée du désert pour investir le centre politique ? Et quand ? Elle déteindra sur l'état d'esprit des édificateurs des Etats-nations au lendemain des indépendances (cf. *infra*).

Ce pouvoir du local, qui à tout moment peut se retourner contre le centre politique, repose sur la force guerrière, par la mobilisation des lignages, des solidarités familiales et tribales, marque des sociétés segmentaires. Mais il se déploie également

---

[4] Sur les évolutions de la carte politique du Maghreb médiéval, voir Cyrille Aillet, Emmanuelle Tixier, Eric Vallet, *Gouverner en Islam Xe-XVe s.*, Atlante, Clamecy, 2014, pp. 112-177.

[5] Une déclinaison littéraire du syndrome, sur des territoires imaginaires, est déclinée avec le meilleur des talents par Dino Buzzati (*Le désert des Tartares*) ou Julien Gracq (*Le rivage des Syrtes*).

au travers des forces spirituelles, où il est encore question de lignage, du Prophète (*chorfas*) ou des saints et de leurs descendants (marabouts et *zaouias*). Et les forces spirituelles peuvent se montrer aussi redoutables que la force guerrière – et se convertir en forces guerrières – comme l'illustre la « crise maraboutique » que connaît le Maroc au XVIIe siècle[6].

Aussi, le pouvoir central doit-il gouverner ses territoires en composant avec ces forces du local. Alexis de Tocqueville note dans son *Rapport sur l'Algérie* de 1841, qu'« *un émir ne commande point, comme les rois de l'Europe, à des particuliers... mais à des tribus qui sont de petites nations complètement organisées* »[7]. Il en résulte une relation entre le central et le local qui repose sur deux mécanismes : l'allégeance ; une réciprocité des obligations. L'entité locale (tribu) prête allégeance à la figure du pouvoir central (roi, sultan, bey ou dey selon le cas). Ce lien d'allégeance peut comporter une dimension spirituelle, comme dans sa version marocaine de la *beia*. Il n'est ni suzeraineté, car collectif, sans dimension personnelle dans un rapport de vassalité, ni souveraineté, dans la mesure où il est susceptible de se défaire. D'où la variabilité des territoires d'allégeance, du *bled makhzen* face au *bled siba*. L'allégeance emporte des obligations réciproques : du pouvoir central, de protection des entités locales ; des entités locales, au travers de l'obligation fiscale, du paiement de l'impôt et militaire, de la levée des troupes.

Les relations entre pouvoir central et entités locales s'articulent dans un dispositif institutionnel. Le pouvoir central est représenté dans sa relation avec les entités locales par le *caïd*, signalé par la littérature dès le XIIe siècle sous les Almohades. Il a en charge la conduite de la *mahalla*[8], ou *harka* au Maroc, cette

---

6 Sur « la révolte des saints », voir Pascal Buresi (dir.), *Histoire des pays d'islam. De la conquête de Constantinople à l'âge des révolutions*, Collection U, Armand Colin, Paris, 2018, pp. 153-156.

7 A. de Tocqueville, *De la colonie en Algérie*, Editions Complexe, Gallimard, Paris, 1988, p. 65.

8 Sur le lien fiscal et la *mahalla* comme axe fondamental des rapports entre le local et le central, voir Abdelhamid Hénia, « *Les notables dans la Tunisie de*

colonne fiscale qui vient prélever périodiquement l'impôt, versé sous la forme d'une contribution globale et forfaitaire, auprès des communautés locales. Il est nommé par le pouvoir central et extérieur à ces communautés. Le Maroc connaît une version urbaine de cette institution, le *bacha*. En vis-à-vis, le pouvoir local est représenté par l'institution du *cheikh*. Le cheikh est l'interlocuteur du pouvoir central, désigné par l'entité locale (la tribu). Il est l'auxiliaire du caïd dans la collecte de l'impôt. Sa nomination est conditionnée par le paiement d'une taxe au pouvoir central (*tariq el machiyakh*). Enfin, les communautés locales connaissent des institutions délibératives, les *j'maâ* de tribu ou de douar. Mais ce schéma général est flottant, ne s'appliquant qu'aux zones sous contrôle du pouvoir central, de *bled makhzen*. Chaque *mahalla* pouvait être une aventure risquant de tourner mal, ce qui justifiait sa dimension fortement militaire, avec des troupes fournies par les tribus *makhzen* ou *guich* au Maroc et les corps de janissaires (dans les provinces ottomanes). De plus, quand elles avaient affaire à des populations mobiles, ces dernières étaient susceptibles de se déplacer pour tenter d'échapper à l'impôt.

Le XIXe siècle est marqué par une évolution de ces dispositifs institutionnels organisant les relations entre pouvoir central et entités locales, en corrélation avec un affermissement de l'Etat dans son rapport au local, et son autonomisation progressive vis-à-vis de la Sublime Porte, entamée dès le XVIIe siècle, pour les provinces ottomanes. Les structures articulant le pouvoir central et les pouvoirs locaux se densifient[9]. Ainsi, l'institution du caïd, initialement conçue pour assurer une représentation du pouvoir central auprès des autorités locales, en vient à se notabiliser, à devenir une structure d'intermédiation. Les caïds s'enracinent, sont nommés au sein des communautés locales et leurs

---

l'intérieur (XVIIIe-XIXe siècles) » in A. Hénia, (dir)., *Etre notable au Maghreb. Dynamique des configurations notabiliaires*, Maisonneuve et Larose, Paris, 2006, pp. 141-151.

[9] Pour l'organisation de cette administration du local sous la dynastie husseinite en Tunisie, voir Gérard Marcou, « *L'administration territoriale en Tunisie et les enjeux de la décentralisation* », in H. Ben Salah, G. Marcou (dir.), *Décentralisation et démocratie en Tunisie*, Imprimerie Officielle de la République Tunisienne, L'Harmattan,1998, pp. 8-14.

compétences sont étendues. Leur rapport étroit avec le pouvoir central devient un avantage, et non plus un inconvénient, dans leur relation aux entités locales dont ils sont issus. Et leur enracinement local leur donne une capacité nouvelle de négociation avec le pouvoir central[10]. Parallèlement, le cheikh perd sa qualité d'autorité locale, se fonctionnarise, sa nomination étant dorénavant contrôlée par le pouvoir central. La réforme fiscale impose progressivement l'impôt par capitation, au détriment du tribut tribal, source de révoltes cycliques, et qui faisait de la tribu le protagoniste incontournable du prélèvement de l'impôt. Enfin, le renforcement des appareils d'Etat, administration et armée, contribue à limiter ce cycle des révoltes locales[11]. Mais, comme on le sait, le mouvement de réformation des Etats intervient trop tard (notamment en Tunisie et au Maroc) pour empêcher que la région en vienne à tomber sous la férule du colonisateur européen.

II. La domination coloniale : centralisme et traitement différencié des populations et des territoires dans l'établissement d'institutions locales

Faut-il calquer l'organisation territoriale des colonies sur celle de la métropole, dans la conduite d'une politique dite d'assimilation ? Ou poser un particularisme des situations coloniales, par les spécificités des populations et des territoires contrôlés, justifiant un régime dérogatoire au droit de la métropole ? Les réponses varient dans le temps et selon les aires coloniales. Elles reposent généralement sur un compromis entre l'introduction d'institutions métropolitaines, la création d'institutions spécifiques à la colonie, et le maintien d'institutions locales, « indigènes », revisitées.

---

[10] Sur la trajectoire illustrative d'une grande figure notabiliaire à l'orée du moment colonial au Maroc, voir Yvonne Samama, « *Thami al-Glaoui ou l'émergence d'un pouvoir parallèle fort au Maroc, fin du XIXe-milieu du XXe siècle* », in *Etre notable au Maghreb. Dynamique des configurations notabiliaires*, *op. cit.*, pp. 245-257.

[11] Pour une analyse d'ensemble de ces évolutions, voir l'introduction d'Abdelhamid Henia à l'ouvrage précité *Etre notable au Maghreb. Dynamique des configurations notabiliaires*, pp. 16-31.

Mais ces réponses débouchent invariablement sur une organisation centralisatrice, car la colonisation est par essence une domination qui suppose un contrôle étroit de l'administration coloniale sur les territoires et les populations colonisés. Dès lors que le modèle colonial français reposait sur un régime d'administration directe, renonçant à utiliser pleinement le relais d'élites et de pouvoirs locaux comme le faisaient les Britanniques, il induisait un dispositif de gouvernement centralisateur, tant à l'intérieur de la colonie que dans la relation entre la métropole et la colonie. Et, de ce point de vue, les différences entre l'Algérie et les protectorats marocain et tunisien seront plus de forme que de fond. Par ailleurs, la politique d'assimilation conduisait mécaniquement à une centralisation administrative, dans la mesure où elle aboutissait à dupliquer un modèle, qu'il soit républicain, monarchique ou impérial, lui-même centralisateur. Enfin, en se substituant à l'autorité beylicale ou sultanienne, l'administration coloniale se trouvait confrontée aux mêmes affres des antagonismes structurels entre le central et le local au Maghreb.

Trois considérations principales amènent à différencier l'organisation administrative de l'Afrique du Nord. La première résulte du choix d'une colonisation de peuplement qui met en coprésence de manière durable des populations « européennes », militaires, fonctionnaires civils, colons, commerçants ... et des populations « indigènes ». Comme dans de nombreux autres domaines, se pose la question du droit applicable et des institutions dont relèvent ces différentes populations. Faut-il les soumettre à un même régime juridique, aux mêmes institutions ? Ou, au contraire, leur appliquer des régimes juridiques particularisés ? Plus précisément, les nouvelles institutions locales créées par le colonisateur doivent-elles couvrir l'ensemble du territoire et l'ensemble des populations ? Et que faire des institutions préexistantes ? La seconde considération a trait aux modalités de contrôle des territoires et des populations. Car le colonisateur, *a fortiori* parce qu'il est colonisateur, va retrouver la dualité entre zones sous contrôle et zones de dissidence dont les populations n'acceptent pas la tutelle du pouvoir central. Aussi, les régions promptes à la dissidence en dépit de la conquête coloniale relèveront durablement d'un régime d'administration militaire, alors que les zones pacifiées entreront dans le giron de l'administration civile. Enfin, la troisième considération, géographique, renvoie en partie à la seconde. Les territoires, montagnes et désert, et les populations, mobiles et dispersées, d'accès difficile, justifieront d'un régime d'administration où l'armée jouera encore un rôle principal.

Ces considérations vont donc déterminer la configuration de l'organisation administrative, dans la mise en place de nouvelles institutions locales de base, la commune, ou intermédiaires, le département et les territoires à statut spécifique, ou encore la conservation des institutions préexistantes, caïdats ou cheikhats.

Pour l'Algérie, la mise en place des institutions intermédiaires marque l'arrimage de l'organisation administrative à celle de la métropole, par la départementalisation. Initialement divisée en trois provinces (Alger, Constantine et Oran) par l'ordonnance du 15 avril 1845, l'Algérie se départementalise très vite sur les mêmes bases géographiques (arrêté du 9-16 décembre 1848, décret du 24 octobre 1870, supprimant les provinces). Le choix de l'organisation départementale de l'Algérie engage celle-ci dans la politique d'assimilation en matière d'organisation administrative. Mais l'option retenue du découpage géographique en trois départements qui, partant de la mer, s'étendent toujours plus au sud au fur et à mesure de la pacification, donne lieu à de vigoureux débats[12]. Ils déboucheront sur la création des Territoires du Sud sous administration militaire par la loi du 24 décembre 1902, qui stoppe cette progression du périmètre des départements vers le sud[13], et consacre la césure dans l'organisation territoriale entre le nord et le sud de l'Algérie. C'est aussi un coup d'arrêt dans la continuité de l'organisation territoriale avec la métropole, et la mise en œuvre de la politique d'assimilation. Mais ce coup

---

[12] Pour une analyse critique de ce découpage, E. Larcher, *op. cit.*, p. 456 et s.

[13] Ce découpage restera en vigueur jusqu'en 1955, quand est créé le département de Bône. Puis, dans le contexte du début de la guerre d'indépendance, le maillage territorial départemental se resserre, en 1956, avec la création de huit nouveaux départements, auxquels trois autres s'ajouteront en 1958, dont deux seront supprimés l'année suivante.

d'arrêt avait déjà été amorcé de manière spectaculaire par les décrets du 23 août 1898 et la loi du 19 décembre 1900, qui constituent l'Algérie en collectivité territoriale d'un type nouveau avec assemblées délibérantes. Louis Milliot y voit la préfiguration de ce que pourraient être des régions sur le territoire de la métropole, mais aussi du statut de l'Alsace-Moselle après son retour dans le giron national en 1918[14].

Pour les protectorats marocain et tunisien, il ne saurait être question d'une continuité de l'organisation territoriale avec la métropole qui irait à l'encontre des principes mêmes du protectorat. Aussi, en Tunisie, l'administration du Protectorat s'appuie sur les institutions du caïdat et du cheikhat, qui sont maintenues et dotées de conseils (1932-1945), puis sur des régions (1943-1947). Au Maroc, c'est l'institution caïdale qui est renforcée pour assurer l'intermédiation avec les collectivités de bases et les pouvoirs locaux.

Mais les spécificités de la domination coloniale et les paradoxes du projet colonial vont s'exprimer d'une manière encore plus évidente quand il s'agira d'établir la collectivité territoriale de base, la commune. Cet établissement se caractérise par le développement d'une version atrophiée de la commune sur les territoires nord-africains. Cette atrophie se manifeste de trois manières :

- la limitation de la couverture territoriale de l'espace par l'institution communale, exclue à la fois des territoires militaires (de commandement) – et ne concernant donc que les territoires civils – et des territoires « indigènes », par opposition aux territoires de colonisation ;

- les variations dans le statut et les compétences de la commune : véritable collectivité territoriale reposant sur le principe électif, disposant de compétences propres, ou autorités locales désignées par le pouvoir central, et exerçant des compétences restreintes,

---

[14] L. Milliot, *Le gouvernement et l'administration de l'Algérie*, in *L'œuvre législative de la France en Algérie*, Collection du centenaire de l'Algérie, Librairie Félix Alcan, Paris, 1930, p. 58.

sous la tutelle des autorités coloniales, avec la figure omniprésente du contrôleur civil ;

- le caractère discriminant de l'institution communale, avec un statut différencié selon les caractéristiques des populations (communes de plein exercice, communes mixtes, communes indigènes) et un accès inégal aux institutions locales par le processus électif (le mécanisme du double collège).

Les lois municipales marquent bien la prudence et les hésitations dans le processus d'introduction de l'institution communale sur les territoires des possessions d'Afrique du Nord. En Algérie, un arrêté ministériel du 1er septembre 1834 organise un corps municipal dans plusieurs villes. Mais c'est l'ordonnance du 28 septembre 1847 qui établit le premier régime municipal de l'Algérie. Les textes ultérieurs (1866-68, 1874) vont perfectionner ce dispositif, en différenciant le régime communal en fonction du degré de pénétration de la colonisation : les communes de plein exercice en territoires colonisés où la présence européenne est prépondérante ; les communes mixtes, caractérisées par la coprésence des colons et des indigènes ; les communes indigènes, dans une position intermédiaire entre territoire civil et territoire de commandement. La communalisation suit la colonisation. Par ailleurs, les hésitations du législateur sur la portée qu'il fallait conférer à l'institution communale en contexte colonial, se sont traduites par des aller-retour sur la mise en œuvre du principe électif appliqué aux autorités municipales, pour les populations européennes et *a fortiori* pour les populations musulmanes. Ces dernières ont toujours une représentation minoritaire dans les communes de plein exercice, et le principe électif ne s'applique pas dans les communes mixtes ou indigènes. Enfin, l'œuvre législative est marquée par la tension entre la démarche particulariste, dont les textes cités sont l'expression, et la démarche assimilationniste, visant à aligner le régime municipal de l'Algérie sur celui de la métropole. A ce titre, la loi municipale de 1884, directement applicable à l'Algérie, est un moment fort de la politique d'assimilation.

Les mêmes traits – couverture territoriale incomplète, régime différencié selon les populations concernées – se retrouvent dans les lois municipales marocaines (dahir du 21 novembre 1916 qui conserve l'institution locale de la *jemaâ*, sous l'appellation « *jemaâ* administrative », dahir du 8 avril 1917, qui établit la charte des municipalités), et les réglementations tunisiennes (décret du 1er avril 1885). Ces dernières s'appliquent initialement à un noyau territorial urbain où la présence européenne est déjà significative, résultat d'une implantation précoloniale, avec la rapide création des communes de Tunis, La Goulette, Le Kef et Sousse, puis Bizerte et Sfax. Mais, en cette matière, « *il n'est nul besoin de se hâter et de devancer le développement européen* » prévient Paul Leroy-Beaulieu[15]. De plus, il faut attendre une plus solide implantation française dans un pays où la présence italienne est d'emblée perçue comme une menace pour le protectorat.

La commune est une institution coloniale, et même s'il faut se garder de mettre la charrue avant les bœufs, soit communaliser avant de coloniser, la nécessité communale de la colonisation est patente, comme le proclame Tocqueville. « *Le plus urgent, ce qui est capital et ne saurait se remettre, c'est la création ou plutôt la reconstruction d'un pouvoir municipal. Toutes les colonies ont commencé par être des communes*[16] ». Elle est d'autant plus une institution coloniale qu'elle vient s'inscrire sur une page blanche. Louis Milliot relève que « *le fait principal est l'état quasi inorganique dans lequel nous avons trouvé l'Algérie* »[17] et que la commune y est absente au moment de la conquête. Selon lui, les Arabes ne connaissent que le douar ou la tribu. Quant aux Kabyles, toute analogie entre leurs modes d'organisation collective au niveau local et la commune française serait infondée. Aussi, la commune algérienne est-elle, selon Emile Larcher, un artifice institutionnel, « *œuvre du législateur plus que de la nature et de l'histoire* », alors qu'en métropole, elle est

---

[15] P. Leroy-Beaulieu, *L'Algérie et la Tunisie*, Librairie Guillaumin et Cie, Paris, 1887, p. 389.
[16] *Op. cit.*, p. 144.
[17] *Op. cit.*, p. 11.

une institution incréée, relevant de la « *nature des choses* »[18]. Son introduction en Algérie, sur le modèle de la commune française, illustre la marche en avant vers l'assimilation. Mais elle en consigne également les limites, dès lors que la politique de l'assimilation ne concerne que les institutions régissant à titre principal les populations européennes. A la fin de la période coloniale, on ne compte que cinq cents communes en Algérie, et le décret du 28 juin 1956 qui étend le régime de la loi de 1884 à l'ensemble de l'Algérie et prévoit d'en tripler le nombre ne sera pas mis en application en raison du début de l'insurrection[19]. La commune, une institution importée, associée au colonisateur et aux colons, où les droits civiques des indigènes sont amputés ou inexistants, cette image de l'institution n'était pas faite pour la servir au moment des indépendances nationales.

III. Les indépendances nationales : les constitutions, miroirs du discrédit du local

Au moment des indépendances, plusieurs facteurs contribuent à disqualifier les pouvoirs locaux, tels qu'ils avaient été établis par le colonisateur :

- les institutions locales apparaissent comme des institutions coloniales au service du colonisateur. Elles ne sont pas appropriées par les nationaux, ce que confirme l'absence de mobilisations locales en vue de leur conservation ;

- les élites locales sont décrédibilisées, car compromises avec le colonisateur. Au Maroc, par exemple, la politique des grands caïds menée par le protectorat a largement contribué à dévaloriser l'institution caïdale ;

- les fondements traditionnels, religieux et tribaux, du pouvoir local, sont stigmatisés. En Algérie et en Tunisie, les pouvoirs publics mènent ouvertement une politique hostile aux *zaouïas*, et le Mouvement national marocain n'y est guère plus favorable. Par ailleurs, la limitation ou la suppression du régime des *habous*

---

[18] *Op. cit.*, p. 481.

[19] A. Remili, *L'organisation administrative de l'Algérie*, Direction générale de la fonction publique, Alger, 1973, p. 75.

fait perdre une partie de sa base économique aux élites maraboutiques. Le tribalisme, associé au nomadisme, est perçu comme une menace pour l'unité nationale. Dans une formulation lapidaire, le président Bourguiba proclame qu'« *il n'est de civilisation que dans les peuples sédentaires* ». Et la rhétorique bourguibienne s'attaque sans ménagement au tribalisme et au nomadisme, à ces populations dangereuses, bédouines, du sud, ou *fellaghas,* proches de l'Algérie.

Aussi, le chemin est-il dégagé pour un projet national résolument centralisateur, s'engageant dans les voies de la modernisation autoritaire, sous le leadership d'un homme (*zaïm*), d'un parti (unique), ou d'une institution (la monarchie, l'armée). Des élites de substitution, produit des luttes de libération nationale, se mettent en place, organisées autour de cette centralité. Certes, les autorités de l'indépendance reconduisent grosso modo le dispositif d'institutions locales de la période coloniale, mais le mettent sous la dépendance de l'Etat, et/ou du Parti[20]. La question du rôle respectif de l'Etat et du Parti dans le contrôle des collectivités locales est dirimante pour l'Algérie et la Tunisie[21], mais ne se pose pas dans les mêmes termes pour le Maroc qui a établi un pluripartisme constitutionnel.

Les constitutions des indépendances sont le symptôme le plus évident de ce paradigme centraliste. Elles sont porteuses d'un modèle fusionnel de l'Etat-nation, laissant une part congrue aux collectivités locales.

---

[20] Les trois pays connaissent d'abord un régime que l'on qualifiera de transitoire, qui se caractérise par des réformes limitées et une faible autonomie communale : décret beylical du 14 mars 1957 en Tunisie ; dahirs du 1er septembre, du 2 décembre 1959 et du 23 juin 1960, au Maroc ; régime des délégations spéciales en Algérie (1963). Puis chacun des pays se dote progressivement d'une véritable législation communale. En Algérie, le Conseil de la Révolution adopte le 26 octobre 1966 une charte communale qui donnera lieu à une ordonnance du 18 janvier 1967. La Tunisie promulgue le 13 mai 1975 une loi organique des communes. Le Maroc fait de même avec la charte communale du 30 septembre 1976.

[21] Sur le contrôle des administrations locales par les instances du parti en Algérie, voir A. Remili, *op. cit.*, pp. 26-27 ; pour la Tunisie, G. Marcou, *op. cit.*, pp. 43-45.

La Constitution algérienne du 10 septembre 1963 comporte un article unique, l'article 9, relatif aux « collectivités administratives », dont la brièveté est parlante : *« La République comprend des collectivités administratives dont l'étendue et les attributions sont fixées par la loi. La collectivité territoriale administrative, économique et sociale de base est la commune »*. Les notions de libertés locales, ou de libre administration des collectivités locales, n'apparaissent pas. Les collectivités établies par la constitution apparaissent plus comme des supports de l'administration d'Etat, que comme de véritables entités locales. Le préambule de la constitution affirme la primauté de l'unité nationale, avec ses marqueurs identitaires, l'islam et l'arabité, et de l'intégrité territoriale de la République. Il établit une organisation politique construite autour d'un parti unique, le Front de Libération Nationale, érigé sur le principe du centralisme démocratique. Sur le plan idéologique, la référence au socialisme est clairement un autre facteur qui fait barrage à l'affirmation des libertés locales.

La Constitution marocaine de 1962 est à peine plus détaillée sur l'organisation des collectivités locales, même si les dispositions les concernant sont réunies dans un titre distinct, le titre XIII, comportant trois articles :

« Article 93. Les collectivités locales du Royaume sont les préfectures, les provinces et les communes. Elles sont créées par la loi.

Article 94. Elles élisent des assemblées chargées de gérer démocratiquement leurs affaires dans des conditions déterminées par la loi.

Article 95. Dans les préfectures et provinces, les gouverneurs exécutent les décisions des assemblées préfectorales et provinciales. Ils coordonnent en outre l'action des administrations et veillent à l'application des lois. »

Le dispositif marocain est certes plus complet, la constitution reconnaissant trois types de collectivités locales, au lieu d'un pour l'Algérie. Il affirme le principe électif, s'appliquant aux assemblées locales, et le principe démocratique dans la gestion des affaires locales, mais installe simultanément la figure tutélaire du gouverneur. Il écarte cependant le scénario d'une double tutelle de l'Etat et d'un parti unique sur les collectivités locales, en constitutionnalisant le multipartisme et en prohibant explicitement le régime du parti unique (article 3). La tonalité centralisatrice de la constitution est également à mettre en rapport, comme pour l'Algérie, avec l'affirmation forte de l'unité nationale, de l'intégrité territoriale et des marqueurs identitaires (l'Islam, la langue arabe), dont l'institution monarchique est garante, dans un Etat fraîchement indépendant.

La Constitution tunisienne du 1er juin 1959, même si elle comporte un chapitre VIII consacré aux collectivités locales, bat tous les records de brièveté, en un article unique (article 59) ainsi énoncé : *« Les conseils municipaux et les conseils régionaux gèrent les affaires locales, dans les conditions prévues par la loi ».* Cohésion du peuple, consolidation de l'unité nationale, affirmation d'une identité arabe et musulmane, ces proclamations du préambule et de l'article 1er, ne laissent guère de fenêtre à un pluralisme local ni d'opportunité pour un processus décentralisateur.

Dans les trois pays, le dispositif constitutionnel est donc résolument centralisateur, sans aucune référence à une autonomie ou à des libertés locales, ou à un principe de libre détermination des collectivités locales. La seule (et bien faible) protection constitutionnelle des collectivités locales consiste en la détermination de leur régime juridique par la loi.

Ce dispositif constitutionnel minimal relatif aux collectivités locales sera reconduit dans la succession des constitutions de l'histoire contemporaine du Maghreb.

En Algérie, la Constitution du 22 novembre 1976 s'inscrit dans une décentralisation paradoxale. Dans un chapitre relatif à l'organisation de l'Etat, elle affirme le principe de décentralisation, mais sous un très fort référent socialiste, et donc la férule de l'Etat planificateur et du parti mobilisateur :

« Article 31. L'élaboration du plan national est démocratique. Le peuple y participe par l'intermédiaire de ses

assemblées élues à l'échelle de la commune, de la wilaya et du pays, ainsi que par les assemblées de travailleurs et les organisations de masses. La mise en œuvre du plan national doit être décentralisée sans préjudice de la coordination centrale au niveau des hautes instances du Parti et de l'Etat.

Article 34. L'organisation de l'Etat repose sur le principe de la décentralisation fondée sur la démocratisation des institutions et la participation effective des masses populaires à la gestion des affaires publiques.

Article 35. La décentralisation est fondée sur une répartition judicieuse des compétences et des tâches qui correspondent à une division rationnelle de la responsabilité dans le cadre de l'unité de l'Etat. Elle vise à donner aux collectivités territoriales les moyens humains et matériels et la responsabilité de promouvoir elles-mêmes le développement de leur région en complément des efforts entrepris par la nation.

Article 36. Les collectivités territoriales sont la wilaya et la commune. La commune est la collectivité territoriale, politique, administrative, économique, sociale et culturelle de base. L'organisation territoriale et le découpage administratif du territoire relèvent de la loi. »

Le socialisme est également au fondement de la politique d'équilibre régional, principe constitutionnel dont on verra qu'il retrouve une actualité dans les constitutions d'après les printemps arabes :

« Article 22. La politique d'équilibre régional est une option fondamentale. Elle vise à mettre fin aux disparités régionales et à promouvoir en priorité les communes les plus déshéritées pour assurer un développement national harmonieux. »

La Constitution du 23 février 1989 (qui, sur ce point, ne sera pas modifiée par le texte du 28 novembre 1996), débarrassée des référents socialistes, reviendra à plus de sobriété et de brièveté… Les dispositions relatives aux collectivités locales, toujours englobées dans un chapitre relatif à l'Etat, se déploient en deux articles, 15 et 16 :

« Article 15. Les collectivités territoriales de l'Etat sont la commune et la wilaya.

La commune est la collectivité de base.

Article 16. L'Assemblée élue constitue l'assise de la décentralisation et le lieu de la participation des citoyens à la gestion des affaires publiques. »

Elle reconduit donc la reconnaissance constitutionnelle de deux catégories de collectivités territoriales (commune et wilaya), réaffirme la valeur constitutionnelle du principe de décentralisation et en circonscrit la portée : élection des assemblées locales qui sont le lieu de participation des citoyens à la gestion des affaires publiques. Quant au préambule, on y chercherait en vain une déclinaison locale de l'organisation de l'Etat.

Au Maroc, en dépit d'une riche histoire constitutionnelle – cinq constitutions entre 1962 et 1996 – le tableau est simple : la reconduction du texte de 1962, pour le chapitre relatif aux collectivités locales, sans en changer un iota, sauf, en 1996, à réaffirmer les prérogatives du gouverneur sur les services locaux de l'Etat.

En Tunisie, en dépit des nombreux amendements apportés à la constitution de 1959 jusqu'en 2008, l'unique disposition relative aux collectivités locales restera quasi à l'identique, avec simplement la possibilité ouverte de créer par la loi de nouvelles catégories de collectivités (amendements de 1981 et de 2002).

IV. Le statut constitutionnel de la décentralisation dans les printemps arabes du Maghreb central : une rupture ?

L'un des effets tangibles des printemps arabes dans les trois pays ici considérés a été la mise en chantier de réformes constitutionnelles d'une plus ou moins grande ampleur. Et les constituants se sont saisis de la question de la décentralisation avec plus ou moins de vigueur.

Les trois pays ont connu des mutations constitutionnelles, dans des agendas qui ne sont pas synchrones. Le Maroc a mis moins de cinq mois à établir son nouveau texte constitutionnel, entre le discours royal du 9 mars 2011, qui annonçait une « *révision constitutionnelle profonde* », et le dahir de promulgation du 29 juillet 2011. La Tunisie sera beaucoup plus lente, l'Assemblée nationale constituante élue le 23 octobre 2011 ne rendant sa copie que le 27 janvier 2014, après bien des péripéties. Quant à l'Algérie, dans le contexte des incertitudes sur le leadership présidentiel, elle livrera à l'issue d'un processus à rebondissements lents et opaques[22], une révision *a minima*, adoptée par le parlement le 7 février et promulguée le 6 mars 2016.

Ces constitutions, issues des printemps arabes, sont-elles le socle d'une nouvelle donne territoriale au Maghreb, signe d'un changement des paradigmes politiques ? La réponse à cette question est en partie tributaire du contexte d'établissement des constitutions, de rupture en Tunisie, de réagencement des formules politiques autoritaires au Maroc et en Algérie. On ne peut attendre d'un régime politique en place qu'il se mette en danger par une réforme constitutionnelle qui vise justement à parer au péril que portent les mobilisations politiques consécutives aux printemps arabes. Il procèdera plus par ajustements que par bouleversements, alors que les situations de type révolutionnaire sont propices à l'ouverture de très larges options, ce que l'on peut traduire par l'image de la page blanche dans l'écriture de la constitution. Mais, *in fine*, il n'est pas certain que cette opposition détermine de manière absolue l'ampleur de la réforme territoriale selon le type de scénario (réformiste-adaptatif ou révolutionnaire). De ce point de vue, s'opère une véritable disjonction entre le Maroc et la Tunisie, d'un côté, et l'Algérie, de l'autre. Les constitutions marocaine et tunisienne marquent un profond bouleversement de l'organisation politique et administrative du territoire, dans le sens de la décentralisation, alors que le texte algérien, inchangé sur ce point, consigne l'immuabilité d'un modèle centraliste.

---

[22] Une première annonce avait été faite en avril 2011 par le président Bouteflika. Mais c'est seulement après la réélection du président pour un quatrième mandat en 2014 que le projet de révision sera relancé.

Le Maroc s'inscrit indiscutablement dans un scénario de processus constitutionnel adaptatif, contrôlé de bout en bout par le pouvoir en place, en l'occurrence la monarchie. L'argumentaire de la réforme constitutionnelle, énoncé par le Roi dans son discours du 9 mars 2011, est symptomatique de ce double mouvement de mise en avant très forte des enjeux de la décentralisation dans le processus constitutionnel qui s'ouvre et de mise en retrait de cette priorité dans le débat constitutionnel et au travers de ses résultats, textuels. Le Roi explique que s'il engage un processus de réforme de la constitution, c'est en raison de l'agenda de la décentralisation au Maroc, ce qui signifie en creux qu'il n'agit pas sous la pression des mobilisations politiques liées aux printemps arabes (le mouvement du 20 février). Il indique que vient de lui être soumis le rapport de la commission Azziman[23] sur la « régionalisation avancée », et que la mise en œuvre de ses conclusions suppose une réforme d'ampleur de la constitution. Cependant, la priorité décentralisatrice apparaît bien en trompe-l'œil puisque dans le discours royal suivant, de présentation du texte du projet de constitution soumis à référendum, la décentralisation passe au rang de dixième et dernier axe du projet, et fait l'objet d'un argumentaire sommaire. Il n'en demeure pas moins que sur le fond la réforme est significative, rapprochant le Maroc du modèle français de 1982.

Si le préambule est silencieux sur l'organisation territoriale du Royaume, mettant plus l'accent sur l'unité et l'identité nationales, l'article 1er proclame : « *l'organisation territoriale du Royaume est décentralisée, fondée sur une régionalisation avancée* ». La précédente Constitution du 13 septembre 1996 se contentait de rappeler que le Maroc est « *une monarchie constitutionnelle, démocratique et sociale* ». Et, comme on l'a vu, elle traitait des collectivités locales en trois brefs articles. Rien de tel avec la constitution de 2011. Le nouveau titre IX *« Des régions et des collectivités territoriales »* est composé de

[23] *Rapport sur la régionalisation avancée*, Commission consultative de la régionalisation, présidée par Omar Azziman. Il préconise notamment la réduction du nombre des régions de seize à douze, et un renforcement très significatif de leurs compétences.

douze articles. Il fait accéder la région, à côté de la commune, au statut de collectivité territoriale de plein exercice, avec une assemblée élue au suffrage universel direct. Cette dernière élit son président qui se voit conférer le pouvoir exécutif régional. La région est dotée de compétences propres et partagées, et de moyens financiers pour exercer ses compétences à travers des dotations de l'Etat[24] et des fonds de mise à niveau social et de solidarité interrégionale. La constitution donne également à la région un rôle « prééminent » par rapport aux autres collectivités territoriales en matière d'aménagement du territoire et de développement régional, dans le cadre des coopérations organisées entre collectivités.

Même si la tutelle de l'Etat sur les collectivités n'est pas explicitement supprimée[25], ces dernières pourront lui opposer le principe de libre administration (art. 136), la reconnaissance d'un pouvoir réglementaire pour l'exercice de leurs attributions (art. 140), et la légitimité du suffrage universel direct (pour les régions et les communes). La position des collectivités territoriales vis-à-vis des administrations d'Etat se voit également renforcée, par l'affirmation du principe de subsidiarité dans la définition de leurs compétences, et une représentation majoritaire (3/5) des élus locaux dans la seconde chambre législative, la chambre des Conseillers. Enfin, un dernier pan de la réforme vise à renforcer la participation des citoyens à la décision publique locale, à travers le droit de pétition (art. 139).

Cette constitutionnalisation du droit de la décentralisation a indiscutablement jeté les bases d'une régionalisation avancée, dans le sens donc d'un rééquilibrage des relations entre l'Etat et les collectivités territoriales dans le contexte des Printemps arabes. Cependant, le débat constitutionnel sur la question de la décentralisation n'a pas véritablement eu lieu, anticipé par les travaux de la commission Azziman, et éclipsé par des points de discussions considérés comme plus névralgiques sur le nouvel équilibre des pouvoirs ou la relation Etat-religion. Mais les

---

[24] Selon le principe transfert de compétences = transfert de ressources correspondantes.

[25] Mais elle est prohibée entre collectivités (art. 143).

débats ont ressurgi quand il s'est agi de rédiger les lois organiques mettant en œuvre les principes établis par le titre IX de la Constitution et d'organiser les élections locales, ce qui peut expliquer la durée de gestation des nouveaux textes[26].

Dans le contexte très différent de la Tunisie, le débat constitutionnel présente pourtant un certain nombre de similitudes avec celui qui a présidé à la rédaction des dispositions constitutionnelles marocaines sur la décentralisation. Au titre des différences, c'est la lenteur des débats tunisiens (plus de deux ans) qui fait contraste avec la célérité marocaine (à peine quatre mois), ainsi que les enceintes dans lesquelles se fabrique la constitution, une assemblée constituante élue au suffrage universel et dotée d'un véritable pouvoir décisionnel en Tunisie, une commission technique nommée par dahir au Maroc, en vue d'établir un texte soumis à référendum. Au titre des similitudes, il s'agit dans les deux cas d'un texte de rupture, constitutionnalisant le principe de décentralisation et en tirant les conséquences sur l'organisation politique et administrative de l'Etat. Mais, le plus remarquable est que la discussion sur ce point essentiel de la réforme constitutionnelle, ait été aussi rapidement expédiée dans les débats de l'assemblée constituante tunisienne que dans ceux de la commission royale marocaine.

La rupture tunisienne peut être restituée en se livrant au même jeu de la comparaison entre les dispositions étiques de la Constitution de 1959 relatives à la décentralisation, soit le chapitre VIII relatif aux collectivités locales, contenant un article unique (l'art. 59), posant que « *les conseils municipaux et les conseils régionaux gèrent les affaires locales dans les conditions prévues par la loi* », et le chapitre VII de la Constitution de 2014, avec ses douze articles, sous le titre « *Le pouvoir local* », semblant établir ainsi un quatrième pouvoir. Sur le fond, le texte de 2014 porte la marque des évènements qui ont provoqué la chute du régime antérieur. De manière significative, le préambule et l'article 12 insistent sur le principe d'égalité entre les régions et sur le devoir de l'Etat d'œuvrer pour la réalisation

---

[26] Trois dahirs du 7 juillet 2015, relatifs aux régions, aux préfectures et provinces, et aux communes.

de l'équilibre entre régions, soulignant avant tout les enjeux de la répartition et de la redistribution qui relèvent d'abord des compétences de l'Etat. Et l'article 136 revient sur ce point, en indiquant qu'« *une part des revenus provenant de l'exploitation des ressources naturelles peut être consacrée, à l'échelle nationale, en vue de la promotion du développement régional* ». Dans une formule plus balancée que celle utilisée dans la constitution marocaine, qui proclame le caractère décentralisé de l'organisation administrative de l'Etat, l'article 14 de la constitution tunisienne dispose que « *l'Etat s'engage à renforcer la décentralisation et à la mettre en œuvre sur l'ensemble du territoire national, dans le cadre de l'unité de l'Etat* ». Cette retenue se retrouve dans le processus de régionalisation, par une forme non achevée de la régionalisation, où les gouvernorats sont rebaptisés régions, mais correspondent en fait à l'échelon intermédiaire des collectivités territoriales. Les « régions » sont chapeautées par le « district », entité subrégionale encore mal définie. De plus, les membres du conseil du district sont élus par les conseillers municipaux et régionaux, et non au suffrage universel direct.

La constitutionnalisation de la décentralisation exprimée à l'article 131 (*« le pouvoir local est fondé sur la décentralisation »*) se traduit par un certain nombre d'attributs de l'autonomie conférés aux collectivités territoriales, avec toujours quelques ambiguïtés de style[27] : la reconnaissance d'un pouvoir réglementaire ; des compétences pouvant être propres, partagées, ou déléguées par l'autorité centrale ; la personnalité juridique et l'autonomie (administrative et financière) qui l'accompagne ; la mise en place d'un contrôle *a posteriori* « *en ce qui concerne la légalité des actes* » (art. 138)[28] ; des « *intérêts locaux* » qui se gèrent « *conformément au principe de libre administration* »[29].

---

[27] Sur ces incertitudes rédactionnelles, voir Lotfi Tarchouna, *L'encadrement constitutionnel de la décentralisation en Tunisie*, Acteurs publics, septembre-octobre 2015, pp. 117-120.

[28] Ce qui laisse ouverte la question d'un éventuel maintien d'un contrôle *a priori*.

[29] Disposition de l'article 132 qui est rédigée dans un style moins direct que l'article 72 de la Constitution française de 1958, énonçant que les collectivités « *s'administrent librement par des conseils élus* ».

Et, comme au Maroc, les mécanismes de la démocratie locale – qui participent à la légitimation du pouvoir local face à l'Etat, mais peuvent aussi l'entraver – sont promus[30], sans être pour autant précisés.

Un autre point à considérer dans l'appréciation du poids de ces collectivités territoriales au sein de l'Etat est l'abandon du bicaméralisme et la suppression de la Chambre des conseillers, dont l'une des fonctions était justement d'assurer leur représentation dans le cadre du pouvoir législatif. Cette disparition est « compensée » par la création d'un « *Haut Conseil des collectivités locales* » qui émet un avis sur les projets de lois relatifs à la planification, au budget et aux finances locales.

En dépit des enjeux affichés du débat sur la décentralisation dans le contexte de la révolution tunisienne et de la longueur du processus constituant, la rédaction du chapitre VII de la Constitution, relatif au pouvoir local, n'a guère fait l'objet de débats de fond, semblant rencontrer une forme de consensus spontané, et a été largement confiée à des « experts », professionnels du droit. Certes, comme au Maroc, les constituants avaient d'autres chats à fouetter (l'égalité hommes-femmes, la place de la charia dans la constitution, les compétences respectives du chef de l'Etat et du chef de gouvernement…), mais la presque vacuité du débat (au moins en séance plénière) interroge sur leur capacité ou leur volonté à en saisir les enjeux.

En Algérie, les choses sont plus simples et l'Etat continue de régler les horloges. Il répond aux mobilisations par la redistribution, et non pas par la réforme constitutionnelle, ni a fortiori par un bouleversement des rapports entre le central et le local. Certes, des révisions constitutionnelles sont plusieurs fois annoncées (en 2011 et en 2014), puis différées, et laissent en tout état de cause à l'écart la question de la décentralisation. Le débat est en quelque sorte contourné sur le plan constitutionnel, et la réforme prend la voie législative, par deux lois du 22 juin 2011

---

[30] Selon les termes de l'article 139, « *les collectivités locales adoptent les mécanismes de la démocratie participative et les principes de la gouvernance ouverte…* ».

et du 21 février 2012 relatives à la commune et à la wilaya. Mais elles disposent dans un sens qui ne renforce pas les assemblées élues ni les présidents de commune, les mettant plutôt sous une tutelle renforcée de l'Etat et de ses représentants (secrétaire général de la commune, wali) et sous un contrôle des citoyens, là aussi proclamé à travers les principes de la démocratie participative et de proximité, mais guère plus explicité que dans les cas marocain et tunisien. Et quand la réforme constitutionnelle intervient finalement en 2016, annoncée comme de grande ampleur, elle ne touche en rien aux sommaires dispositions de la constitution de 1996 évoquées plus haut, relatives aux collectivités territoriales.

Il est bien sûr prudent de nuancer ce tableau contrasté, qui à partir des seules lectures constitutionnelles, ferait sortir la Tunisie et le Maroc du syndrome centraliste qui, au fil de l'histoire, a pesé sur l'organisation administrative des Etats de la région, alors que l'Algérie resterait inapte à une telle rupture. Tout d'abord, les constitutions ne valent que par la manière dont les acteurs du droit, du législateur au simple citoyen, s'en saisissent. Et les contributions qui suivent dans cet ouvrage nous donnent des premiers éclairages sur la portée de la rupture institutionnelle affichée par les constitutions marocaine et tunisienne dans les rapports entre le central et le local. Par ailleurs, les mobilisations politiques que connait l'Algérie depuis le printemps 2019 questionnent très directement le modèle politique centraliste autour de l'Etat et de l'armée, et ouvrent des perspectives qui la feraient rejoindre le Maroc et la Tunisie dans une consécration constitutionnelle de la décentralisation.

L'APPREHENSION DE LA DECENTRALISATION EN ALGERIE DANS LA LOI N° 11-10 DU 22 JUIN 2011 RELATIVE A LA COMMUNE

Souâd GHAOUTI

Professeure de droit public à l'Université d'Alger

Au-delà du dilemme universel inhérent à la décentralisation placée entre deux demandes contradictoires exprimées de façon simultanée, demande d'autonomie locale d'une part et demande pour un Etat plus présent d'autre part, dilemme constaté dans les Etats du Maghreb[31], l'organisation des collectivités locales en Algérie, telle que formulée dans la dernière loi communale de 2011[32] se singularise par un traitement tout particulier induit de l'histoire politique qu'a connue l'Etat Algérien.

C'est l'histoire bouleversée, tragique, vécue durant toute une décennie, véritable tragédie nationale[33] qui va de façon consciente ou inconsciente guider les rédacteurs des textes juridiques. En effet, l'analyse de la loi 11-10 relative à la commune ne pourrait être véritablement menée si on occultait les circonstances qui ont entouré son élaboration et sa promulgation. C'est véritablement un texte sous influence de trois préoccupations majeures, de trois impératifs :

- l'incontournable impératif d'une plus grande démocratisation, impératif issu de la demande citoyenne interne et de l'exigence des bailleurs de fonds internationaux.

- l'impératif sécuritaire qui va peser lourdement sur les textes juridiques.

---

[31] Voir à ce propos Jean-Pierre Bras et Aude Signoles dans leur introduction au dossier *Etats et territoires du Politique,* Année du Maghreb, 2017, p. 23.

[32] In Journal Officiel de la République Algérienne (J.O.R.A.) 2011, n° 37.

[33] Tragédie nationale, pan de l'histoire qui a été intégré dans le préambule de la dernière révision constitutionnelle de 2016, aux paragraphes 8 et 9.

- le permanent et indissociable impératif du développement économique et social local.

Comment les concepteurs et rédacteurs de ladite loi ont-ils pu intégrer, aménager et concilier dans le même texte ces trois influx, sachant que deux d'entre eux sont *a priori* difficilement conciliables, à savoir sécurité et démocratie ?

Pour une meilleure identification des nouveautés introduites et pour une lecture plus exacte de la loi communale de 2011, on sera amené à faire des allers et retours entre celle-ci et les textes antérieurs : l'ordonnance n° 67-24 du 18 janvier 1967 portant code communal[34], la loi n° 81-09 du 4 avril 1981 modifiant et complétant l'ordonnance (de 1967)[35], la loi n° 90-08 du 7 avril 1990 relative à la commune[36].

De même, s'est imposée la nécessité de prendre en compte les textes postérieurs à 2011 en tant que textes d'application, complémentaires, d'accompagnement, confortant par là-même l'analyse proposée.

I. L'impératif incontournable de la démocratisation

La loi communale de 2011 a d'emblée choisi d'afficher la définition de la commune à partir du référent démocratique, sachant que toutes les lois précédentes, celles de 1967 et 1990, se cantonnaient dans les premiers articles à une définition beaucoup plus technique, plus pragmatique, plus dépouillée, définition dans laquelle les collectivités locales étaient essentiellement appréhendées comme des démembrements, des créations de la loi pour des fins de commodité administrative.

C'est ainsi que les deux premiers articles de l'ordonnance n° 67-24 du 18 janvier 1967 ne faisaient guère allusion à l'élection comme principal fondement ; l'article 1er définissait ainsi la commune : *« une collectivité territoriale*[37]*, politique,*

---

[34] J.O.R.A. n° 06 du 18 janvier 1967.

[35] J.O.R.A. n° 27 du 7 juillet 1981.

[36] J.O.R.A. n° 15 du 11 avril 1990.

[37] Selon la distinction de Joël Bourdine, *La distinction entre collectivité locale et collectivité territoriale, variation sémantique ou juridique*, RDP 1992, p.171.

administrative, économique, sociale et culturelle de base. Elle est créée par la loi. »

De même, le référent démocratique était quasiment dilué dans le second article de la même ordonnance, qui disposait que *« la commune est administrée par une assemblée élue, l'assemblée populaire communale, formée de délégués communaux »*. Une lecture sémantique de cet article ne peut que mettre en évidence le choix du terme « administrée » plutôt que celui de gérée, généralement utilisé dans le jargon de la décentralisation. Cette approche utilitaire de la commune est en 1967 tout à fait légitimée par la construction urgente du nouvel Etat algérien indépendant, édification par la base, la commune étant le principal socle inférieur d'une fondation à trois paliers : commune, wilaya, Etat central. Aussi bien l'exposé des motifs de ladite ordonnance que les textes fondamentaux ultérieurs, tels la Charte nationale[38] de 1976 et la Constitution[39] de 1976, mettent en avant cette finalité utilitaire tout à fait pragmatique de la commune comme support à la diffusion du développement.

En 1981, l'ordonnance de 1967 subit une importante réforme[40] par le biais de la loi du 4 juillet 1981[41] mais conserva la même définition, perpétuant la conception plutôt mécaniste d'une décentralisation à finalité complémentaire profitant en priorité à l'Etat.

En 1990, dans une conjoncture d'ouverture démocratique et de rupture avec le choix initial du modèle socialiste appliqué de 1962 à 1989, la loi n° 90-08 du 7 avril 1990 relative à la commune maintint de façon paradoxale la même définition antérieure, ainsi que la formule restrictive de commune « administrée ».

---

[38] O. n° 76-57 du 5 juillet 1976 portant publication de la Charte nationale.

[39] O. n° 76-97 du 22 novembre 1976, J.O.R.A. n° 94.

[40] Aux fonctions traditionnelles de la commune s'ajoutent des attributions nouvelles, en matière économique, par une participation accrue dans la création, la coordination, l'orientation et le contrôle des activités économiques sur le territoire communal.

[41] L. n° 81-09, J.O.R.A. n° 27 du 7 juillet 1981.

Cependant, une sensible évolution vers une appréhension de la décentralisation fondée sur le citoyen local était introduite, du fait que l'article 84 de cette même loi concentrait tous les ingrédients de la démocratie locale : *« l'assemblée populaire communale constitue le cadre d'expression de la démocratie locale. Elle est l'assise de la décentralisation et le lieu de participation du citoyen à la gestion des affaires publiques »*. Et c'est cet article 84 qui va être choisi en 2011 pour désormais définir de façon initiale et solennelle la commune par le biais de son transfert, de sa mise en lumière, dans les tout premiers articles, au titre des principes de base. C'est là une première valorisation du référent démocratique dans la définition même de la commune. La seconde valorisation se situe dans le traitement spatial de la démocratie participative dans le corps même de la loi de 2011, traitement qui sera lourdement confirmé par des rappels le long du texte, tels les articles 2, 11 et 103.

En effet, parmi les dispositions préliminaires de la première partie, on rencontre tout un titre III exclusivement consacré à la participation des citoyens à la gestion des affaires de la commune avec pas moins de quatre articles (11 à 14) dévolus à la démocratie participative, principale vitrine de la loi. Cet agencement du code de 2011 est destiné à établir une relation plus rapprochée entre citoyens locaux et assemblée populaire communale (APC) par la consolidation du canal de l'information et de celui de la consultation et surtout, par l'innovation du droit d'initiative.

Consolidation, du fait que l'information était déjà prévue dans le tout premier code communal algérien : l'article 89 ouvrait le droit à tout habitant de consulter sur place les procès-verbaux des délibérations de l'APC et les arrêtés communaux et d'en prendre copie à ses frais. De même, l'article 133 indique que les arrêtés communaux sont portés à la connaissance des intéressés par voie de publication, d'affiche ou de notification individuelle selon les cas. Il est intéressant de noter que la loi modificative et complémentaire n° 81-09 du 4 juillet 1981, anticipant de trente années la loi de 2011, avait déjà dans son article 93 bis-2 posé dans un style péremptoire l'obligation faite au président et aux membres de l'exécutif d'informer régulièrement les citoyens locaux des travaux de la commune, non seulement par voie d'affichage mais également et surtout par l'organisation de réunions annuelles dans chaque village ou quartier. Ces réunions sont clôturées et sanctionnées par un procès-verbal.

On peut observer que ces réunions rappellent fortement celles, coutumières, des *Djemaas* traditionnelles, existant encore en Kabylie et au Mzab[42].

Avec ces caractères de proximité, de régularité et d'obligation, les éléments d'information institués dès 1967 ne sont-ils pas en fait les éléments fondateurs de la démocratie participative telle que prônée de nos jours ?

En fait, la première source d'information pour le citoyen local se situe au niveau des débats qui se déroulent lors des séances de l'assemblée communale.

Tous les codes communaux antérieurs ont expressément prévu le principe de la publicité des séances[43], l'amendement de 1981 allant même jusqu'à prévoir l'inscription du nombre de citoyens présents aux débats dans les procès-verbaux des séances. La loi communale de 2011, quant à elle, se singularise dans la nouvelle formulation adoptée, par l'insistance sur le principe de plein accès aux séances, non seulement de tout citoyen de la commune, mais de tout citoyen qui serait concerné par la délibération[44]. Le huis clos est prévu exceptionnellement pour deux cas : l'examen des cas disciplinaires des élus et l'examen des questions liées à la préservation de l'ordre public.

Le recours à l'avis des citoyens locaux est le second instrument indispensable et préalable pour l'amorce d'une démocratie participative, sachant que le vieux débat doctrinal opposant les tenants de l'intégration de la phase consultative à la prise de décision et les réfractaires, considérant plutôt l'avis

---

[42] Voir à ce propos, l'analyse anthropologique et juridique menée par M. Nouh dans sa thèse de doctorat en droit : *Les institutions coutumières en Kabylie et au Mzab et leur participation aux services publics*, élaborée et soutenue en langue arabe à l'Université d'Alger I en 2009.

[43] Article 87 de l'ordonnance de 1967, article 93 bis-1 de la loi de 1981 et article 19 de la loi de 1990.

[44] Selon l'article 26 de la loi communale de 2011.

comme étape simplement externe à la délibération, demeure toujours d'actualité[45].

Tous les textes de loi relatifs à la commune antérieurs à 2011 ont consacré le principe du recours à la consultation de façon brève et laconique[46].

La loi communale de 2011 en son article 11, alinéa 2 et son article 13, affirme de façon plus lourde et plus insistante l'ouverture de l'assemblée locale aux compétences locales, aux personnalités, pour toute contribution utile et semble généraliser dans le temps ce procédé en utilisant la formule « *chaque fois que les affaires de la commune l'exigent* » ; eu égard à la complexité croissante des domaines d'action de la commune cet appel initialement conjoncturel ou épisodique ne pourra qu'évoluer vers la régularité.

En effet, le champ d'application de la consultation se trouve très élargi, de façon implicite, puisqu'il embrasse le choix des priorités d'aménagement et de développement économique, social et culturel, en fait toutes les attributions transférées aux assemblées locales, soit, tout ce qui peut concerner l'action de la commune, aboutissant de la sorte non seulement à la généralisation potentielle dans le temps, mais aussi à la généralisation du champ d'intervention proprement dit.

Mais ce qui retient le plus l'attention à la lecture de la loi communale de 2011, est l'adjonction des associations locales susceptibles d'être également sollicitées.

Ceci est une première étape d'intégration de la société civile dans le processus de décision locale.

L'avancée la plus significative de la participation citoyenne introduite par la loi communale de 2011 est l'inoculation du droit d'initiative locale. L'article 12 de la loi, tout comme pour le principe de consultation des citoyens, utilise pour ce nouveau

---

[45] Concernant le statut de la consultation, v. la thèse de doctorat de Mohamed Brahimi, *Le phénomène de la consultation auprès de l'administration algérienne*, Faculté de droit Ben Aknoun, Alger, 1982.

[46] Article 98 dans l'ordonnance de 1967, l'article 98 dans l'amendement de 1981 et l'article 26 dans la loi de 1990.

mode d'intervention une formulation fort large applicable tant dans le champ de la délibération de l'APC que dans le champ de l'action publique. Il est disposé, en effet, que *« l'assemblée communale veille à mettre en place un encadrement adéquat des initiatives locales, visant à intéresser et inciter les citoyens à participer au règlement de leurs problèmes et l'amélioration de leurs conditions de vie »*. Il est clair que la loi ne précise pas le canal emprunté pour exprimer lesdites initiatives : droit de pétition pour l'inscription à l'ordre du jour des délibérations ou droit d'organiser un référendum local ?

La révision constitutionnelle de 2016 ne nous éclaire pas plus ; le dernier alinéa de l'article 15 de la nouvelle constitution pose en tant que principe basique l'encouragement par l'Etat de la démocratie participative au niveau des collectivités locales, sans plus.

Un éclairage pourrait peut-être être apporté par le projet de réforme du code des collectivités territoriales actuellement en cours d'enrichissement[47]. L'article 22 dudit projet semble plus précis du fait qu'il prévoit que la collectivité territoriale doit assurer aux citoyens, par tout moyen approprié et notamment les nouvelles technologies, le droit à la contribution et la participation à l'identification et la réalisation d'actions publiques locales d'intérêt général, dans un cadre organisé dénommé « *instance participative* ».

Cette instance serait composée de représentants d'associations locales, de corporations professionnelles et d'organisations de la société civile ; elle serait ouverte à toute personne majeure jouissant de ses droits civiques et civils. Cet article 22 demeure toutefois à ce jour un simple éclairage hypothétique jusqu'à la promulgation de la loi encore en phase d'élaboration.

Ce partenariat association-pouvoir publics locaux est certes observé dans la majorité des Etats, en raison de l'accroissement du nombre et de la diversification catégorielle des associations ; cependant l'histoire politique de l'Algérie et l'implication

[47] Ce code regrouperait en un seul texte, commune et wilaya.

permanente des associations algériennes dans les étapes les plus cruciales situe le mouvement associatif algérien dans une place tout à fait spécifique, le légitimant tout naturellement dans un rôle d'interlocuteur privilégié, voire prioritaire, le collectif l'emportant sur l'individu.

Ce capital de crédibilité et d'audience acquis par les associations algériennes a été engrangé très tôt dans l'histoire.

C'est ainsi qu'elles ont été impliquées[48] dans la lutte pour l'indépendance de l'Etat algérien à partir des années 30 jusqu'à la Libération, les associations des Oulémas et des scouts musulmans ayant été les plus actives.

Puis, elles ont été fort présentes de 1962 à 1989 dans le combat pour l'ouverture démocratique, sous le parti unique.

Enfin elles ont participé, durant la douloureuse et sanglante lutte contre le terrorisme, en complément des moyens étatiques de défense publique, à la lutte pour le retour à la sécurité et la sauvegarde de l'Etat, de 1991 à 1999.

Nul ne peut nier le rôle des comités de quartier qui, cantonnés jusqu'à l'explosion du terrorisme à des missions traditionnelles de gardiennage, de gestion d'immeubles, de tournois sportifs, vont brutalement être confrontés à la défense et à la protection des habitants de leur espace.

Il est intéressant de noter qu'en dépit de l'éloignement du danger terroriste, la propension des comités de quartier à se situer localement continue de se maintenir et de prendre de l'ampleur. A titre d'exemple, l'évolution est flagrante pour la wilaya d'Alger (v. tableau page suivante).

[48] Voir à ce propos, pour la période 1960-1962, Omar Derras, *Le phénomène associatif en Algérie*, 2007, Fondation Friedrich Ebert, pp. 16 et 17.

Evolution des comités de quartiers dans la wilaya d'Alger

Année	1991	1992	1994	2017
Nombre de comités de quartier	225	271	402	3 340

En 2017, le chiffre total des comités de quartier atteignait, pour l'ensemble du territoire, 23 371, soit 21,45 % du nombre total des associations, selon le site du ministère de l'intérieur[49].

Conçus contre la violence terroriste urbaine comme de véritables comités de salut public, leur hausse a perduré au fil des ans, la vigilance citoyenne étant désormais ancrée dans les habitudes des citoyens du quartier. Aujourd'hui les associations algériennes, dépassant la finalité historique de résistance et de contestation, assument une mutation évidente de leur rôle initial simplement caritatif vers un rôle d'impulsion du changement social.

Cette évolution ne peut que les désigner comme le parfait partenaire des pouvoirs publics locaux pour mettre en œuvre les consultations ainsi que le droit d'initiative.

Cet appel aux associations se manifeste de façon évidente dans les textes juridiques ultérieurs à la décennie noire. C'est ainsi que les rédacteurs de la Constitution de 1996 consacrent un nouveau traitement tant quantitatif que qualitatif à la liberté d'association, la réhabilitant comme liberté première et fondatrice de toutes les autres.

Pas moins de trois articles lui sont dévolus, les articles 33, 41 et 43. Allant toujours dans le sens d'une valorisation, la dernière révision constitutionnelle de 2016[50] inclut un troisième alinéa d'un apport fondamental du fait qu'il réalise la promotion

---

[49] www.intérieur.gov.dz, consulté le 20 mars 2018.
[50] L. n° 16-01 du 6 mars 2016, J.O.R.A. n° 14.

normative de la liberté d'association désormais hissée au sein de la « noble » catégorie des lois organiques.

La dernière loi n° 12-06 du 12 janvier 2012 relative aux associations, inscrit expressément en son article 13-03 le principe de partenariat entre associations et pouvoir publics.

De nombreux textes législatifs antérieurs à la loi 2011 font de façon récurrente référence aux associations locales comme acteurs préférentiels dans divers domaines stratégiques ; on peut citer :

- la loi n° 03-10 du 19 juillet 2003 relative à la protection de l'environnement dans le cadre du développement durable, en ses articles 35, 36 et 37[51] ;

- la loi n° 06-06 du 20 février 2006 portant loi d'orientation de la ville, en ses articles 11 et 14[52] ;

- la loi n° 02-09 du 8 mai 2002 relative à la protection et à la promotion des personnes handicapées, en ses articles 3 alinéa 10, 4, 17, 18, 33 et 34[53] ;

- la loi n° 06-01 du 20 février 2006 relative à la prévention et à la lutte contre la corruption, en son article 15[54].

L'ensemble de ces textes encourage la participation de la société civile notamment en promouvant leur participation à la gestion des affaires publiques aux niveaux national et local.

Les successives rencontres[55] entre gouvernement et walis attestent ce traitement privilégié réservé aux associations locales. Les différents ateliers, notamment celui consacré à la « bonne administration », insistent sur la relation pouvoirs publics locaux/mouvements associatifs, fondée désormais non plus sur le « *pouvoir de contraindre mais sur le pouvoir de convaincre* ».

---

[51] J.O.R.A. n° 43 de l'année 2003.
[52] J.O.R.A. n° 15 de l'année 2006.
[53] J.O.R.A. n° 34 de l'année 2002.
[54] J.O.R.A. n° 14 de l'année 2006.
[55] Notamment celles de 2000, 2006, 2011 et tout dernièrement, 2018.

C'est ainsi qu'on peut lire parmi les recommandations sanctionnant ces rencontres : « *l'implication de la société civile à travers le mouvement associatif dans la gestion des affaires publiques est devenue une réalité incontournable* ».

En sus de ce constat général établi, ces recommandations prévoient « *la nécessité d'instituer un espace de communication entre le mouvement associatif et les institutions publiques, notamment à l'échelle de la commune, en vue de garantir une meilleure fluidité* ».

L'esprit de partenariat est surtout présent par la création et la consolidation d'associations s'activant dans les domaines jugés prioritaires tels ceux de la santé[56], de l'enseignement et de l'environnement.

Comme autre appui textuel officiel confortant le choix de la société civile comme canal complémentaire, voire parallèle aux élus locaux pour la gestion des affaires locales par la participation directe à l'action publique et aux services publics locaux, le plan d'action du Premier ministre[57] inclut dès son premier chapitre « *la promotion du dialogue entre les pouvoirs publics et la société notamment à travers le mouvement associatif, pour consolider la pratique citoyenne et la gestion associative* ».

Abordant la réforme des collectivités locales, ledit plan d'action gouvernemental inscrit, dans le sillage immédiat de la révision de la législation relative aux finances et à la fiscalité locale, l'encouragement de la contribution du mouvement associatif local à la gestion des problèmes de la cité.

La prise en compte de la société civile comme partenaire utile s'avère ainsi être une première caractéristique lourde de la loi communale de 2011, sachant que les nombreux écueils, blocages

---

[56] C'est dans le champ sociosanitaire que s'activent le plus les associations locales dans la prise en charge notamment des cancéreux avec l'organisation du transport, de l'accueil du malade et de son accompagnateur, de la dispense de soins, analyses et radiologie.

[57] http://www.premier-ministre.gov.dz:plan d'action du gouvernement 2014, consulté le 3 décembre 2015.

des assemblées locales ont mené à ce nouveau partenariat nettement plus souple.

L'exemple des forums d'associations[58], forums qui poursuivent, en sus de leur rôle d'évaluateur, l'entretien de passerelles de communication entre l'administration et la société civile, confirme cette tendance.

Il semble que ce choix d'un partenariat plus dense ait été guidé par la crise de la démocratie représentative au sein des APC plurielles ; c'est ainsi que dans la wilaya d'Alger, les élections communales du 23 novembre 2017[59] ont réuni au sein d'une même assemblée pour une gestion commune pas moins de sept partis pour dix-neuf sièges comme à El Madania, El Marsa et la commune de Hraoua et six partis pour quinze sièges comme à El Maalama et la commune de Mohamed Belouizdad.

La concertation, le débat, la persuasion seraient-ils les nouveaux instruments de la démocratie locale, hors du cadre traditionnel officiel de l'assemblée élue au sein de laquelle se crispent les divergences de vues ?

La prise en compte du référent démocratique par les rédacteurs de la loi communale de 2011 s'est effectuée ainsi par le biais de :

- l'insistance sur la représentation des femmes et jeunes au sein de l'assemblée communale ainsi que par le choix électif du président d'assemblée parmi la liste majoritaire ;

- l'intégration parcellaire du principe de la démocratie participative.

Cette perception de la nécessité démocratique devra, cependant, s'accommoder d'un impératif plus pressant : l'impératif sécuritaire.

---

58 Le quotidien *El Watan* du 25 décembre 2018 : *« Le Forum des associations de jeunes à Bejaia »*.

59 Cinquante-quatre partis y ont participé. Voir, à ce propos, F. Debboucha, *Le partenariat société civile/assemblées locales en Algérie*, publié en langue arabe in Revue Algérienne des sciences juridiques, économiques et politiques, Université d'Alger I, 2017, n° 4, p. 47.

II. L'influx de l'impératif sécuritaire

La rédaction d'un texte juridique est, naturellement, humainement imprégnée par les diverses conjonctures ambiantes qui l'entourent. Elle ne pourrait se réduire à une simple construction exclusivement technique ; elle porte inéluctablement le poids, les stigmates de l'instabilité ou de la stabilité qui ont régné ou qui règnent encore au moment de l'élaboration du texte[60]. La loi de 2011 relative à la commune en est un exemple concret. En effet, vingt années d'état d'urgence, dix années de terrorisme sanglant, douloureux, l'ont tout juste précédée et de ce fait n'ont pu que se répercuter sur son contenu.

L'exposé des motifs de la loi de 2011 a dès les premiers paragraphes mis en exergue l'inaptitude de la précédente loi de 1990 à désamorcer les tensions[61].

Une des séquelles des bouleversements subis sera tout logiquement la vigilance sécuritaire extrême, selon un encadrement préventif à l'encontre de toute tentative de récidive : la sécurité locale étant également et prioritairement d'ordre national, d'ordre central.

Dans un tout autre volet que le terrorisme, la préoccupation sécuritaire peut être également justifiée par la situation géographique de l'Algérie, zone à haut risque sismique et à risque de catastrophes naturelles de plus en plus meurtrières, provoquées par le réchauffement climatique ; les wilayas d'Alger, de Tipaza, de Blida ont subi en novembre 2001 des inondations ayant provoqué plus de 700 morts ; un violent

---

[60] Il semble que la longue durée de l'état d'urgence, ajoutée à l'état de siège l'ayant précédé, soit, vingt ans de 1991-2011, ait progressivement, subrepticement, substitué la logique de l'exceptionnel à celle de l'ordinaire ; ce glissement a été soulevé dans certains travaux universitaires relatifs à la sécurité juridique telle la thèse de doctorat de Halim Laroussi, *La stabilité des textes juridiques algériens*, soutenue en langue arabe à la Faculté de Droit, Université d'Alger I, 2017.

[61] C'est ainsi qu'on peut lire dans son huitième paragraphe ce qui suit : « *les situations diverses vécues au cours de la vingtaine d'années d'application de la loi 90-08 du 7 avril 1990 relative à la commune telles les situations les plus exceptionnelles, voire extrêmes comme la crise des institutions des années 1990* ».

tremblement de terre a frappé la wilaya de Boumerdes et tout récemment[62] de violentes inondations répétées ont touché de nombreuses wilayas du Sud : Adrar, El Bayadh, Illizi, Ghardaia et Laghouat.

L'autre effet du réchauffement climatique se traduit par la désertification et des températures extrêmes culminant à plus de 50° C dans certaines wilayas du sud, nécessitant le secours régional et même national avec l'intervention de l'armée pour les opérations de secours et d'aide.

Le syndrome sécuritaire va se manifester dans la loi de 2011 au niveau des organes locaux par un renforcement des représentants de l'Etat : le wali et le secrétaire général de la commune, ainsi que par un réagencement plus étroit du maillage au niveau du découpage territorial avec la création de nouvelles circonscriptions administratives.

A - Renforcement de la place du wali dans le cadre communal

Dès 1999, la période d'insécurité n'étant pas pleinement achevée, l'appel à plus d'Etat a été clairement formulé et proposé dans le premier projet d'amendement de la loi communale de 1990, projet fortement imbibé des textes régissant l'état de siège et l'état d'urgence. Fort heureusement, ce projet à consonance très autoritaire au risque de remettre en cause le principe même de la décentralisation, n'a pu voir le jour. Ce projet accordait au wali une place prépondérante dans le fonctionnement de la commune, dans le champ des délibérations, par un contrôle de tutelle appesanti, par le biais du droit de suspension et de celui de substitution.

En fait, les prémices de la tendance au renforcement du wali trouvent leur origine première dans le décret présidentiel n° 91-196 du 4 juin 1991[63] instaurant l'état de siège : le wali bénéficiait

---

[62] Septembre 2018.
[63] J.O.R.A. n° 29 de l'année 1991.

d'un rôle particulier au sein du comité de sauvegarde de l'ordre public créé au sein de chaque wilaya[64].

Le décret présidentiel n° 92-44 du 9 février 1992 portant instauration de l'état d'urgence constitue la seconde étape de consolidation de la place du wali, afin de *« restaurer l'ordre public, de mieux assurer la sécurité des personnes et des biens ainsi que le bon fonctionnement des services publics »*[65].

Le wali se voit habilité à prendre par voie d'arrêté toutes les mesures de préservation ou de rétablissement de l'ordre public. Il a pouvoir sur toute l'étendue des communes incluses dans sa wilaya pour restreindre ou interdire la circulation des personnes et des véhicules, réglementer la distribution des denrées alimentaires, instituer des zones soumises à un régime de séjour réglementé pour les non-résidents, réquisitionner les travailleurs, interdire de séjour ou assigner à résidence, enfin ordonner exceptionnellement des perquisitions de jour et de nuit[66].

Comme troisième préalable à la loi de 2011, une ordonnance présidentielle était venue en 2005 compléter la loi communale de 1990 par l'ajout d'un nouveau cas de dissolution des assemblées populaires communales, formulé de telle façon qu'il laissait une grande latitude d'appréciation aux autorités de tutelle. Le libellé en était le suivant : *« lorsque le maintien de l'assemblée est source de dysfonctionnements dans la gestion et dans l'administration locale ou de nature à porter atteinte aux intérêts et à la quiétude du citoyen. »*

De par sa proximité, le wali est la première autorité de tutelle à constater le dysfonctionnement, à en apprécier la gravité pour en référer au ministre de l'intérieur ; dans ce cas, la dissolution est prononcée par le président de la République par décret présidentiel pris en conseil des ministres sur rapport du ministre de l'intérieur[67].

---

[64] D. présidentiel n° 91-196, article 5.

[65] D. présidentiel n° 92-44, article 2, in J.O.R.A. n° 10 de l'année 1992.

[66] D. présidentiel relatif à l'état d'urgence, article 6.

[67] Selon l'article 35 de la loi 90-08.

La loi de 2011 a non seulement maintenu le cas introduit par l'ordonnance mais encore a étendu à quatre autres cas la possibilité de dissoudre les assemblées locales sur la base d'une longue liste énumérative de huit cas.

Le premier de ces cas a suscité moult interrogations et commentaires[68] du fait qu'il n'avait jamais été prévu dans aucun des codes communaux antérieurs : *« Il est procédé à la dissolution et au renouvellement total de l'assemblée populaire communale :*

- en cas de violation de dispositions constitutionnelles ».

C'est au wali, en cas de dissolution, de désigner dans les dix jours un administrateur et deux assistants chargés de gérer les affaires de la commune[69].

L'exemple de la dissolution, arme de tutelle la plus lourde, a été choisi afin de mettre en évidence l'impact direct de l'impératif sécuritaire sur le traitement de la décentralisation en 2011, impact qui s'est décliné tout au long des années sans jamais disparaître.

Le traitement du pouvoir de substitution dévolu au wali semble obéir également à la même exigence sécuritaire, du fait qu'aux trois causes classiques légitimant la substitution du wali au président de l'APC (maintien de la sécurité, salubrité et tranquillité publique, causes prévues à l'article 81 de la loi de 1990), viennent s'ajouter en 2011 de nouvelles précisions relatives à la continuité du service public, à la prise en charge des opérations électorales, à l'organisation de l'état civil et à celle du service national[70]. Ces précisions volontairement inscrites dans le texte de la loi et non reléguées à un texte réglementaire ultérieur imposent au wali, autorité de tutelle, un droit de regard permanent sur les actes ou l'abstention du président de l'APC, la

[68] Voir à titre d'exemple l'article de Rachid Kheloufi : *Réflexions sur la décentralisation à travers l'avant-projet du code de la wilaya,* in Revue Idara, 2005, p. 237.
[69] Selon l'article 48 de la loi 2011.
[70] Selon l'article 100 de la loi de 2011.

mise en demeure et les délais impartis à la réponse du président de l'APC étant les seules conditions imposées[71].

La substitution en cas de non-vote du budget ou de budget déficitaire, prévue dès 1967[72], est tout logiquement conservée dans la loi communale de 2011, dans les articles 102, 183 et 184.

En sus de ce raffermissement du wali pour la substitution et la dissolution, la loi de 2011 met en avant une présence quasi pérenne du wali tout au long du texte législatif ; un simple comptage numérique indique qu'il y est cité quarante-neuf fois contre trente-trois fois dans la loi de 1990, parcourant par là même la mise en place des organes, leur fonctionnement, leur délibération et, en conséquence, l'ensemble de l'activité communale.

C'est ainsi qu'il est récepteur principal de l'information : information relative aux réunions de l'assemblée, en cas de perte de la qualité d'élu par un membre, en cas de démission d'office d'un élu à la suite de trois absences, en cas de sinistre ou d'accident pour les mesures de sureté prescrites par le président de l'APC, en cas de réquisition des personnes et des biens dans le cadre de l'organisation des secours.

Au-delà de la simple information, le wali bénéficie d'un droit à la transmission des documents fondamentaux de l'assemblée.

Il est consulté en cas de changement de nom de la commune et en cas de rattachement d'une commune à une autre. Il détient surtout un pouvoir décisionnel qui dépasse la seule présence pour une véritable interférence dans l'action de l'assemblée locale. Il peut demander la tenue d'une réunion extraordinaire de l'assemblée communale, désigner un autre lieu de réunion hors du territoire communal, remplacer par arrêté un élu décédé, démissionnaire, exclu ou empêché, par le candidat le suivant immédiatement sur la liste, prononcer par arrêté la suspension d'un élu faisant l'objet de poursuites judiciaires, exclure par

---

[71] Selon l'article 101 de la loi de 2011.
[72] Articles 250 et 251.

arrêté un élu, constater par arrêté la nullité de plein droit d'une délibération.

Comme autre représentant du pouvoir central, le secrétaire général de la commune jouit également d'un statut fort confortable dans la loi de 2011.

B - Affirmation de la stature du secrétaire général de la commune

La loi n° 90-08 avait été discrète à propos du secrétaire général. Il n'y était évoqué qu'à peine deux fois dans un total de cent quatre-vingt-six articles.

Il semble alors que le rédacteur de la loi de 1990 ait été guidé par les critiques antérieurement émises à l'encontre du rôle prépondérant du secrétaire général dans la gestion des communes, notamment celles de la capitale, Alger[73].

Mis en sourdine dans la loi de 1990, il réapparaît, nettement plus conforté, dans la loi de 2011. Il fait désormais partie intégrante des organes de la commune, étant cité dans l'article 15 juste après l'assemblée délibérante et après l'organe exécutif présidé par le président de l'APC. Jusqu'alors, seules les instances élues étaient prises en compte pour l'identification des organes communaux dans tous les textes antérieurs à 2011.

Il faut rappeler que là encore, le premier avant-projet de 1999 a eu une certaine incidence sur les rédacteurs de la loi de 2011 du fait qu'il y avait été réservé, au secrétaire général, tout un long titre de dix-sept articles détaillant son statut et ses missions.

Dans le chapitre I du titre réservé à l'administration de la commune, pas moins de huit articles prouvent l'attention particulière qui lui est réservée. L'article 125 fixe la relation entre le président de l'APC et le secrétaire général en plaçant ce dernier sous l'autorité de principe du premier.

Le secrétaire général a principalement une mission d'animation de l'administration communale.

---

[73] Voir à ce propos les articles 12 à 20 du D. n° 67-30 du 27 janvier 1967, J.O.R.A. n° 7.

Une lecture comparative entre les lois communales de 1990 et de 2011 met en nette évidence le glissement de certaines tâches dévolues exclusivement au président de l'APC vers le secrétaire général, ou du moins confiées auparavant à un fonctionnaire quelconque sans que soit nommément désigné le secrétaire général. C'est ainsi que la délégation de signature lui est à présent expressément confiée selon l'article 129 à l'effet de signer l'ensemble des documents relatifs à la gestion administrative et technique des communes à l'exclusion des arrêtés ; dans la loi de 1990, l'article 77 était plus évasif et ne ciblait guère le secrétaire général comme bénéficiaire de la délégation de signature.

En sus d'assurer le secrétariat de séance[74] lors des réunions de l'APC, il assume des tâches essentielles dans la gestion de la commune telles que :

- la préparation des réunions de l'APC ;

- l'animation et la coordination du fonctionnement des services administratifs et techniques communaux ;

- l'exécution des décisions liées à la mise en œuvre des délibérations relatives à l'organigramme et le plan de gestion des effectifs.

La tâche fondamentale qui lui incombe est la préparation du budget communal, prévue dans l'article 180[75].

Son rôle de pivot au sein de l'administration communale, rôle englobant douze domaines d'intervention, est manifesté par sa présence au sein du comité communal d'adjudication des marchés publics, domaine très sensible et surtout incontournable pour le développement économique et social de la commune.

Le décret n° 16-320 du 13 décembre 2016 portant dispositions particulières applicables au secrétaire général de la commune[76] ne lui consacre pas moins de trente articles, lui assurant un statut

---

[74] Dans la loi de 1990, cette mission était confiée à un fonctionnaire sans aucune autre précision (article 20).

[75] Dans la loi de 1990, les articles 63 et 152 ne mentionnaient guère le secrétaire général, seul le président d'APC était concerné.

[76] J.O.R.A. n° 73, 2016.

privilégié au titre de fonctionnaire supérieur de l'Etat, avec notamment le droit à la protection.

Officiellement déclaré comme organe identifiant de la commune, tout à côté des élus, détenteur de tâches innervantes pour la gestion de la commune, associé à la préparation de documents-clés tels le budget et la conclusion des marchés publics, le secrétaire général de la commune, autorité déconcentrée, nommé par décret présidentiel pour les communes dépassant les 100 000 habitants et par arrêté du wali pour les communes inférieures à ce chiffre voit sa stature confortablement assise au sein de la commune, collectivité territoriale décentralisée.

Comme autre manifestation de l'impératif sécuritaire, la création de nouvelles circonscriptions administratives en 2015 s'inscrit dans la cohérence et la logique de la loi de 2011.

C- Affinement du découpage territorial par l'inclusion de nouvelles entités déconcentrées

Ce nouveau maillage obéit également à l'impératif du développement du fait qu'il concerne principalement huit wilayas du sud d'une superficie très étendue, chacune abritant des communes très éloignées les unes des autres et surtout, du chef-lieu de wilaya.

Ce nouveau découpage territorial ainsi conçu doit contribuer à rapprocher le citoyen administré de certains services publics administratifs déconcentrés et vise un développement plus équilibré de ces régions. Il est surtout une réponse aux mouvements de revendication manifestés dans ces wilayas contre le chômage, le manque d'infrastructures et de façon générale le délaissement par le pouvoir central.

Certes, ce nouveau découpage entrelacé de circonscriptions territoriales déconcentrées pourrait bénéficier au citoyen local par le biais de la proximité.

Dans les huit wilayas : Adrar, Biskra, Bechar, Tamanrasset, Ouargla, Illizi, El oued et Ghardaia, sont désormais incluses dix wilayas déléguées couvrant vingt-six dairas et cinquante-sept communes.

Certaines wilayas, telle Illizi, ne comprennent qu'une wilaya déléguée, Djanet qu'une daira et deux communes simplement.

Cet agencement instauré en 2015 est un instrument d'intégration des espaces – aucun territoire ne devant être délaissé – afin de fixer les populations par le développement d'une économie durable et un appui aux services déconcentrés.

Le décret présidentiel n° 15-140 du 27 mai 2015[77] a, de la sorte, ciblé en premier lieu les territoires sensibles et d'aménagement prioritaire au centre du plan d'action du gouvernement et du schéma national d'aménagement du territoire 5 (S.N.A.T. 5).

La mise en place de ces premières wilayas déléguées en 2015 avait pour ambition d'apporter des correctifs à la répartition déséquilibrée de la population et des activités dans un Etat continent.

Nommé par décret présidentiel[78], le wali délégué, sous l'autorité du wali, anime, coordonne et contrôle les activités des communes relevant de son territoire, bénéficiant d'un transfert à son niveau des principales prérogatives détenues par le wali tels que :

- veiller à l'exécution des lois et règlements, des décisions du gouvernement ainsi que des délibérations de l'assemblée populaire de wilaya (APW)[79] ;

- veiller au maintien de l'ordre, de la sécurité publique[80].

Sous l'autorité du wali, le wali délégué dispose d'une administration comprenant un secrétariat dirigé par un secrétaire général, un cabinet et une direction déléguée de la réglementation.

[77] J.O.R.A. n° 29 de l'année 2015.
[78] D. présidentiel n° 15-140 du 27 mai 2015, art. 141.
[79] D. présidentiel n° 15-140, art. 5.
[80] D. présidentiel n° 15-140, art. 6.

Le wali délégué reçoit délégation de signature du wali. Il est qualifié d'ordonnateur. Un rapport mensuel sur l'évolution de la situation générale de la wilaya déléguée est transmis au wali.

Un tout récent décret présidentiel numéro 18-337 du 25 décembre 2018 vient allonger la liste des circonscriptions administratives en en créant quatorze nouvelles[81]. Ces dernières sont situées dans les grandes agglomérations ayant connu un développement urbanistique considérable telles, entre autres, Bouinan dans la wilaya de Blida, Sidi Abdallah dans la wilaya d'Alger et Ali Mendjli dans la wilaya de Constantine[82].

Les nouvelles circonscriptions ont surtout pour tâche de surmonter les problèmes soulevés dans la gestion des grandes agglomérations comme Oran, wilaya qui s'est vue étoffée de cinq wilayas déléguées : Oran ville, Bir el Djir, Essenia, Ain el Turk, Arzew et Oued Tlelat. Dans la wilaya de Constantine, quatre wilayas déléguées ont vu le jour : El Khroub, Zighoud Youcef, Hamma Bouziane et Constantine ville.

Quant aux deux communes de Debdeb et de Bordj Omar, situées à l'extrême sud dans la wilaya d'Illizi, elles viennent tout juste d'être promues comme daïras par le même décret présidentiel n° 18-337.

En fait, toutes les grandes métropoles concernées par le nouveau découpage (Alger, Oran, Constantine) ont souffert de l'exode brutal et massif durant la décennie noire, qui a fait fuir les populations de l'intérieur vers les villes côtières. Ce transfert sauvage non canalisé n'a pu qu'engendrer la chaîne des maux sociaux subséquents, surpopulation, précarité, constructions illicites, chômage, risque de violence des jeunes et insécurité, maux que les communes, à leur échelle, ne pouvaient absolument ni maîtriser, ni gérer, ni atténuer.

---

[81] Décret présidentiel n° 18-337 du 25 décembre 2018 portant création de circonscriptions administratives dans les grandes villes et dans certaines villes nouvelles et déterminant les règles de leur organisation et fonctionnement, J.O.R.A. n° 78 du 26 décembre 2018, p. 4.

[82] Bouinan est une ville nouvelle qui a été créée comme pôle de loisirs et de sports, Sidi Abdallah comme pôle de recherche scientifique.

Ce nouveau maillage, outre le volet sécuritaire, a été également appelé par une autre urgence, celle du développement économique et social local.

III. La paradoxale perception du développement local

Cet impératif pris en compte dès la première ordonnance de 1967 relative à la commune – et qui avait déjà souligné d'ailleurs la contradiction entre développement décentralisé des communes et dépendance[83] économique – a été un leitmotiv permanent dans tous les textes juridiques relatifs à la décentralisation. Mais l'économie locale a longtemps été pensée, élaborée et « administrée » pour le pouvoir central, le développement local profitant en priorité à la construction de l'Etat plutôt qu'au territoire proprement dit.

Le constat posé en 1967 a été amplifié, tout au long des années, l'Etat continuant d'alimenter, d'approvisionner les communes par le maintien des acquis sociaux et notamment par la distribution ininterrompue de logements sociaux. Ayant bénéficié d'un assistanat confortable dans le chaud giron du pouvoir central, soutenues à bout de bras à l'aide de la rente pétrolière, les communes se voient aujourd'hui brutalement confrontées à une baisse drastique des ressources financières.

Avant d'aborder les diverses solutions préconisées pour impulser le développement des communes, il serait intéressant de se pencher sur la façon choisie pour traiter du thème au sein de la loi de 2011.

---

[83] Voir le paragraphe 32 de l'exposé des motifs de l'ordonnance précitée : « *les communes ont été placées dans un état de dépendance financière incompatible avec le développement économique local qu'implique une décentralisation* ».

A - Traitement formel textuel de la question du développement local dans la loi de 2011

La première observation est d'ordre numérique. La lecture des visas constituant le socle juridique de la loi de 2011 met en évidence le poids des lois touchant de près ou de loin au thème du développement économique : elles constituent plus du quart de l'arsenal juridique de base, soit trente-trois lois sur un total de quatre-vingt-trois.

Cependant cet intérêt porté à l'encadrement textuel du développement local semble contredit par le choix des intitulés qui traduirait plutôt une perte progressive de l'importance conférée au développement.

En effet, dans la loi communale de 1967 et dans son amendement en 1981, un grand titre générique couvrant trente-neuf articles, « *Développement économique et social* », englobait tout aussi bien équipement et animation économique, développement agricole, développement industriel et artisanal, distribution et transports, développement touristique qu'habitat et logement ; le développement était saisi dans sa globalité comme thème majeur.

Bien que conçue en 1967 comme la cellule politique de base, dans l'édification de l'Etat unitaire socialiste[84] et comme espace complémentaire, dans l'action révolutionnaire[85], paradoxalement la commune a bénéficié d'un transfert massif des compétences qui a atteint son apogée en 1981[86].

Dans la loi communale de 1990, il semble que le développement ne soit plus perçu comme générique, mais simplement situé comme une attribution quelconque de la commune alignée à d'autres attributions, sans plus.

---

[84] Article 9 de la Constitution algérienne de 1963, J.O.R.A. n° 64.

[85] Exposé des motifs de l'ordonnance de 1967, précitée, § 4 : « *La commune est une unité insérée dans l'Etat qu'elle a l'obligation de servir* ».

[86] Confer Walid Laggoune, *La réforme administrative : une approche par la décentralisation*, Idara, n° 23, 2002, p. 125.

La loi communale de 2011 a maintenu la même articulation, le même agencement des intitulés, de telle façon que le caractère prioritaire, « vital », du développement économique pour la commune, n'est toujours pas suffisamment mis en lumière.

Ceci nous conforte dans l'idée que la loi de 2011 a été élaborée dans une finalité de simple réaménagement destiné à résoudre essentiellement les conflits de dysfonctionnements structurels engendrés par un multipartisme autobloquant à l'échelle communale, l'aisance financière d'alors amortissant le caractère impératif du développement local.

L'exposé des motifs de la loi de 2011 énumère, en effet, avec grande précision toutes les justifications ayant induit la réforme entreprise en 2011, mais en fait annoncée bien au préalable dans les successifs plans d'action du gouvernement. Ces raisons sont : « *conflits de compétences, absence de transparence, limites du dispositif légal de 1990 inapte à désamorcer les tensions, multipartisme qui reste à consolider, présence d'élus aux positions divergentes, paroxysme des contradictions, émergence de groupes d'intérêts tentant d'investir les instances de la commune, blocage des assemblées élues, déstabilisation et mise en minorité du président de l'APC, recours expéditif, voire infondé, au retrait de confiance, flou et chevauchements de certaines compétences (des) élus et leur rapport à l'administration* ».

Il est clair que le thème du développement se trouve ainsi phagocyté par la prévalence du structurel, de l'institutionnel.

Le développement local est, certes, traité dans la loi de 2011 comme une donnée permanente, inhérente à la commune mais non encore située dans un contexte d'urgence. Ce seront les contraintes imposées par la pleine crise financière postérieures à la promulgation de la loi, qui vont conduire le gouvernement à opérer des coupes budgétaires dont les premières victimes seront les communes, le trésor public ne pouvant plus assurer la garantie régulière des ressources financières locales. La recherche de sources d'autofinancement s'impose désormais aux communes algériennes.

Cet état des lieux présenté sans complaisance va justifier la nécessité de préciser, de rationaliser l'organisation, le fractionnement et l'administration de la commune en attendant la réforme de fond, globale, de l'Etat et des collectivités locales.

Un éclairage important pourrait être apporté par les travaux du Conseil national économique et social (CNES) réalisés en 2011, avant, durant, et après l'élaboration de la loi du 22 juin ; le CNES a eu en effet un rôle fort dynamique dans le contexte du développement local.

B- L'apport des travaux du CNES à la question du développement local

Les 14 et 15 juin 2011, précédant de quelques jours la promulgation de la loi communale, le CNES a organisé les états généraux de la société civile, avec un millier de participants représentant toutes les composantes de la société civile, cooptés et mandatés par leurs instances respectives[87].

Parmi les cinq ateliers ayant eu à traiter des problématiques économiques et sociales majeures, l'atelier n°1 a concentré les travaux sur le thème : « *Pour un nouveau régime de croissance, les points de vue des partenaires sociaux* ».

Ces deux journées ont été un espace d'écoute et de captation des attentes citoyennes, retranscrites sous forme de recommandations. A la suite de ces Assises nationales, le CNES, représenté par son président et un large groupe de travail, a entrepris une mission d'écoute sur le terrain en sillonnant durant tout l'été les wilayas, notamment celles du sud, souffrant d'un manque de développement. Pour ce faire, des réunions avec les représentants locaux de la société civile ont été organisées. Cette large enquête a permis d'élaborer « *une concertation nationale autour de la définition des objectifs pour un meilleur*

---

[87] « *Véritable exercice de démocratie participative, à ciel ouvert et en temps réel* », ces états généraux se veulent tout autant « *moment catharsis et espace catalyse* », selon la note de présentation de ces Assises nationales.

développement local et leur adaptation aux attentes de la population ».

Les principaux axes de recommandations du CNES ont été présentés à la fin décembre 2011 et adressés au Président de la République. Les recommandations les plus pertinentes au regard du développement local ont été les suivantes :

« *1 - créer de nouvelles jonctions, en des interfaces rénovées, entre l'Etat et ses principales déclinaisons au niveau territorial ;*

2 - redessiner l'architecture de pouvoir entre le niveau central, territorial et les espaces intermédiaires ;

3 - s'installer dans une autre matrice de la lecture des capacités territoriales en matière de potentialités et des capacités de développement ;

4 - reconfiguration des actions de développement en réhabilitant les plans communaux de moyen terme ;

5 - créer un observatoire du développement local en fournissant analyses, conseils et statistiques aux communes ;

6 - créer un réseau bancaire dédié au développement local ;

7 - réviser à la hausse le montant des dotations annuelles des programmes communaux de développement ;

8 - favoriser la constitution de portefeuilles fonciers des communes ».

Ce document de travail très dense[88] du CNES, actualisé et finalisé, a également servi de ligne directrice présentée lors des concertations initiées par la présidence comme préalable à la révision constitutionnelle de 2016. Il est intéressant de remarquer que cet apport du CNES a eu pour résultat sa propre promotion constitutionnelle du fait qu'il s'est vu enfin intégré dans le dernier texte constitutionnel révisé de 2016. Cependant, la constitutionnalisation du CNES n'a pas précisé la norme juridique devant en traiter ; c'est toujours par décret présidentiel n° 16-309 du 28 novembre 2016 (J.O.R.A. n° 69) que la

---

[88] Pas moins de quarante-huit recommandations ont ainsi été répertoriées.

composition et le fonctionnement du CNES ont été amendés. La reconnaissance textuelle du CNES dans les articles 204 et 205 de la Constitution n'a malheureusement pas été élargie à une promotion normative vers le champ des lois organiques.

Toutefois, il semble que ces recommandations aient porté leurs fruits du fait que des textes postérieurs aux assises trouvent leur source dans ledit rapport du CNES, tel le décret présidentiel n° 15-247 en date du 16 septembre 2015 portant réglementation des marchés publics et des délégations de service public[89], le décret présidentiel n° 15-140 du 27 mai 2015 et le décret présidentiel n° 18-337 du 25 décembre 2018 portant création de circonscriptions administratives dans certaines wilayas, le décret exécutif n° 12-315 du 21 août 2012 fixant la forme et le contenu du budget communal, le décret exécutif n° 14-116 du 24 mars 2014 portant création, organisation et fonctionnement de la caisse de solidarité et de garantie des collectivités locales.

Là encore, on ne peut que constater le concours de la société civile à la réflexion et à la formulation de propositions précises relatives au développement local : propositions qui ont abouti aux textes juridiques susmentionnés.

N'est-ce pas là un autre exemple démontrant la propension du gouvernant à emprunter le canal des associations locales comme espace de dialogue, parallèlement à l'espace institutionnel ?

Le rapport du CNES avait également mis l'accent sur trois instruments préférentiels devant impulser le développement local. Instruments qui, soit ont été pris en compte dans la loi de 2011 proprement dite, soit ont été traités postérieurement :

1 - l'intercommunalité fondée principalement sur la caisse de solidarité et de garantie ;

2 - la formation des élus et des cadres de l'administration locale pour une mutation du rôle des gestionnaires locaux ;

3 - l'utilisation plus diversifiée de la voie contractuelle par la délégation de services publics et par le partenariat public-privé.

---

[89] J.O.R.A. n° 46 de l'année 2015.

C - L'intégration graduelle des instruments de développement préconisés par le CNES

1. La réhabilitation de l'intercommunalité dans la loi de 2011

L'intercommunalité était prévue par le premier code communal de 1967 dans le chapitre 2 du titre I du livre 1er[90] sous l'intitulé « *Groupement de communes* » et s'articulait alors soit sous forme de syndicat de communes, où les APC décident de s'associer pour la réalisation d'œuvres ou de services d'utilité intercommunale[91], soit sous forme de conférence intercommunale d'utilité communale.

L'amendement du code communal en 1981, présenté dans l'exposé des motifs comme l'actualisation d'une commune nouvelle assumant des fonctions économiques nouvelles, maintient cette voie de coopération entre communes dans ses articles 12 à 25, par notamment le biais de l'établissement public intercommunal.

La loi de 1990 va procéder de façon paradoxale à une rationalisation de l'intercommunalité, du fait que de vingt-deux articles initiaux dans les premiers codes, n'en demeurent plus que quatre. On pourrait justifier cette attitude limitative par la grave crise économique et financière que traversait l'Etat algérien depuis 1986, induisant la soumission à l'emprunt auprès des fonds internationaux et, partant, à l'ajustement structurel.

La réforme de 2011 va restituer à l'intercommunalité toute son importance comme moyen territorial de développement dans les articles 210 à 217, avec en priorité la préoccupation de la solidarité financière.

Le fonds communal de solidarité est chargé de verser aux communes une attribution annuelle de péréquation des subventions d'équilibre et, selon le cas, des subventions

---

[90] Articles 12 à 32.

[91] Il est intéressant de remarquer que selon l'article 20 de l'ordonnance de 1967, le syndicat de communes est géré et administré par un comité intercommunal composé de deux délégués par commune membre, qui soit sont élus en son sein par chaque APC, soit sont choisis par celle-ci parmi les autres citoyens ; n'est-ce pas là une prémisse de démocratie participative ?

d'équilibre aux communes confrontées à une situation financière difficile ainsi que des subventions exceptionnelles en cas de situation imprévue.

C'est le décret exécutif du 24 mars 2014, déjà cité, qui précise les missions de la caisse tendant à mobiliser et à répartir les moyens financiers mis à son actif.

La caisse est chargée de verser aux communes une dotation se répartissant en dotation globale de fonctionnement (60 %) et dotation globale d'équipement et d'investissement (40 %).

Mis à part l'organisation de la solidarité financière, l'intercommunalité peut se manifester pour associer deux ou plusieurs communes limitrophes en vue d'aménager et développer en commun leur espace ainsi que dans le but de créer et améliorer des services publics de proximité.

Le glissement de la simple coopération, terme qui a été écarté dans la loi de 2011, au profit de la pleine solidarité, est transcrit comme une mutation de l'intercommunalité dans l'exposé des motifs de la loi : *« l'avènement de l'intercommunalité est consacré comme **nouvelle forme** d'organisation tenant compte de l'émergence de besoins économiques partagés entre plusieurs communes ».*

La seconde priorité pour redynamiser le développement se situe dans l'urgence d'une formation orientée des élus et des cadres communaux.

2. <u>La formation des élus et des cadres pour un nouveau mode de gouvernance</u>

La nécessité de la formation, avancée dans les premiers codes, revêt une signification toute différente à partir de la loi de 2011. Il est vrai que le premier code communal de 1967 prévoyait la formation des élus et du personnel communal, mais dans un but palliatif, afin de lutter contre la sous-administration[92]. Quant à la

---

[92] « *Pour remédier* (au départ massif des fonctionnaires communaux européens), *l'Etat a dû, dans un premier temps, entreprendre l'organisation de stages de formation et de séminaires au profit du personnel communal*

loi de 1990, elle ne prévoyait les actions de formation que pour *« les personnels des services et établissements communaux »*, ne ciblant en aucune façon la formation des élus, membres de l'APC et véritables décideurs, gestionnaires des affaires publiques communales[93].

La formation, telle qu'elle est abordée à partir de 2011, revêt un tout autre contenu ; elle serait destinée à inculquer aux élus, notamment le président de l'APC, l'esprit d'une gestion managériale.

L'article 39 de la loi 2011 est clair : *« L'élu communal est tenu de suivre les cycles de formation et de perfectionnement liés à la gestion de la commune, organisés à son intention. »*

Tous les espaces de réflexion et de débats organisés le dernier trimestre 2018, telle la rencontre gouvernement-walis en date des 28 et 29 novembre, tel le forum international des 4 et 5 décembre sur « *le renforcement des capacités de gouvernance* », ont mis en avant les nouvelles orientations pour une formation en gestion managériale[94].

M. Benaidja, directeur de la formation au ministère de l'intérieur et des collectivités locales, a insisté sur l'urgence de la formation en tant que préoccupation majeure[95].

Une stratégie de formation a été élaborée, amorcée en 2015 et étalée sur quatre ans. La première session a concerné 1 771 élus dont plus de 1 500 présidents et vice-présidents d'APC ainsi que 84 000 cadres.

L'introduction du numérique est un axe clé dans la formation dispensée, un chantier est programmé pour inculquer et généraliser la gouvernance numérique. Concernant l'état des lieux de la e-administration locale, le ministre de l'intérieur et

---

nouveau » : exposé des motifs du code communal, § 29, J.O.R.A. 18 janvier 1967, p. 82.

93 L. n° 90-08 du 7 avril 1990, article 130, J.O.R.A. n° 15 de l'année 1990.

94 Les présidents d'APC ont été également présents à la rencontre gouvernement-walis.

95 Intervention radiophonique à la *Chaîne 3* dans l'émission matinale « *L'invité de la rédaction* », diffusée le mercredi 5 décembre 2018.

des collectivités locales a avancé les chiffres suivants : 101 millions d'actes d'état civil, 13 millions de passeports, 12 millions de cartes d'identité et 9 380 permis de conduire délivrés jusqu'en 2018[96].

De même sont prévues certaines formations plus ciblées comme l'exploitation optimale des biens communaux ou la formation également spécifique pour les communes des zones frontalières, afin d'assurer leur attractivité.

Cette formation ayant pour but le renforcement des capacités de gouvernance va s'inspirer de modèles étrangers différents du modèle français hérité ; le modèle chinois semble parmi les plus attrayants[97] en raison du rôle premier joué par les provinces dans le développement national.

Un projet de réalisation d'une Académie de la gouvernance a été initié entre l'Académie chinoise et le ministère de l'intérieur algérien.

Une telle formation est orientée vers la stimulation de la culture entrepreneuriale chez les élus communaux afin qu'ils puissent rendre leurs territoires plus attractifs, plus favorables à l'émergence de PME-PMI et de *start-up*, pour une meilleure captation des investissements nationaux ou étrangers créateurs d'emploi.

L'appel à cette mutation nécessaire de la gestion à caractère administratif routinier vers une gestion managériale dynamique, fondée sur l'initiative, l'anticipation, la gestion par objectifs et résultats, est formulé selon un style péremptoire de commandement impérieux[98], perceptible surtout lors de la

[96] Déclaration publiée dans le quotidien *El Moudjahid*, 17 déc. 2018.

[97] Ont été conviés au « *Forum international sur le renforcement des capacités de gouvernance* » organisé par le ministère de l'intérieur les 4 et 5 décembre 2018, les représentants de la Chine, des Pays-Bas, de l'Espagne et du Canada. Pour plus de détails, consulter *intérieur.gov.dz*.

[98] « *Aucune routine ni monotonie n'est désormais admise… Je vous exhorte à faire de votre rencontre annuelle un espace de conception des plus judicieuses voies…* » : allocution du ministre de l'intérieur, in *El Moudjahid*, 30 nov. 2018.

dernière rencontre gouvernement-walis des 28 et 29 novembre 2018.

Le développement durable des zones frontalières (regroupant douze wilayas, cinquante-huit communes) ainsi que celui des régions du sud jouissent d'un intérêt tout particulier[99] afin de réduire les écarts de développement, disparités régionales et, surtout, de fixer les populations[100]. En effet, ces territoires sensibles, d'un milieu physique ingrat, connaissent aridité du climat, étendues caillouteuses, ensablement, inondations et effets radioactifs pour certains.

De même, ces communes souvent noyées dans l'immensité du désert, par 6 343 km de frontière, doivent faire face à la contrebande, à l'économie informelle et aux flux migratoires subsahariens illégaux.

Les douze wilayas frontalières ont ainsi bénéficié d'une injection dans la caisse de garantie des collectivités locales d'une enveloppe de 4,4 milliards de dinars[101].

En sus des deux précédents instruments, l'accent est mis aujourd'hui sur la voie privilégiée de la contractualisation pour réaliser les programmes de développement et d'investissement, le seul budget de l'Etat ayant montré ses limites.

3. Elargissement du principe de la contractualisation territoriale

La contribution du secteur privé par le biais du partenariat public-privé (PPP) apparait comme une alternative prometteuse, instaurant une nouvelle forme de relation contractuelle liant les communes au privé, en présentant les avantages de l'innovation, de la compétence, de la technicité, de l'efficience et d'une responsabilité partagée.

---

[99] Un forum international a été organisé les 13 et 14 octobre 2018 sur le thème de « *L'aménagement des zones frontalières* ».

[100] Le Schéma national de l'aménagement du territoire révèle qu'en 2017, 87 % du territoire situé dans le sud n'accueillent que 9 % de la population, 63 % des habitants sont regroupés dans le nord sur 4 % du territoire, 28 % sont localisés sur les Hauts-Plateaux, soit 9 % du territoire.

[101] Selon la déclaration du ministre de l'intérieur lors de la rencontre walis-gouvernement des 28 et 29 novembre 2018.

La voie contractuelle a en outre le mérite d'instaurer au sein de l'administration communale un nouveau modèle de management de la commande publique, nécessitant avant la conclusion du contrat une étude scientifique de faisabilité selon une évaluation multidisciplinaire préalable comportant l'analyse des performances, la maîtrise des coûts, le contrôle du suivi des réalisations jusqu'à l'évaluation *a posteriori*.

Le PPP a été mis en pratique à l'échelle nationale, mais de façon restreinte[102]. Il est destiné à trouver un terrain d'application beaucoup plus large à l'échelle locale du fait que la toute récente loi organique relative aux lois de finances du 2 septembre 2018 lui donne désormais une assise juridique en son article 37[103] : « *L'Etat peut recourir au financement total ou partiel des opérations d'investissement public dans un cadre contractuel ou de partenariat avec une personne morale de droit public ou de droit privé...* ».

Jusque-là les PPP faisaient l'objet de réglementations éparses et diversifiées, ils étaient perçus comme simples marchés publics ou bien comme concessions accordées à des personnes de droit privé ou public. L'article 37 de la loi organique de 2018 rétablit et valorise la logique du PPP qui situe le partenaire privé non pas comme un simple exécutant rémunéré par le cocontractant public, mais dans le cadre d'un contrat de performance.

Comme attrait supplémentaire pour les APC, l'opération en PPP n'est pas prise en compte en matière de déficit ou de dette publique, car les actifs sont hors bilan de l'administration communale.

En 2017, un avant-projet de loi relatif aux conditions de mise en œuvre du PPP a été élaboré sur instruction du Premier ministre. Il est en phase de discussions et d'enrichissement. Selon ladite mouture, les secteurs éligibles au PPP embrasseraient tous les domaines de compétence dévolus à la

[102] Dans le secteur de l'eau, de l'énergie, des télécommunications et des transports.

[103] L.O. n° 18-15 du 2 septembre 2018 relative aux lois de finances, in J.O.R.A. 2018, n° 53.

commune, sauf, bien entendu, ceux de la défense nationale, de la sécurité nationale et des hydrocarbures.

La formule du partenariat est maintes fois retenue dans le projet actuel de réforme des collectivités locales aux articles 39, 40 et 49[104]. En attendant la promulgation, on peut toutefois retenir ce nouvel intérêt pour le PPP.

En 2011, le CNES avait vivement recommandé le recours au PPP qui « *permettrait dans tous les cas de construire progressivement une démarche de connaissance, de responsabilité et d'apprentissage collectif... La contractualisation a un pouvoir incitateur réel et potentiel vis-à-vis de l'Etat et des collectivités... S'installer dans une problématique de contractualisation territoriale permet également de réduire les logiques sectorielles et les approches cloisonnées...* »

Comme autre voie contractuelle, la loi de 2011 a inscrit la délégation parmi les différents modes de gestion des services publics communaux[105].

Jusque-là, la loi communale de 1990 ne prévoyait la concession qu'exceptionnellement, quand la régie communale ou l'établissement public ne pouvaient être appliqués[106].

La loi de 2011 renverse la logique, la concession et la délégation étant désormais deux voies ordinaires de droit commun offertes au choix de l'APC pour assurer la qualité et la continuité du service public.

Cette évolution avait été annoncée par une circulaire non publiée adressée en 1994 par le ministère de l'intérieur aux walis

---

[104] A titre d'exemple, l'article 39 dudit projet prévoit : « *L'assemblée locale élue initie la création et la promotion de petites et moyennes entreprises dans le cadre du partenariat avec le secteur public et/ou le secteur privé. Une quotepart des bénéfices générés par les activités des entreprises citées est versée au budget de la collectivité territoriale.* »
[105] L. de 2011 précitée, article 56.
[106] L. de 1990 précitée, article 138.

et aux présidents d'APC, concernant les services publics locaux[107].

Cependant la délégation de gestion, telle qu'elle est introduite dans la loi de 2011, est appréhendée comme un mode différencié, parallèle, alternatif à la concession, elle n'est en aucune façon présentée comme un générique englobant la concession.

Le flou a demeuré[108], quant à l'identification juridique[109], jusqu'à la promulgation en 2015 du décret présidentiel n° 15-247 du 16 septembre 2015 portant réglementation des marchés publics et des délégations de service public[110].

L'article 210 situe expressément la délégation comme un grand ensemble regroupant concession, affermage, régie intéressée et gérance. La loi algérienne de 2011 est d'un apport appréciable dans la mesure où elle facilite le recours à la délégation de gestion, en lui ôtant son caractère exceptionnel et, partant, encourage son application.

Avec la réhabilitation de l'intercommunalité, avec l'insistance sur la formation des élus et cadres, avec l'élargissement du principe de la contractualisation territoriale, la loi communale de 2011 inscrit sa préoccupation de faire muter la gestion communale selon un nouveau mode de gouvernance.

Conclusion

La loi relative à la commune est un exemple concret de textes juridiques ayant subi l'impact de vingt années d'application d'état

---

[107] La circulaire de 1994 était le seul texte juridique traitant des services publics locaux.

[108] Cette difficulté d'identification a été relevée aussi bien dans le droit marocain, par Amal Mecherfi que par Amel Aouidj Mrad et Mustapha Ben Letaif pour la Tunisie, in *Actes du colloque « Les mutations des contrats publics »*, Tunis, 13 et 14 mars 2009.

[109] Cette difficulté avait déjà été soulevée par la doctrine française, notamment par Pierre Delvolvé, *Les contradictions de la délégation de service public,* in AJDA, 1996, p. 675.

[110] J.O.R.A. n° 50, 2015.

d'urgence ; elle est d'ailleurs concomitante à la levée de ce dernier.

Cette période d'instabilité a eu également comme autres effets sur les normes juridiques, non seulement une boulimie textuelle, mais surtout l'apparition de nouvelles techniques juridiques inclassables dans la grille traditionnelle[111]. Ces effets constituent d'ailleurs un passionnant domaine de recherche ouvert aux doctorants.

La loi de 2011 exprime une appréhension prégnante fondée essentiellement sur la sauvegarde de l'Etat unitaire, une sauvegarde préventive par l'emprise de l'impératif sécuritaire à travers le renforcement du wali et du secrétaire général ainsi qu'à travers la création de nouvelles circonscriptions territoriales selon un maillon de proximité. Le syndrome sécuritaire qui a guidé toute la présente analyse devrait s'atténuer dans le temps dans une conjoncture de stabilité interne et surtout régionale.

La finalisation en cours d'un nouveau code des collectivités territoriales devrait révéler cette résilience.

L'impératif d'une plus grande démocratisation de la gestion locale est certes intégré par le biais de la démocratie participative, selon un traitement plus valorisé de la définition proprement dite de la commune, ainsi que par sa mise en avant dans l'espace même de la loi, mais appelle nécessairement d'autres compléments, d'autres précisions relatives aux instruments d'application de la démocratie participative. L'impératif du développement local est également présent bien que traité de manière traditionnelle, la réforme de 1981 ayant déjà opéré un transfert maximal des compétences vers la commune ; il ne revêtira son caractère urgent que dans les textes ultérieurs à la loi 2011 avec une plus grande attention prêtée à l'intercommunalité, à la formation des élus et à la voie contractuelle.

Enclavée entre une rude et violente crise politique qui l'a précédée à partir des années 1990, d'une part et une cruciale crise économique qui lui a succédé à partir de 2014, d'autre part, la loi

---

[111] Voir à ce propos André Demichel, *Le droit administratif, essai de réflexion théorique*, LGDJ, 1978, p. 175.

communale de 2011 demeure une loi prise dans l'immédiat afin d'apporter certains correctifs et réaménagements aux différents dysfonctionnements que vivent les assemblées communales pluripartites[112].

Mais l'évolution la plus singulière dans l'appréhension de la décentralisation, telle que formulée dans la loi 2011, est la prise en compte de plus en plus perceptible de la société civile comme partenaire actif, utile, voire même palliatif à la démocratie représentative hors du cadre traditionnel de la décentralisation, hors de la relation exclusive Etat central/commune.

Il est de plus en plus évident que parallèlement à la relation institutions centrales/institutions locales, tend à s'établir un partenariat société civile/communes, à travers la participation réelle des associations locales aux services publics locaux lourds, telles la santé, la prise en charge des catégories à besoins spécifiques, personnes âgées, handicapés, etc. Au maillage institutionnel territorial viendrait ainsi se « superposer » un maillage social, humain, de solidarité, de plus en plus ramifié, de plus en plus dense, de plus en plus performant.

De la sorte, s'articule une cohérence dans les textes juridiques algériens entre le traitement constitutionnel privilégié réservé aux associations et leur place de plus en plus reconnue dans le code communal de 2011.

La finalité démocratique de la décentralisation peinant à être mise en œuvre par les canaux classiques traditionnels, la démocratie de groupe, telle qu'identifiée et annoncée par Georges Burdeau[113], ne serait-elle pas là un complément appréciable ?

---

[112] L'idée de loi conjoncturelle pour une période transitoire est bien affirmée dans l'exposé des motifs de la loi de 2011, notamment dans les paragraphes 17 et 20.

[113] G. Burdeau, *Traité de science politique*, Tome VIII, LGDJ, 2de éd., p. 298.

LE POUVOIR LOCAL EN TUNISIE A LA LUMIERE DE LA CONSTITUTION DE 2014 ET DU CODE DES COLLECTIVITES LOCALES DE 2018

Néji BACCOUCHE

Professeur à la Faculté de droit de Sfax
Université de Sfax

La deuxième constitution de l'Etat tunisien indépendant, promulguée en 2014, a rompu avec l'ordre juridique et politique né au lendemain de l'indépendance acquise en 1956 et qui était régi par la Constitution du 1er juin 1959. Cette dernière avait pour souci de construire un Etat moderne et fort pour faire face au double défi du tribalisme et du sous-développement. La démocratie et les droits et libertés, même s'ils étaient inscrits dans les textes, n'étaient pas une préoccupation prioritaire des dirigeants alors même que le leader, Bourguiba, était un réformateur très en avance par rapport à son époque. Les grandes réformes du droit de la famille, de la justice, de l'organisation territoriale, de l'éducation, du droit social, de la lutte contre la pauvreté, du contrôle des naissances et la généralisation des services publics sur l'ensemble du territoire ont conféré aux gouvernants une légitimité telle que les élections, souvent faussées, se contentaient de valider des décisions du pouvoir central. L'allégeance au président et à son parti, unique depuis 1961, était devenue une exigence qui a fini par bannir toute forme d'opposition politique. Les structures locales (les communes) dont le régime a été reconsidéré en 1957 puis en 1975 étaient devenues des relais du pouvoir central et dont les dirigeants étaient en réalité désignés par le pouvoir central. Le résultat des élections des conseillers municipaux, comme celui des élections des députés, était connu d'avance.

L'époque de Ben Ali durera 23 ans (1987-2011) et connaitra plus de centralisation et d'autoritarisme. En dépit de la poursuite des politiques des transferts sociaux, la légitimité du « changement » qui a trouvé dans la décennie noire en Algérie un appui, s'est très rapidement évaporée et les années 2000 vont connaitre une dérive autoritaire et le règne de l'impunité. Le chômage des diplômés de l'université, qui a vécu une massification, et la crise internationale de 2008 ont ravivé les revendications et augmenté le sentiment de frustration, notamment dans les zones qui avaient, historiquement, l'habitude de constituer des foyers de révoltes depuis un millénaire au moins.

L'autisme du pouvoir sur la question des droits et libertés et la spectaculaire corruption dans l'entourage de Ben Ali ont été fatals pour le régime qui n'a pas trouvé, le moment venu, de relais crédibles pour communiquer avec la Tunisie profonde. La rupture avec la jeunesse était consommée. En 2011, la révolution a ouvert la voie à la suspension de la Constitution de 1959 et de ses institutions ainsi qu'à l'élection d'une constituante qui a élaboré, dans la douleur, la Constitution de 2014. Cette dernière a procédé à une refonte du système politique. Une démocratie réelle, y compris à l'échelle locale, se met en place par un processus électoral pluraliste et dont l'intégrité est reconnue.

La Constitution de 2014 a consacré un chapitre 7 au « *pouvoir local* » qui devra se concrétiser par trois catégories de collectivités locales : des communes et des régions, gérées par des instances élues au suffrage universel et des districts, dont les organes seront élus par les élus locaux (conseillers municipaux et conseillers régionaux). La constitution exige que la totalité du territoire soit couverte par chacune des trois catégories de collectivités. En même temps, l'unité de l'Etat est une sorte de butoir que le processus de décentralisation se doit d'observer, d'autant que l'Etat s'est de plus en plus fragilisé, à la fois par la révolution et par le terrorisme, devenu transnational. Le terrorisme dicte des choix de dépenses publiques dans le domaine de la sécurité et au détriment des dépenses sociales qui, depuis l'indépendance, constituaient un gage de cohésion sociale et apportaient des satisfactions aux couches sociales les plus défavorisées sur l'ensemble du territoire.

Contrairement à celle de 1959, la Constitution de 2014 a posé les fondamentaux de la décentralisation en lui réservant treize articles. Le code des collectivités locales (ci-après CCL), promulgué le 9 mai 2018, ainsi que la loi électorale, se sont attelés à mettre en œuvre une démocratie locale qui, comme à l'échelle nationale, se trouve confrontée à des défis multiples. Toutefois, on peut affirmer que sur le plan législatif, les conditions juridiques et politiques de mise en œuvre de la décentralisation, dictées par un article 14 de la Constitution dans le chapitre des principes généraux, sont réunies. Une démocratie représentative (élective), un système de gouvernance locale, des prérogatives réelles et importantes des conseils élus, l'interdiction de toute tutelle sur les collectivités locales, la répartition des compétences sur la base du principe de subsidiarité et la reconnaissance d'un pouvoir normatif local, des garanties de financement et l'exigence que les ressources propres doivent constituer la part déterminante des ressources des collectivités, sont autant de composantes qui concourent à la libre administration, que la Constitution et le CCL ont posée comme principe fondamental de la décentralisation, même si le réalisme a conduit les rédacteurs du CCL à inclure le principe de progressivité pour éviter les aventures hasardeuses.

I - La généralisation des collectivités locales sur tout le territoire

La municipalisation de l'ensemble du territoire national n'a pas été une tâche facile d'autant plus qu'à la veille de l'adoption de la Constitution de 2014, seulement 9 % du territoire étaient municipalisés. Les circonscriptions municipales ne couvraient que les espaces urbains à l'exception du territoire du gouvernorat de Monastir, municipalisé depuis l'époque de Bourguiba. Dès lors, le tiers de la population ne bénéficiait pas des prestations municipales, soit 3,7 millions d'habitants sur les 11 millions que compte le pays.

Avant l'organisation des élections municipales, les pouvoirs publics devaient, en application de l'article 131 de la Constitution, municipaliser la totalité du territoire et permettre à tous les citoyens tunisiens d'exercer le droit d'élire des gouvernants locaux. En vertu de cet article, le découpage du territoire en circonscriptions décentralisées est devenu de la compétence de la loi. Mais l'entrée en vigueur des dispositions du chapitre 7 de la Constitution était suspendue à la promulgation des lois devant régir les collectivités locales qui ont été réunies dans un code qui compte quatre cents articles. Dès lors, le gouvernement a profité de cette donnée constitutionnelle pour généraliser, par des décrets gouvernementaux, les municipalités sur le tout le territoire et ce, en application de l'ancienne loi organique des communes du 14 mai 1975.

La généralisation des municipalités sur tout le territoire fut d'autant moins une tâche facile que le contexte de fragilité du pouvoir central a favorisé les revendications de tous ordres. Si les pouvoirs publics avaient dû répondre favorablement aux revendications, plusieurs centaines de communes auraient été créées. Mais les autorités compétentes ont établi des critères objectifs qui ont permis de contenir l'élan revendicatif et de limiter le nombre des nouvelles communes à 86, qui se sont ajoutées aux 264 qui existaient avant la révolution. Le découpage a posé des difficultés avec des populations de certaines zones qui réclamaient leur rattachement à telle ou telle commune pour des raisons parfois tribales, notamment au sud et à l'intérieur du pays. Des ajustements ont dû être apportés y compris après les élections pour tenir compte des revendications, parfois légitimes, des populations locales[114]. Les considérations économiques ne sont pas étrangères auxdites revendications, qui tiennent parfois à l'implantation d'un marché hebdomadaire qui constitue une source de financement de la commune.

Mais ce n'est pas par la création des 86 communes que la totalité du territoire a été couverte par cette catégorie de

---

[114] Les décrets gouvernementaux n° 803, 804, 805, 806, 807 du 26 sept. 2018, J.O.R.T. n° 80 du 5 octobre 2018. Il en est de même des décrets n° 827, 828, 829, 830, 831, 832, 833, et 834 du 5 septembre 2019, J.O.R.T., n° 78.

collectivités locales. Il a fallu être imaginatif et étendre le territoire de 187 communes existantes, celles siégeant dans les chefs-lieux des délégations puisque ces dernières (circonscriptions déconcentrées et subdivisions du gouvernorat) couvrent la totalité du territoire national. Ainsi les 187 communes voient leurs périmètres s'étendre et leurs charges augmenter sensiblement puisqu'elles se doivent d'accomplir des prestations qu'elles avaient du mal à exécuter convenablement dans leur ancien espace urbain.

La Tunisie compte aujourd'hui 350 communes qui couvrent la totalité du territoire et dont la liste a été validée par le code des collectivités locales du 9 mai 2018, tout comme l'a été celle des 24 régions. Ce nombre de collectivités locales nous parait très élevé et favorise une dispersion contreproductive des moyens, eu égard aux ressources humaines et financières à la disposition desdites collectivités. En outre, la création de communes nouvelles surcharge l'Etat par des dépenses de plus en plus insoutenables. Actuellement, l'Etat se prépare à déployer des efforts pour encourager la mise en place de structures intercommunales, nécessairement par voie contractuelle selon la Constitution, permettant la mutualisation des moyens.

S'agissant du deuxième échelon des collectivités locales, les régions, le législateur ne pouvait que reconduire les « régions » existantes qui se superposent aux gouvernorats. Les régions sont au nombre de vingt-quatre alors qu'au début de l'indépendance elles n'étaient que quatorze circonscriptions. Ce nombre était plus raisonnable compte tenu de la géographie et de la démographie du pays. La création ultérieure a été dictée par des considérations de sécurité ou par des considérations politiciennes. La superficie du pays représente moins que 30 % de la superficie de la France et sa population, le 1/6e de la population française. La Tunisie compte 11 millions d'habitants dont 1,3 million à l'étranger. La France ne compte plus que douze régions métropolitaines alors que la Tunisie en compte vingt-quatre. En réalité, compte tenu du contexte de transition, il était impossible de réduire le nombre des régions. Au contraire, les autorités ont dû faire face à des demandes de créations de nouvelles[115].

Les régions sont assises sur le même territoire que les gouvernorats qui représentent des circonscriptions déconcentrées de l'Etat. Jusque-là, les régions sont sous la totale maitrise du gouverneur, représentant du pouvoir central (l'équivalent du préfet en France). A la fois représentant de l'Etat dans sa circonscription déconcentrée et président de la région, collectivité théoriquement décentralisée, le gouverneur est perçu comme un agent du ministère de l'intérieur dont il relève administrativement ; il applique les instructions du pouvoir central. Il est l'ordonnateur de crédits d'investissement transférés puisque la région n'a pratiquement pas de ressources propres. Quant aux membres du conseil régional actuel, ils ne sont pas directement élus au suffrage universel direct, ce qui les prive de la légitimité électorale. Le pouvoir central s'est toujours méfié des régions car, selon lui, elles pourraient menacer l'unité de l'Etat. L'organisation des conseils régionaux selon le régime prévu par le CCL est reportée.

La Constitution de 2014 a envisagé une solution qui rompt avec le schéma non démocratique des régions actuelles. Elle pose le principe de l'élection des membres des conseils régionaux au suffrage universel direct à l'instar des membres des conseils municipaux. La loi électorale, votée en 2017, a confirmé ce choix[116]. Toutefois les régions attendent leur mise en place par l'organisation d'élections régionales qui, très probablement, n'auront pas lieu avant trois ans pour des raisons qui tiennent à la fois au calendrier politique (l'année 2019 est celle des élections législatives et présidentielle qui mobilisent les électeurs trois fois) et aux conditions matérielles puisqu'il va falloir construire les vingt-quatre sièges des conseils régionaux et mettre en place des administrations régionales. La crise par laquelle passent les finances publiques ne facilitera pas la tâche des décideurs qui, par ailleurs, ne se précipitent pas pour

---

[115] En 2013, les habitants de la Zone de Makther (région du Kef) ont réclamé d'ériger la zone en gouvernorat-région.

[116] L.O. n° 7 du 14 février 2017 modifiant et complétant la loi organique du 26 mai 2014 relative aux élections et référendums.

organiser des élections régionales qui entraineront un partage supplémentaire des prérogatives avec le pouvoir central. Et puis, observer l'expérience des conseils municipaux élus avant d'organiser des élections régionales pour en tirer les enseignements, peut procéder d'une démarche pragmatique qui trouve dans le CCL un fondement puisque ce texte adopte la progressivité dans la mise en œuvre de la décentralisation (art. 66 à 68 du CCL).

Le dernier échelon des collectivités locales sera constitué par les districts dont la mise en œuvre suppose des compromis sur le découpage du territoire et sur les capitales administratives desdits districts. Or, actuellement ces compromis sont quasiment impossibles à trouver. La crainte de réactiver des considérations régionalistes ou tribales n'est pas hypothétique puisque lors de la révolution, des incidents liés à des considérations tribales ont éclaté. En outre, le coût des institutions devrait inciter les décideurs à reporter la mise en place des districts.

II - Les moyens de la libre administration

L'élaboration du code des collectivités locales a été entamée dès le lendemain de la promulgation de la Constitution le 27 janvier 2014[117]. Le processus participatif s'est étalé sur quatre ans puisque le code n'a été adopté par le parlement que le 27 avril 2018, c'est-à-dire quelques jours avant les premières élections municipales démocratiques du 6 mai 2018. Le texte du code a tenté de se conformer aux exigences de la Constitution qui a été, aux yeux de certains, un peu trop ambitieuse compte tenu du contexte et de l'héritage politique. Le schéma institutionnel local prévu par la Constitution a été respecté et les conditions juridiques de la libre administration sont réunies.

---

[117] Dans un premier temps, le ministère de l'intérieur, en charge des collectivités locales jusqu'en janvier 2016, a sollicité des universitaires pour rédiger les avant-projets de textes visés par le chapitre 7 de la Constitution. Dans un second temps, le ministère a admis qu'il était plus indiqué d'adopter un code qui réunît toutes les dispositions légales devant régir les collectivités locales.

L'élection des conseils municipaux a eu lieu le 6 mai 2018 dans des conditions jugées convenables du point de vue du déroulement et de la sincérité du scrutin qui n'a pas été sérieusement contestée. Désormais ce sont des conseils pluriels qui dirigent les municipalités même si le pluralisme conduit parfois à des blocages lorsque les coalitions sont fragiles. L'élection des maires et la mise en place des commissions ont donné lieu à un contentieux devant la juridiction administrative qui a concerné une trentaine de communes sur les trois-cent-cinquante. La quasi-totalité des élus locaux respectent le verdict juridictionnel et quelques difficultés subsistent ; elles résultent de certaines démissions ou de conflits entre groupes au sein des conseils. Ces difficultés, naturelles dans un contexte démocratique, n'altèrent en rien la sincérité du vote, première exigence démocratique.

Le CCL reconnait aux entités décentralisées la libre gestion de leur patrimoine qui est appelé à être enrichi par une contribution apportée par l'Etat et par une gestion beaucoup plus soucieuse de l'exploitation optimale du domaine local. Le levier foncier pour appuyer les collectivités locales est prévu puisque les moyens financiers de l'Etat sont limités et ne peuvent être que temporaires. Les propriétés des collectivités locales, les services publics locaux, l'aménagement urbain des villes, les plans de développement et les multiples contrats publics locaux relèvent désormais de la seule responsabilité de la collectivité locale sans aucune tutelle.

Le contrôle de tutelle du pouvoir central a été aboli et a été remplacé par un contrôle juridictionnel *a posteriori*. L'autorisation préalable, les visas ou l'approbation ont été explicitement abandonnés pour éviter toute ambiguïté car il n'est pas facile pour les représentants du pouvoir central dans les circonscriptions territoriales de concevoir qu'ils n'exercent plus de contrôle sur les maires. En matière de règlements locaux à contenu financier, l'autorité centrale doit être mise en mesure d'apprécier la légalité de ces actes avant leur mise en œuvre et de contester leur conformité à la loi devant la justice administrative. Le législateur a rappelé qu'il ne doit résulter de la répartition des compétences entre les différentes catégories de collectivités locales ou des accords entre elles aucune tutelle de l'une sur l'autre (art.11 du CCL).

La suppression du contrôle *a priori* a nécessité la mise en place de juridictions administratives de premier degré en attendant la restructuration de la justice administrative conformément à la Constitution. Jusqu'en 2017, la juridiction administrative avec ses trois étages (première instance, appel et cassation) était implantée dans la seule ville de Tunis. La mise en œuvre de la décentralisation a conduit les pouvoirs publics à créer douze chambres de première instance dépendant du Tribunal administratif, et ce, dans l'attente de la restructuration de la justice administrative conformément à la Constitution. La Cour des comptes, organisée par la loi organique n° 41 du 30 avril 2019[118], se doit de consolider les quatre chambres régionales existantes et d'en créer quatre autres pour contrôler les finances locales qui échappent, à partir du 1er janvier 2019, à tout contrôle *a priori* des services du pouvoir central et ce, conformément aux dispositions du code des collectivités locales.

Le contrôle juridictionnel est nécessaire pour s'assurer de la légalité des normes édictées par les conseils locaux qui doivent, par ailleurs, être publiées dans un journal officiel des collectivités locales, en version électronique à la charge de l'Etat. La publication en version papier est facultative et à la charge de la collectivité locale. La Constitution et le CCL ont reconnu aux collectivités locales un pouvoir réglementaire dont la légalité de l'exercice a dû être soumise au contrôle du juge. De même, les conflits de compétence entre les collectivités elles-mêmes et entre les collectivités locales et l'autorité centrale ont été soumis, par la Constitution, à l'arbitrage de la justice administrative qui, comme signalé plus haut, s'installe à l'intérieur du pays.

L'affirmation de la libre administration ne suffit pas pour que cette dernière soit effective. Le nouveau droit des collectivités locales a besoin du temps pour être connu par les élus et par le personnel et intériorisé par la population. Les municipalités souffrent de la faiblesse du taux d'encadrement (10 %) et de la

---

[118] J.O.R.T., n° 39, du 14 mai 2019.

faiblesse de leurs finances (4 % des finances de l'Etat). S'agissant des ressources humaines, le gouvernement met en place un programme pour le recrutement d'un millier de cadres chaque année durant quatre ans pour améliorer le taux d'encadrement dans les communes.

L'avenir des collectivités locales dépendra d'abord et avant tout de leur capacité de se doter de ressources humaines compétentes. Mais il dépendra aussi de la volonté du pouvoir central de les doter de moyens financiers suffisants. Cette deuxième exigence est liée au degré de conviction démocratique des gouvernants et à la pérennité de la démocratie tunisienne qui fait face à d'innombrables défis internes et externes.

Paris, janvier 2019

LE NOUVEAU DECOUPAGE COMMUNAL EN TUNISIE ENTRE LOGIQUES D'ACTEURS ET ENJEUX ECONOMIQUES ET POLITIQUES

Mourad BEN JELLOUL

HDR de Géographie, enseignant-chercheur à l'Université de Tunis, directeur du département de géographie de la Faculté des sciences humaines et sociales de l'Université de Tunis

La thématique du découpage est d'actualité en Tunisie depuis l'adoption d'une nouvelle constitution en 2014 qui a mis les bases d'un nouveau modèle de gouvernance territoriale. Ce contexte nouveau a imposé une reconfiguration de l'architecture territoriale afin de l'adapter aux nouvelles dispositions constitutionnelles en matière de décentralisation du pouvoir, concrétisée par la création, pour la première fois en Tunisie, d'une maille territoriale correspondant à la région et la généralisation de la couverture communale sur l'ensemble du territoire national. Cette nouvelle situation a nécessité, en premier lieu, la création de nouvelles régions (appelées districts dans le texte constitutionnel) avec une division du territoire national en grandes entités, en deuxième lieu, une révision des limites des communes existantes afin d'intégrer leurs arrière-pays ruraux et en dernier lieu, l'institution de nouvelles limites pour les territoires ruraux non communalisés par suite de la création de nouvelles communes.

La question du découpage revient au premier plan de la réflexion des chercheurs et des acteurs politiques en Tunisie. En mettant en avant la question de la décentralisation et celle du développement territorial, elle situe le territoire et le découpage territorial au centre de la réflexion sur sa gestion démocratique. Dans un premier temps et pendant les premiers mois consécutifs à la révolution, cette question a été au cœur des débats organisés sur les changements constitutionnels à introduire. La participation massive de la société civile et de divers institutions et organismes nationaux et régionaux, prolongée, dans un deuxième temps, par les travaux de l'assemblée constituante, a abouti, en 2013, à l'adoption du principe de la décentralisation et à la définition d'un cadre législatif pour une nouvelle régionalisation du territoire national. Dans ce contexte nouveau, la Tunisie s'est engagée dans un processus qui devait aboutir au remodelage du paysage territorial administratif avec, d'une part, la création des régions et d'autre part, la communalisation intégrale du territoire national.

L'objectif de cette communication est, d'une part, d'étudier le mode de découpage communal, ses objectifs et la méthodologie adoptée lors de sa conception et d'analyser, d'autre part, la réaction des différents acteurs politiques et sociaux à l'échelle nationale et locale à la suite de la diffusion du nouveau découpage. Sa problématique consiste, dans un premier temps, à voir dans quelle mesure ce découpage permet de réduire les clivages géographiques et socioéconomiques relevés entre les communes de chaque gouvernorat. On se demandera, dans un deuxième temps, si ce mode de découpage favorise la dynamique territoriale en cours et répond à ses exigences ; enfin, dans un dernier temps, si la méthodologie du découpage et ses résultats étaient à la mesure des attentes des populations locales et des principaux acteurs sociaux et politiques, et comment se sont comportés ces derniers lors des élections municipales de 2017, en examinant notamment si ce découpage a démobilisé ou non les électeurs locaux.

Pour répondre à toutes ces questions, nous avons adopté une méthodologie qui repose sur des entretiens directs avec les principaux acteurs, à savoir d'une part, les concepteurs du projet du découpage au sein de la direction générale des collectivités locales et notamment l'équipe d'experts qui a élaboré l'étude du nouveau découpage communal et d'autre part, les acteurs locaux au niveau des délégations spéciales municipales, les responsables des associations et autres membres de la société civile. La réaction aux opérations de découpage a été suivie à travers les différents types de médias et à travers les réseaux sociaux. Des entretiens avec le président de la municipalité de Sidi Bouzid nous ont permis d'éclairer le cas d'une ville qui a perdu au niveau économique à cause de cette opération de découpage.

1. La mise en place de la communalisation du territoire national : une démarche et une méthodologie contestées

Toute opération de découpage doit s'intéresser aux aspects structurels (taille et forme des unités) et aux aspects de fonctionnement (contenu économique et sociologique, pouvoir de décision, etc.). Elle doit se faire selon certaines règles, modèles et théories qui ont été élaborés par les chercheurs des diverses disciplines. Ainsi, Christaller a adopté un découpage de l'espace géographique en hexagones hiérarchisés, alors que Reilly a élaboré une méthode qui repose sur les zones théoriques. Les géographes et les spécialistes de l'aménagement du territoire ont opté pour des notions comme champ, zone d'attraction, zone d'influence, bassin économique, bassin de vie. Les solutions proposées par ces divers spécialistes du territoire ont contribué à la mise en place d'un arsenal d'outils qui permettent de mieux comprendre l'espace et de proposer aux décideurs des orientations et des types d'intervention allant de l'adaptation à la révision et à la restructuration des limites et des entités spatiales (*Haydar, 2018*).

Afin de mener à bien une opération de découpage, il est nécessaire de prendre en compte l'aspect multidimensionnel du territoire et de l'insérer dans la dynamique historique dans laquelle il s'inscrit. En effet, un découpage territorial délimite le territoire d'une communauté et exprime son aire de déploiement et son espace approprié. Il permet de forger son identité, sa cohésion et son unité. En conséquence, tout découpage exprime les héritages de la communauté et les anciennes formes de solidarité. La définition d'un découpage suppose donc la prise en compte des intérêts de tous les acteurs et des enjeux politiques et socioéconomiques. A l'occasion du découpage, qui a permis soit l'intégration des zones rurales dans l'aire des anciennes communes, soit la création de nouvelles communes, la question qui se pose est celle de savoir si tous ces éléments précités ont été pris en considération ? Et quels comportements les principaux acteurs politiques et sociaux ont-ils eus vis-à-vis de la méthodologie de ce découpage et de ses résultats ?

2. Les fondements juridiques du nouveau découpage et les principes qui l'ont guidé

La réforme de l'administration territoriale engagée par suite de l'adoption de la constitution se caractérise par deux faits majeurs. D'une part, la préservation du découpage administratif actuel pour ce qui est des entités déconcentrées de l'Etat, à savoir les secteurs, les délégations et les gouvernorats, pour ne pas en entraver le fonctionnement et perturber le fonctionnement de l'Etat. Ceci permettra de préserver le tissu social des agglomérations au niveau des secteurs – unités de base de cette structure – et de consolider leurs héritages culturels et civilisationnels communs. La stabilité de deux autres niveaux – à savoir les délégations et les gouvernorats – entre 1956 et 2014, malgré les ajustements opérés à plusieurs reprises par la création de nouvelles entités, a permis d'organiser la vie économique et sociale alors que certains gouvernorats et délégations créés après 1973 n'avaient aucune histoire, ni lien social (*Ben Jelloul, 2018*). Les mailles territoriales qui initialement pouvaient passer pour « abstraites » ont eu le temps de devenir des réalités sociales et politiques concrètes, dans l'esprit des habitants et des administrateurs (*Ben Rabah, 2008*). Le pouvoir politique vise, par le maintien de ce modèle de maillage administratif et découpage régional, à continuer à exercer ses compétences sur le territoire national et à assurer sa sécurité.

Pour les structures territoriales décentralisées (communes, régions et districts), l'article 131 de la Constitution dispose que le pouvoir local est basé sur la décentralisation et le définit ainsi : *« La décentralisation est concrétisée par des collectivités locales comprenant des communes, des régions et des districts. Chacune de ces catégories couvre l'ensemble du territoire de la République conformément à un découpage déterminé par la loi »*. En conséquence et afin de répondre à cette exigence, il a été décidé d'une part de communaliser l'ensemble du territoire national et d'autre part de créer un troisième type de collectivité territoriale appelé district, équivalent aux régions françaises. Les régions tunisiennes qui se confondaient avec les gouvernorats, ne sont pas concernées par le nouveau découpage. Les gouvernorats n'ont connu aucun changement dans leurs limites.

Deux principes constitutionnels vont guider ce découpage. Le premier, concrétisé par l'article 21[119], est relatif d'un côté, à l'égalité des citoyens en droits et devoirs et de l'autre, au devoir de l'Etat de leur assurer une vie digne, d'où l'obligation de généraliser les services communaux à tous les territoires même les plus isolés et les moins peuplés. Le deuxième se traduit par l'article 12[120] relatif à l'équilibre entre les régions et l'utilisation du principe de l'*inégalité compensatrice* en tant que principe de droit international pour traduire l'idée de ségrégation positive en faveur des territoires les moins développés. Ce principe a été utilisé lors du découpage communal pour permettre la création de nouvelles municipalités dans les gouvernorats les moins développés, même s'ils ne répondent pas aux critères fixés par l'administration, et ce, afin de permettre un équilibre dans les nouvelles créations entre les régions littorales et celles de l'intérieur.

Un élément de plus a été pris en considération pour le cas des municipalités, c'était la décision de préserver le découpage territorial actuel des communes qui couvrent totalement des secteurs ou délégations[121].

---

[119] Article 21 : *Les citoyens et les citoyennes sont égaux en droits et en devoirs. Ils sont égaux devant la loi sans discrimination. L'État garantit aux citoyens et aux citoyennes les libertés et les droits individuels et collectifs. Il leur assure les conditions d'une vie digne.*

[120] Article 12 : *L'État agit en vue d'assurer la justice sociale, le développement durable et l'équilibre entre les régions, en tenant compte des indicateurs de développement et du principe de l'inégalité compensatrice. Il assure également l'exploitation rationnelle des ressources.*

[121] Cette situation concerne la totalité des communes du gouvernorat de Tunis et Monastir, les trois communes de l'île de Djerba et celle de l'île de Kerkenna et d'autres communes qui couvraient la totalité du territoire de leurs délégations ou un ensemble de secteurs, soit au total soixante-seize communes qui n'ont connu aucune modification de leurs limites.

3. Les porteurs du projet de communalisation et les architectes du découpage : l'absence de l'approche participative

Le projet de communalisation du territoire national qui impliquait un redécoupage de l'espace d'un côté et la préparation des premiers textes fondateurs (loi électorale locale et code des collectivités locales) de l'autre, a été porté par l'administration (direction générale des collectivités locales relevant du ministère de l'intérieur puis, depuis 2016, du nouveau ministère des affaires locales, le MAL) qui a su convaincre les gouvernements successifs d'adopter sa méthodologie et sa feuille de route de 27 ans (*Ben Jelloul ; Turki, 2019*). Ce projet a été confié par la DGCL à une équipe d'experts, dirigée par un économiste, qui a travaillé de façon indépendante, et ce, malgré les fortes critiques des forces civiles locales et nationales et les pressions des partis politiques qui invoquaient un droit à participer à ce projet.

Ce genre de projet est lourd de conséquences pour les territoires et les populations locales. Il implique l'engagement de longs débats pour l'examen des projets de découpages comme ça a été le cas en France, où il a fallu six ou sept années pour l'aboutissement de la dernière réforme, engagée dans le cadre du comité Balladur[122] (à partir de 2008). La nouvelle carte régionale qui a opté pour des régions plus puissantes et compétitives, préconisée par ce comité, n'a abouti qu'en 2015, avec la publication de la loi n° 2015-29 du 16 janvier 2015 relative à la délimitation des régions, aux élections régionales et départementales.

Pour le cas de la Tunisie, le contexte particulier de la phase de transition politique et le calendrier serré pour la tenue des élections municipales prévue pour l'an 2017 d'une part, et l'adoption d'une approche techniciste d'autre part, n'ont pas favorisé la tenue de débats publics autour de cette question de

---

[122] Voir Comité pour la réforme des collectivités locales, *Il est temps de décider*, rapport au président de la République, 5 mars 2009, Fayard et La documentation française, coéditeurs, 2009 ; JORF, n° 0055 du 6 mars 2009.

communalisation intégrale qui reste une question éminemment politique.

Les différents acteurs, que ce soit au niveau national, régional ou local, qu'il s'agisse de populations locales ou de la société civile, n'ont été consultés ni sur le projet de révision et les modalités de découpage de l'existant, ni sur la création de nouvelles municipalités. Au niveau national, les partis politiques représentés au parlement ainsi que la commission parlementaire concernée ont été tout juste informés de la méthodologie qui a été adoptée lors de l'opération de découpage.

En fin de processus, les délégations spéciales municipales, qui pour leur majorité étaient présidées par les représentants locaux des autorités déconcentrées de l'Etat (les délégués, équivalent des sous-préfets en France), ont été formellement consultées sur les nouvelles créations de communes et les nouveaux périmètres communaux. Cette consultation, qui a duré un mois pour l'ensemble des trois cent cinquante communes, a entériné dans la majorité des cas le choix adopté par la DGCL.

Ceci confirme que malgré l'adoption dans la nouvelle constitution des principes de gouvernance ouverte et de l'approche participative, la scène politique tunisienne est restée régie selon des règles techniciennes d'une administration centralisée, qui traite de questions éminemment politiques selon une démarche dite scientifique afin d'éviter les « tiraillements politiques », selon l'expression d'un haut responsable politique.

4. La méthodologie du découpage communal

Le découpage est un outil de gouvernance territoriale. Dans ce cas, l'Etat se positionne comme l'acteur principal dans la définition de ce découpage. En effet, les finalités de tout découpage ou redécoupage déterminent la démarche à suivre et c'est ce qui ne lui permet pas d'être neutre, car il se fait au profit soit d'une catégorie d'acteurs (et aux dépens d'autres), soit d'un territoire donné (et aux dépens d'autres). En conséquence, il y a des gagnants et des perdants dans tout découpage et toute révision.

Ainsi, il y a lieu de s'interroger en premier lieu sur cette méthodologie adoptée lors de la révision du découpage qui a permis de généraliser la couverture communale à tout le territoire. En deuxième lieu, il faut voir si elle a répondu réellement aux objectifs tracés par l'administration, à savoir la réduction des déséquilibres structurels des communes (aux niveaux démographique et géographique) et l'atténuation des écarts entre elles et la création d'espaces communaux équilibrés capables d'assurer un développement local. En dernier lieu, on se demandera si cette méthodologie a permis un découpage qui favorise l'émergence de dynamiques territoriales fondées sur des capacités locales renforcées.

Pour atteindre ces objectifs, des mesures préférentielles sont adoptées au profit des communes à indicateurs régionaux et locaux faibles et le principe de ségrégation positive est activé selon l'effort d'intégration des zones non communales.

Ainsi, après la constitution, au mois de mars 2014, de l'équipe d'experts chargée de la mise en place du projet de communalisation intégrale, la première tâche fut technique, avec la constitution de la base de données géographiques, cartographiques et socio-économiques et les différents travaux de terrain, mobilisant les différents services des ministères et les responsables locaux et régionaux. Cette première phase a abouti au diagnostic de la situation des communes et des territoires non communalisés, ce qui a permis de définir des indices analytiques précis dans un premier temps et d'élaborer la stratégie à adopter dans un deuxième temps, pour la réalisation de la nouvelle carte communale.

Les indices retenus sont de deux types : trois d'ordre technique et social[123] : démographique, géographique et

[123] L'indice démographique permet de calculer la capacité démographique projetée de chaque commune par rapport à la moyenne du gouvernorat. L'indice géographique permet de calculer le taux de diffusion géographique de chaque commune après l'intégration du territoire rural appartenant à la même délégation par rapport à la moyenne du gouvernorat. Enfin, l'indice d'extension permet de définir la capacité de chaque commune à s'étendre ou la nécessité de son découpage administratif ou géographique en comparaison à ses données démographiques et géographiques.

d'extension, et cinq indices de développement[124] : intégration du milieu rural (*IIMR*), intégration du milieu rural régulé (*IIMRR*), indice de développement local (*IDL*), indice de régulation (*IR*) et indice de ségrégation positive (*ISP*).

5. La nouvelle architecture communale de 2016 : enjeux et défis

Le processus de communalisation intégrale a été mis en œuvre et achevé en un laps de temps très court qui a duré moins de deux années. Cette précipitation des autorités pour la finalisation rapide du processus s'explique par plusieurs contraintes relatives essentiellement au calendrier des différentes échéances électorales. En effet, les élections municipales devaient se tenir en 2017. Ce contexte explique en quelque sorte la démarche techniciste adoptée par le ministère des affaires locales qui a constitué une équipe d'experts pour la réalisation de cette tâche.

Depuis la création de la première municipalité en Tunisie, en 1858, les limites des communes étaient quasiment confondues avec celles de l'urbanisation. En effet, jusqu'en 2014, la ville se définissait par rapport à son statut municipal et les aires urbaines se confondaient avec les aires communales. Deux faits caractérisent le paysage communal tunisien : l'ancienneté du fait communal avec la création de la première municipalité, celle de Tunis, en 1858, avant l'établissement du protectorat français en 1881, et l'évolution assez rapide du nombre des communes par suite de l'évolution de l'urbanisation notamment après l'indépendance du pays. Le nombre des municipalités a plus que triplé entre 1956 et 1987 et quadruplé en 2015. Comment se présentait alors la situation des communes et du paysage

[124] L'IIMR permet d'évaluer et de comparer l'effort demandé à chaque commune de sa circonscription territoriale. L'IIMRR permet de calculer l'IIMR de chaque commune en tenant compte de l'IDR de son gouvernorat. L'IDL permet de calculer l'IIMR de chaque commune en tenant compte de l'IDL de chaque délégation. L'indice de régulation permet de réguler l'effort de création selon l'effort d'intégration et enfin, l'ISP est utilisé pour les gouvernorats qui ont des indicateurs de développement faibles.

municipal à la veille de l'opération de communalisation du territoire national ?

6. Les caractéristiques de l'organisation spatiale et du niveau de développement des communes

En se fondant sur le diagnostic opéré par l'équipe d'experts à l'occasion de la réalisation de cette étude (*MAL, 2016*), on relève une faiblesse structurelle au niveau de la structure démographique et géographique des communes au sein de chaque gouvernorat et des écarts notables dans leurs niveaux de développement.

Tout d'abord, au niveau national, le milieu communal s'étend en 2015 sur 9,9 % du territoire national et abrite 68 % de la population totale contre seulement 32 % pour le milieu rural dont la superficie couvre 29,07 % du territoire national. Les 61,01 % restants touchent des territoires inhabités et impropres à la vie humaine.

Pour le milieu communal, le diagnostic a révélé que 35 % des citadins vivent dans les communes chefs-lieux des gouvernorats, que 59 % des communes sont concentrées dans les gouvernorats du littoral oriental et que ces dernières abritent 76 % de la population communale. Ceci confirme le poids excessif du littoral oriental dans l'organisation de l'espace et la faiblesse démographique des communes de l'intérieur.

Au niveau de la structure démographique des communes, on relève la dominance des communes de petite taille dont la population ne dépasse pas les 20 000 habitants (cent soixante-neuf communes) avec un taux de 63 % (44 % ont moins de 10 000 habitants) et la faiblesse du nombre des grandes communes dépassant les 100 000 habitants (soit douze seulement) ce qui représente 4,5 % seulement du nombre total. Les communes de taille moyenne (entre 50 000 et 100 000 habitants) sont au nombre de vingt-huit et représentent 10,6 % du total des communes.

En 2015, la situation des zones non communales se présente comme suit : les espaces ruraux qui s'étendent sur 9,93 % du territoire national abritent 2 775 403 habitants alors que les espaces périurbains couvrent 19,14 % du territoire et contiennent seulement 437 640 habitants. 70 % des habitants des zones non communales résident dans des agglomérations de très petite taille, ne dépassant pas 5 000 habitants, le reste concerne des agglomérations de taille plus importante dépassant les 5 000 habitants (onze seulement dépassent les 10 000 habitants).

La classification des communes selon l'indice de développement local (IDL) a montré que 77 % des communes en 2014 se concentrent dans des délégations qui ont un indice inférieur à 50 % et seulement 23 % se trouvent dans des délégations prospères économiquement, avec un indice qui dépasse les 50 %.

Cette grande disparité entre les communes a orienté les concepteurs du nouveau découpage dans leur stratégie qui a mis comme objectif la réduction des inégalités au sein et entre les gouvernorats.

7. La nouvelle configuration du territoire communal

L'application des différents indices avec la prise en compte des critères de classification a permis, dans un premier temps, de proposer la création de trente-sept nouvelles communes et l'extension du périmètre de cent quatre-vingt-onze municipalités. Le gouvernement avait pris la décision, dès 2015, de créer vingt-cinq nouvelles communes dans les délégations à caractère rural, où il n'y avait aucune commune. En conséquence, le nombre total s'est élevé à soixante-deux nouvelles communes début 2016.

Figure 1 : Résultat du nouveau découpage communal en 2016

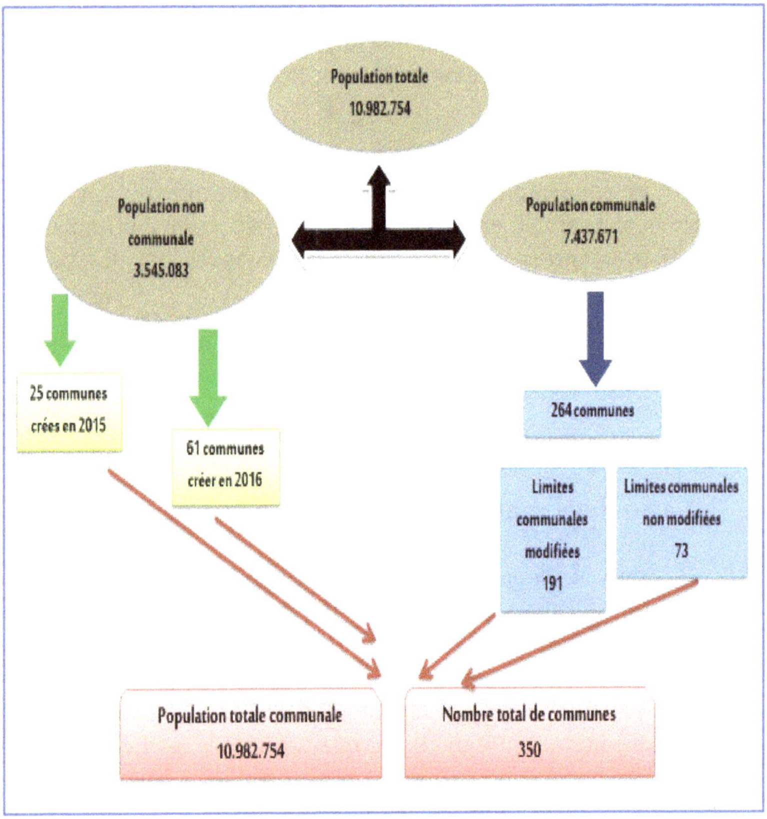

Source : MAL, 2016

Figure 2 : Nouvelle configuration de l'espace communal en 2016

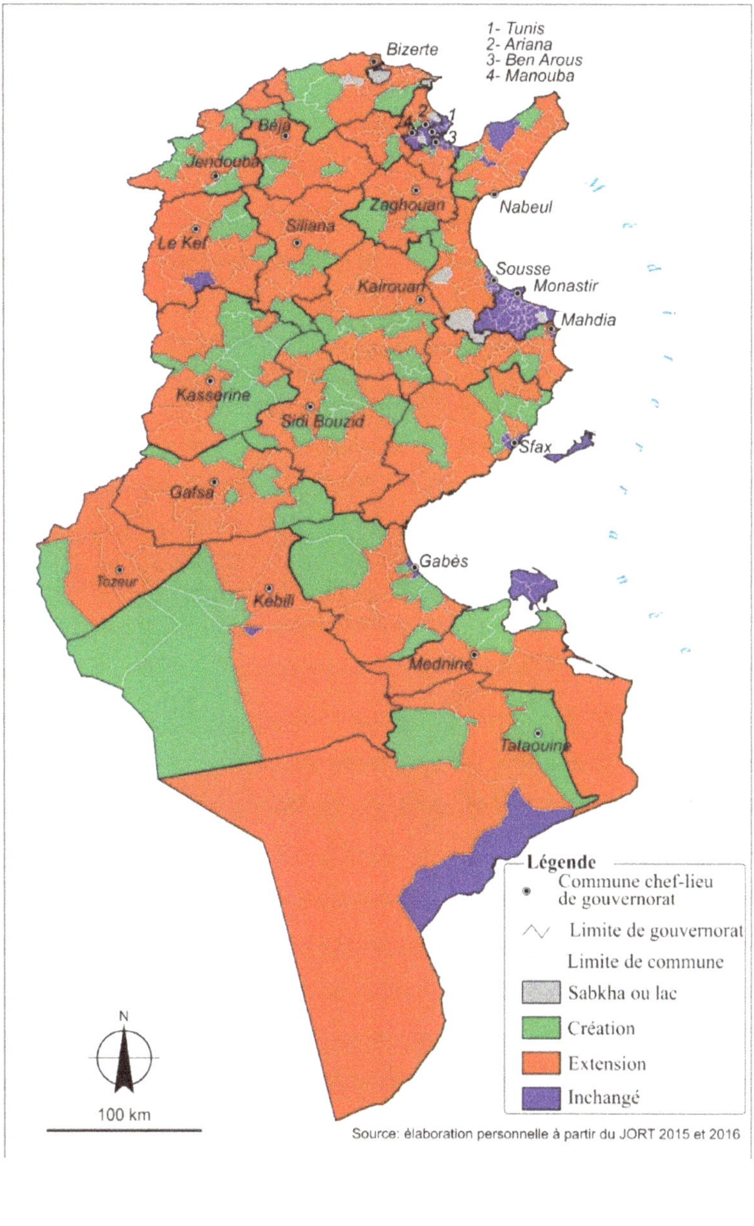

Dans un deuxième temps – et après l'examen de la répartition spatiale des nouvelles créations – il s'est avéré que le déséquilibre persistait entre le littoral et l'intérieur du pays, ce qui a incité les autorités publiques à exiger l'application du principe de ségrégation positive au profit des gouvernorats les moins développés. Le recours à l'ISP a permis la création de vingt-quatre nouvelles communes, essentiellement dans les gouvernorats de l'intérieur (Kairouan, Sidi Bouzid, Siliana, le Kef et Beja). En conséquence, le nombre total des nouvelles créations s'est élevé à quatre-vingt-six communes et le nombre total des municipalités s'est stabilisé à trois cent cinquante communes (voir la figure 3 : *Le nouveau paysage communal en 2016*).

Le nouveau découpage et la création de nouvelles municipalités ont donné un nouveau paysage communal qui a dépassé au niveau formel l'émiettement du territoire national, en élargissant le territoire d'un grand nombre de communes, notamment celles de petite taille.

Ainsi, le nombre des communes de moins de 10 000 habitants a reculé de près de la moitié, passant de cent-seize à cinquante-six communes. Par contre, le nombre de municipalités ayant une population de 20 000 à 50 000 habitants a presque triplé, passant de cinquante-sept à cent cinquante-deux communes. Le nombre des communes de grande et moyenne taille n'a pas beaucoup changé. En conséquence, près de la moitié des communes (44 %) ont une population qui se rapproche de la moyenne nationale (contre 24 % seulement lors du découpage de 2014). L'objectif tracé par l'administration a été atteint, étant donné qu'avec ce découpage le déséquilibre entre les communes, notamment à l'intérieur de chaque gouvernorat, est atténué (voir la figure 4 : *Répartition des communes selon leur taille en 2014 et 2016*)

Cependant, et malgré l'équilibre apparent, deux grands défis se posent aux nouvelles équipes municipales élues en 2018. Le premier concerne les communes ayant intégré leur arrière-pays rural. Quel est l'impact de cette reconfiguration des limites des communes sur leur mode de fonctionnement ? Seront-elles capables de généraliser les services de proximité aux espaces ruraux caractérisés par une faible concentration de la population et une grande distance par rapport au centre, sachant qu'elles les assurent déjà avec beaucoup de difficultés dans les aires fortement urbanisées ? Combien de temps leur faudra-t-il pour rattraper l'insuffisance des moyens humains et financiers dont elles souffrent ? Quels comportements auront les populations des zones rurales fraichement intégrées dans les communes vis-à-vis de leurs nouvelles obligations fiscales, sachant qu'elles n'ont pas de tradition en ce sens ?

Figure 3 : Le nouveau paysage communal en 2016

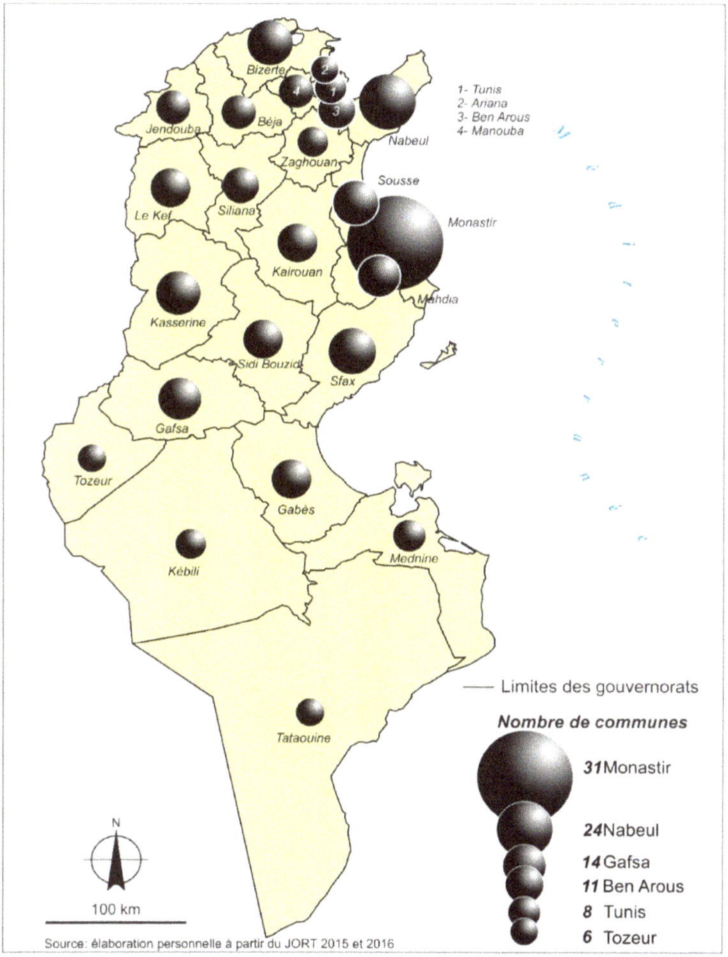

Le deuxième concerne les nouvelles communes qui s'établissent dans des territoires très hétérogènes et diversifiés, en l'absence de toute tradition de pratique communale.

Dans ces communes, les infrastructures et les équipements de bases sont insuffisants et parfois absents, il n'y a aucune tradition de collecte d'impôts, les moyens humains sont rares et les ressources financières sont faibles à cause de la faiblesse du tissu économique. L'Etat est tenu d'accompagner ces communes sur de longues périodes avant de leur transférer les nouvelles compétences prévues par le code des collectivités locales.

Figure 4 : Répartition des communes selon leur taille en 2014 et 2016

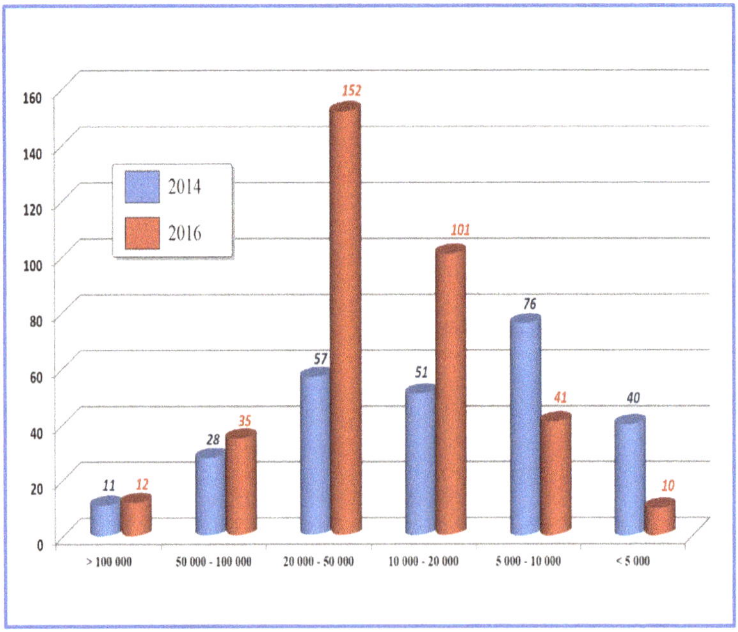

Source : MAL, 2016

8. Réaction de la population locale au nouveau découpage : Une contestation limitée dans le temps et dans l'espace

Même si dans la majorité des cas le découpage et le redécoupage communal ont été admis par les différents acteurs, excepté une vingtaine de communes qui ont connu des protestations et un refus de découpage, les résultats des élections ont montré que cette nouvelle configuration du territoire n'a pas changé grand-chose quant à la mainmise de la ville sur son arrière-pays rural, et que les enjeux de représentation n'ont pas joué en faveur des anciennes zones non communales (*Ben Jelloul ; Turki, 2019*).

Les garanties avancées par le gouvernement à propos de l'approche techniciste et scientifique de l'équipe qui a supervisé les travaux préparatoires ont caché des insuffisances à plusieurs niveaux et n'ont pas empêché les réactions de certaines communautés rurales ainsi que de la population de certains quartiers détachés de leurs territoires et rattachés à d'autres, car elles se sont senties lésées par leur regroupement dans des municipalités confectionnées selon les critères techniques, sans tenir compte de la réalité géographique du terrain ni des liens sociologiques et économiques qui les relient à leurs territoires d'origine. Dans certains cas, lorsque la révision du découpage initial n'était pas en contradiction avec l'organisation administrative du territoire, l'administration a fait des réajustements de son découpage et a révisé ses choix pour plusieurs communes, comme c'est le cas de la commune de Jendouba qui devait être découpée ; à la suite de protestations locales et de l'intervention des parlementaires issus de ces régions, elle fut gardée unifiée.

Par contre, dans d'autre cas, le redécoupage a été maintenu malgré les protestations et le refus de la population et des forces vives de la société. C'est le cas de la commune de Sidi Bouzid qui a connu un redécoupage qui l'a privée d'une partie de son territoire. C'est un cas d'étude particulièrement plein d'enseignements, qui démontre comment l'application systématique des normes techniques à tous les territoires, sans tenir compte des particularités locales, peut entrainer des conflits et contestations avec la population et le pouvoir local. Ainsi, la commune de Sidi Bouzid, avant son découpage, s'étendait pour sa majorité sur les secteurs urbains de la délégation de Sidi Bouzid Ouest et sur la partie urbaine d'un seul secteur de la délégation de Sidi Bouzid Est (secteur El Ahouaz). La décision de créer deux nouvelles communes à Lassouda et Fayedh sur le territoire de la délégation de Sidi Bouzid Est et de limiter le territoire de la commune de Sidi Bouzid à la délégation de Sidi Bouzid Ouest a eu deux lourdes conséquences pour la commune mère et les habitants de certains quartiers.

Pour la commune de Sidi Bouzid, et avec l'annexion de la partie urbaine du secteur El Ahouaz à la nouvelle commune de Lassouda, les principales installations économiques de la ville – à savoir le marché des bestiaux, le dépôt municipal et la zone industrielle (voir figure 5), qui rapportent à la commune mère une bonne partie de son budget – ont été transférées à la nouvelle commune qui est située à 8 km de la ville et séparée par deux sebkhas (voir figure 6). Les habitants de Sidi Bouzid et son conseil municipal ont rejeté catégoriquement cette décision et l'ont considérée injuste et infondée. D'ailleurs, la commune continue à exploiter ces différentes installations et à percevoir les impôts étant donné que ces équipements font partie de son patrimoine foncier.

Quant aux habitants du quartier Aouled Chelbi, faisant partie intégrante de la ville et de son plan d'aménagement et annexé à Lassouda, ils ont refusé ce découpage, exprimé leur attachement à leur ville et ont continué à voter dans la circonscription de Sidi Bouzid[125]. Le président du comité de l'ISIE[126] de Sidi Bouzid justifie cette irrégularité par le fait que l'instance ne l'a pas informée officiellement de ce changement et que la réglementation impose un délai d'une année avant la tenue des élections pour tout changement dans la répartition des électeurs. Et même si officiellement le découpage a changé, la réalité du

---

[125] Une pétition signée par six cents personnes appartenant au quartier Aouled Chelbi, appuyée par le conseil municipal, a été déposée au ministère des affaires locales et un *sit-in* a été organisé dans le siège du ministère pour protester contre ce découpage, mais en vain.

[126] ISIE : Instance supérieure indépendante pour les élections.

terrain est contraire. Cette situation, qui doit être régularisée, démontre le décalage entre la réalité du terrain et les approches technicistes.

Le conseil municipal de Sidi Bouzid a porté plainte auprès du tribunal administratif mais il a perdu l'affaire, étant donné que le découpage avait été publié au Journal officiel de la République tunisienne et en conséquence était devenu définitif.

Toujours dans le cas des deux nouvelles communes de Lassouda et Fayedh-Bennour, les habitants de plusieurs secteurs (Garet Hadid et Ezzitouna pour le cas de Lassouda) ont refusé leur annexion à ces communes et réclamé leur rattachement à Sidi Bouzid à cause de leur proximité géographique et de leur attachement familial et économique à cette ville. L'appel au boycott des élections par des activistes de la société civile, même s'il n'a pas abouti, a fait que les taux de participation dans ces communes ont été les plus faibles du gouvernorat (27,42 % pour la première et 24,92 % pour la deuxième, contre des moyennes régionales de 35 % et nationale de 33,7 %).

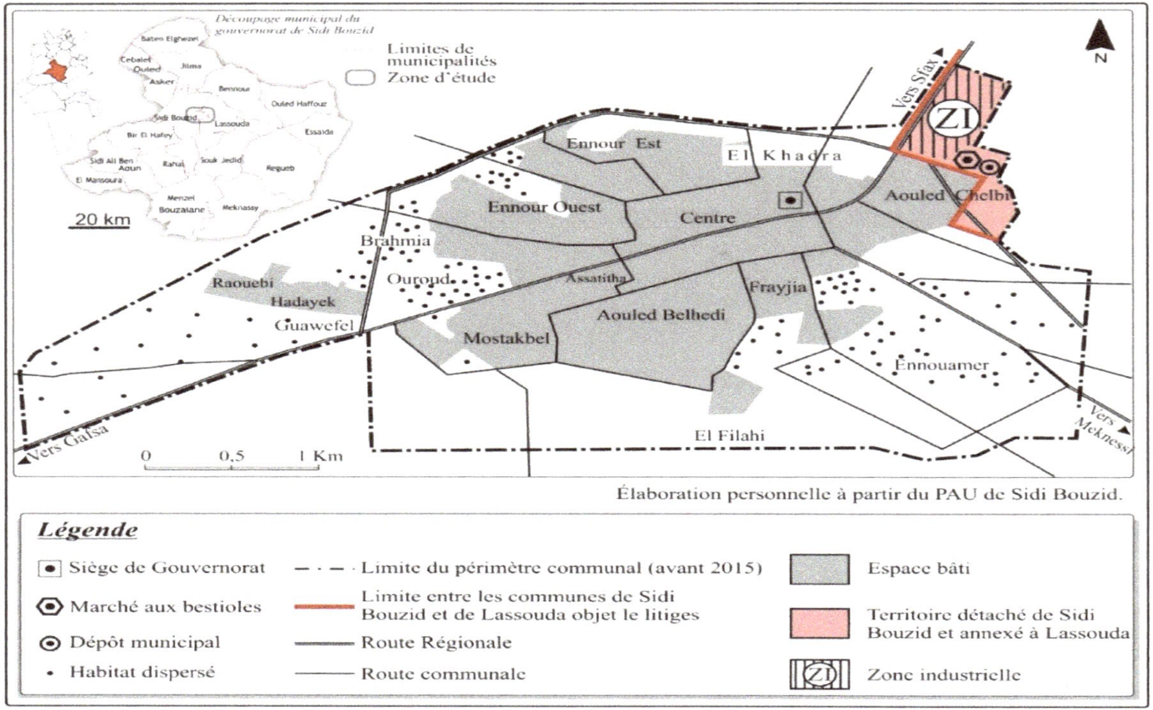

Élaboration personnelle à partir du PAU de Sidi Bouzid.

Figure 5 :
La reconfiguration des limites de la municipalité de Sidi Bouzid

Figure 6 : Limites entre les communes de Sidi Bouzid, Lassouda et Faid-Bannour

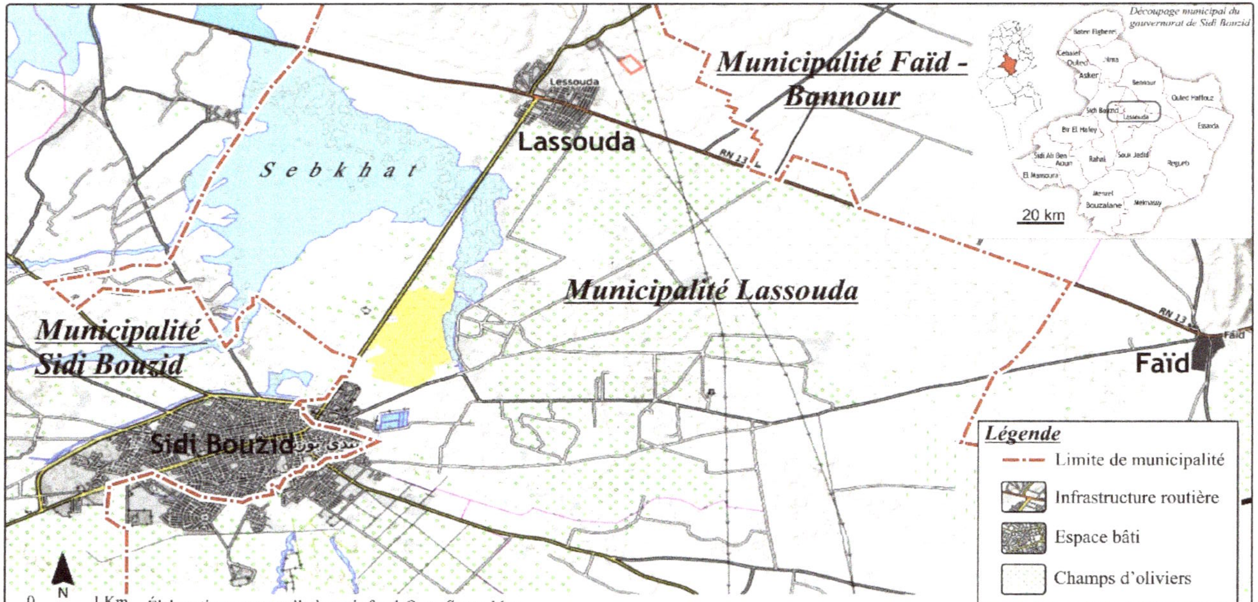

Élaboration personnelle à partir fond *Open Street Maps*.

Enfin, le plus important mouvement de protestation qui a surgi à la suite de la diffusion de la liste des nouvelles communes en 2016 a représenté une réaction des habitants des secteurs qui ont trouvé que la nouvelle commune ne porte pas le nom de leurs secteurs. En effet, le ministère des affaires locales a choisi de donner aux nouvelles communes le nom de l'agglomération la plus peuplée de la nouvelle commune, sans spécifier le lieu d'implantation du siège de la commune. Selon les experts qui ont fait le travail, il y a eu un déficit en matière de communication que soit au niveau national ou régional et c'est ce qui explique ces réactions. Pour dépasser cette problématique, le MAL a décidé d'ajouter les noms des autres agglomérations à la nouvelle appellation de la commune. De nouveaux décrets ont été publiés début 2017 afin de rectifier l'appellation des communes qui étaient l'objet de ces protestations.

Conclusion

Le processus de communalisation intégrale représente un grand défi pour l'avenir de la décentralisation et la gestion démocratique du territoire local. La leçon à tirer de cette expérience est lourde de significations.

Les changements survenus dans le système politique tunisien depuis 2011, avec l'institution d'un modèle de gouvernance reposant sur la décentralisation et la participation citoyenne, sont considérés par certains comme une révolution dans les modes de gouvernance. Cependant, la mise en œuvre de ce modèle qui se trouve au cœur d'une problématique technico-administrative, témoigne de la difficulté à transgresser un modèle de fonctionnement fortement ancré dans les mentalités et les pratiques des acteurs du centre comme des acteurs locaux. Les questions de gouvernance territoriale et de gouvernance tout court sont parmi ces questions qui, selon les politiques, doivent rester l'apanage des spécialistes et des technocrates et loin des « tiraillements politiques ». La société civile, malgré son positionnement comme nouvel acteur sur la scène socio-politique, cherche toujours sa voie afin de jouer un rôle régulateur qui peut permettre d'éviter les dérapages.

Toutefois, même si le modèle de communalisation adopté n'a pas fait l'objet d'une concertation, et malgré son inefficacité dans certains cas, la tenue des élections municipales dans un climat démocratique et transparent confirme que le projet de communalisation, mis en place et adopté, a réussi en conséquence à relever les défis auxquels il était affronté. Cependant, la faiblesse du taux de participation générale (33 %) par rapport aux élections de 2014 (61,8 %) a marqué ces élections et pose des points d'interrogation quant aux causes de la démobilisation des électeurs. Est-ce la conséquence du mode de découpage adopté ? Ou bien s'agit-il d'un phénomène d'ordre général qui reflète l'état d'esprit de la population, qui n'a connu aucun changement dans son vécu quotidien et ne croit plus aux partis politiques[127] ? Ces hypothèses sont légitimes à poser si on compare la moyenne nationale à celle des communes qui n'ont connu aucun changement dans leur configuration. C'est le cas des communes du gouvernorat de Monastir qui ont atteint un taux moyen de participation de 46 %. Alors que pour le cas des communes de la ville de Tunis n'ayant connu non plus aucun changement dans leurs limites, le taux moyen de participation n'a pas dépassé 29,5 % et reste inférieur à la moyenne nationale. Ces deux exemples pour des communes stables dans leurs limites, démontrent que la question du faible taux de participation n'est pas en relation avec la question du découpage.

Enfin, le problème qui se pose aujourd'hui pour la majorité des communes n'est pas tant le découpage que les moyens dont elles disposent et les pouvoirs qui leur sont attribués, en particulier en matière de gestion urbaine et de dotations financières, et notamment la manière dont s'effectue l'allocation des ressources nationales aux communes, selon quelles bases, quels principes et quelle péréquation. La question-clé qui se pose en cette phase de mise en place des réformes se situe essentiellement aux plans politique et économique, c'est là que se situent tous les enjeux.

---

[127] Les listes indépendantes ont obtenu le meilleur résultat, soit 32,9 %, dans ces élections devançant les deux principaux partis politiques du pays 30,04 % pour Ennahda et 22,17 % pour Nidaa Tounes.

Références bibliographiques

BEN JELLOUL Mourad, TURKI Sami Yassine, 2019, *Vers une reconfiguration des territoires en Tunisie au temps de la décentralisation et de la communalisation intégrale*, in RICHARD Y., (dir.), *Prolifération des territoires et représentations territoriales de l'Union européenne*, Les annales de droit, PURH (en cours de publication).

BEN JELLOUL Mourad, 2018, *Régionalisation et découpage territorial en Tunisie : de la gestion centralisée à la gouvernance territorial*, pp. 29-58, in Hayder A. et Cherif M. (textes réunis), 2018, *Les découpages territoriaux*, Actes du colloque de l'Unité de recherche Régionalisation et développement régional et urbain, 12-14 novembre 2015, Faculté des sciences humaines et sociales de Tunis/REDRU, 299 pages.

BEN JELLOUL Mourad, 2015, *Régionalisation et équité territoriale : vers une nouvelle gouvernance territoriale en Tunisie*, in Maghreb – Machrek, 2015/4 (N° 226), p. 121-144.

BEN NASR Ali, BARON Myriam, DE RUFFRAY Sophie, GRASLAND Claude, GUERIN-PACE France, *Dilemmes de la réforme régionale tunisienne. Analyse spatiale et territoriale des propositions de réorganisation du maillage administratif*, Revue d'économie régionale & urbaine, vol. décembre, n° 5, 2015, p. 853- 882.

BEN REBAH Meher, Cartographie dynamique et investigation territoriale : le cas de l'évolution du découpage administratif en Tunisie, Thèse de doctorat, Université Paris Diderot-Paris 7, 2008, 328 p.

BRAS Jean-Philippe, SIGNOLES Aude, *Introduction du dossier. États et territoires du politique. La décentralisation en débat*, L'Année du Maghreb, n° 16, 2017, p. 9-25.

HAYDER Adnane, 2018, *Introduction générale*, pp 15-25, in Hayder Adnane et CHERIF Mohamed (textes réunis), 2018, *Les Découpages Territoriaux*, Actes du colloque de l'UR Régionalisation et développement régional et urbain, 12-14 novembre 2015, Faculté des sciences humaines et sociales de Tunis/REDRU, *op. cit*.

Ministère des affaires locales (MAL), 2016, *Rapport sur le projet de couverture du système communal*, 25 mai 2016, 26 pages https://ar.leaders.com.tn/uploads/FCK_files/Rapport.pdf.

LA REGIONALISATION AVANCEE AU MAROC

Frédéric ROUVILLOIS

Professeur de droit public à l'Université Paris Descartes
Centre Maurice Hauriou – CMH (EA 1515)

Dans l'un de ses grands ouvrages, *L'Ancien régime et la Révolution*[128], Alexis de Tocqueville affirmait l'existence d'une continuité profonde, avant et après 1789, entre la centralisation monarchique et celle qui demeure associée au jacobinisme. L'idée est stimulante, même si ces conclusions ont été vivement contestées. En revanche, ce qui ne paraît pas contestable, c'est la permanence de la politique de « régionalisation avancée » menée au Maroc, avant comme après le « Printemps arabe ». Sans doute le cadre normatif a-t-il été transformé, notamment avec l'adoption d'une nouvelle constitution en juillet 2011. Mais malgré ça, le processus s'est poursuivi, et l'impact du « Printemps arabe » s'est finalement borné à en accélérer le rythme.

Ce constat jette d'abord une lumière démystificatrice sur la nature dudit « Printemps » dans le royaume chérifien où, contrairement à ceux qui ont éclos au même moment en Égypte ou en Tunisie, il n'a jamais constitué une « révolution » au sens propre du terme.

Mais il éclaire aussi, et surtout, cette notion de « régionalisation avancée », en démontrant à la fois son *importance* – si considérable que ni la chose, ni la formule, ne seront remises en cause par les événements – et son *caractère,* essentiellement *dynamique*.

À cet égard, reconnaissons d'emblée que l'on pourrait négliger cette dimension, et s'intéresser, sur un mode statique, au

---

128 A. de Tocqueville, *L'Ancien régime et la Révolution*, Paris, Michel Lévy frères, 1856.

statut actuel de la région en droit positif marocain. On pourrait alors rappeler que, dans le cadre de la constitution de 2011, dont l'article 1er dispose que « *l'organisation territoriale du royaume est décentralisée* », les douze régions sont désormais encadrées par la loi organique n° 111–14 du 7 juillet 2015 et par les dizaines d'actes réglementaires pris pour l'application de celle-ci.[129] On pourrait préciser ensuite que la région, collectivité décentralisée gérant « *démocratiquement ses affaires grâce à une assemblée élue au suffrage universel direct* » (Constitution, art. 135), est administrée par un « conseil régional » élu pour six ans, qui élit son président, chargé d'exécuter ses délibérations, de préparer son budget et de prendre toutes les mesures nécessaires. On pourrait ajouter enfin que la région dispose de compétences propres, notamment en matière de développement et d'aménagement, ainsi que de compétences partagées ; que son budget, pour être exécutoire, doit obtenir le visa du ministre de l'intérieur ; et que l'Etat, s'il doit respecter le principe de libre administration énoncé à l'article 136 de la Constitution, continue néanmoins d'assurer sur ses actes un contrôle administratif. A vrai dire, la matière serait amplement suffisante, et son intérêt, indéniable.

Pourtant, ce n'est pas sous cet angle que l'on a choisi d'envisager la question, mais bien selon une perspective dynamique[130], qui se trouve être en rapport étroit avec l'organisation institutionnelle du royaume, ses permanences et son caractère évolutif – sans parler du pragmatisme qui constitue l'une de ses marques les plus caractéristiques.

Au Maroc, le projet de « régionalisation avancée » est bien antérieur à la Constitution de 2011[131], et il n'a été achevé ni par

---

[129] Cf M. Rousset, J. Garagnon, M.A. Benabdallah, *Droit administratif marocain*, Rabat, Remald, 2107, pp. 183-213.

[130] A. Lokrifa, J.-Y. Mousseron, *La politique de régionalisation avancée au Maroc, enjeux et état des lieux*, Maghreb–Machrek, 2014, n° 3, p. 113.

[131] Sur l'histoire longue des régions marocaines, on peut citer, outre l'ouvrage classique de F. Brémard (F. Brémard, *L'organisation régionale du Maroc*, Paris, LGDJ, 1949), S. Chraïbi, *Développement spatial et politique de régionalisation : le cas du Maroc*, thèse de doctorat d'Etat en droit, faculté de

la loi organique du 7 juillet 2015, ni même par la charte de la déconcentration publiée le 3 janvier dernier : il n'y a pas de point final. Le processus vient de loin et il est appelé à se poursuivre, avec une lenteur qui semble paradoxalement la meilleure garantie de son accomplissement. Dans la fable de La Fontaine, c'est parce qu'elle se hâte que la laitière finit par renverser le pot-au-lait, et, du coup, par faire avorter ses projets.

C'est donc à ce chantier de longue haleine que l'on voudrait s'intéresser ici, pour en évoquer successivement la centralité, la complexité et la nécessité.

I. Un projet fondamental

La Constitution de 2011, après avoir affirmé dans son article 1er al. 4 le caractère décentralisé du royaume, indique que cette organisation territoriale est « *fondée sur une régionalisation avancée* ». Sans même parler du terme, choisi à dessein, une telle place au sein du texte constitutionnel suffit à établir le caractère *fondamental* de cette notion[132].

Ce qui représente certes une innovation au regard de la constitution précédente, mais nullement une surprise : tandis que la formule, « régionalisation avancée », est couramment utilisée à partir de 2008, la réflexion à laquelle elle a donné lieu a conduit, dès 2010, à envisager une révision constitutionnelle d'ampleur[133]. Du reste, si l'on envisage la question sur un plus

---

droit de Casablanca, 1993 ; El Yaagoubi, *La région en tant que nouvelle collectivité locale au Maroc*, Remald, n° 20-21, 1997, pp. 21 et s. ; M. Rousset, *Les trois âges de la régionalisation au Maroc*, Revue marocaine de science politique et sociale, n° 3, 2011.

132 Cf. A. Bouachik, « La régionalisation avancée dans la constitution marocaine de 2011 », in A. Bouachik, M. Degoffe, C. Saint-Prot, *La constitution marocaine de 2011, lectures croisées*, Rabat, Remald, 2012, pp. 105 et s. ; F.-P. Blanc, *La régionalisation et la constitution de 2011 : genèse et prospective,* in F.-P. Blanc, *La régionalisation et la constitution de 2011 : genèse et prospective*, in *La constitution marocaine de 2011, analyses et commentaires*, Centre d'études internationales (dir.), LGDJ, 2012, pp. 307 et s.

133 Commission consultative de la régionalisation, *Rapport sur la régionalisation avancée soumis à la Haute attention de Sa Majesté le Roi Mohammed VI*, n° 28.

long terme, on doit constater que la reconnaissance juridique des régions comme collectivités territoriales coïncide déjà, dans la révision constitutionnelle de 1992, avec le grand tournant modernisateur de l'Etat marocain[134].

Ainsi, le projet de régionalisation avancée apparaît-il à la fois volontariste, global et progressif.

A - Volontariste

Depuis les années 90, le processus de régionalisation est présenté comme un acte de souveraineté – le contraire d'une solution imposée de l'extérieur. « *Le projet découle d'une volonté royale délibérée et d'un engagement libre et souverain de l'Etat unitaire marocain* »[135], signale ainsi la Commission consultative sur la régionalisation dans son rapport de 2010. « *Il ne résulte pas d'un quelconque accommodement avec des particularismes ethniques, culturels ou confessionnels plus ou moins exacerbés.* »[136] Dans le même sens, celle-ci réaffirme que la régionalisation avancée a été « *souverainement* adoptée par le royaume »[137], tout en soulignant que les différences culturelles, humaines, etc., n'entraînent pas, dans le cas du Maroc, la constitution d'une « *tradition régionale contraignante ni, encore moins, de régionalisme politique* »[138] qui s'imposerait à l'Etat. En somme, il s'agit bien d'un choix, libre dans tous ses éléments.

A cet égard, on note aussi la volonté d'opposer frontalement la « régionalisation » à toute forme de « régionalisme ». Certains observateurs rappellent que la régionalisation telle qu'entreprise au Maroc est « *un processus* top-down »[139], volontariste et s'exerçant de haut en bas, qui vise à « *créer des unités d'un rang*

---

[134] C'est en effet en 1990, dans un discours du 8 mai, que le roi Hassan II déclare « *nous voulons réellement construire l'Etat de droit* » ; la révision constitutionnelle de 1992 qui introduit la région dans le droit public, est également celle qui voit naître le Conseil constitutionnel.
[135] Commission consultative, *op. cit.*, Prologue, II, m.
[136] *Ibidem.*
[137] *Ibidem,* n° 31-1.
[138] *Ibidem*, n° 31-3.
[139] A. Lokrifa, J.-Y. Mousseron, *op. cit.*, p. 121.

inférieur à celui d'un Etat et au sein de celui-ci, et à déléguer des ressources et des pouvoirs à ces corps intermédiaires. »[140] Au contraire, le « *régionalisme* » apparaît comme « *un processus* bottom-up » par lequel une collectivité territoriale prétend « *conquérir un certain degré d'autonomie par rapport au pouvoir central* »[141] – une hypothèse que l'Etat marocain récuse par principe.

C'est dans le même sens que l'on peut interpréter la volonté, fréquemment réitérée, de créer un type de régionalisation *sui generis* : une idée reprise par le roi dans son discours du 3 janvier 2010[142], mais déjà présente en 2008, lorsqu'il évoquait « *le défi majeur qui consiste à faire émerger un modèle marocain original en matière de régionalisation.* »[143]

Le principe d'un choix souverain, c'est qu'il est libre d'utiliser à sa guise les expériences étrangères[144], mais qu'il ne saurait adopter un comportement mimétique[145], qui impliquerait un renoncement à cette liberté et susciterait en outre des difficultés pratiques. Ce qui importe, c'est de conserver la haute main sur le processus, du point de départ au point d'aboutissement.

B - Global

Si ce projet relève directement de la souveraineté, c'est en raison de son caractère global, la « régionalisation avancée »

---

[140] *Ibidem*, p. 113.
[141] *Ibidem*.
[142] Il y évoque la nécessité d'établir « *un modèle maroco-marocain (...) issu des spécificités du pays* » (Discours prononcé à l'occasion de l'installation de la commission consultative de la régionalisation, 3 janvier 2010, in *Régions et régionalisation en droit marocain et en droit comparé*, collection textes et documents, n° 225, Rabat, Remald, 2010, p. 27).
[143] Discours de Sa Majesté le Roi Mohammed VI, 6 novembre 2008, in *Régions et régionalisation*, *op. cit.*, p. 23.
[144] Cf. O. Azziman, Jeune Afrique, 31 mars 2010.
[145] La Commission, précise le roi dans son discours du 3 janvier 2010, devra s'interdire de « *sombrer dans le mimétisme ou la reproduction à la lettre des expériences étrangères* » (in *Régions et régionalisation*, *op. cit.*, p. 27).

devant avoir un impact, non seulement sur l'organisation territoriale, mais aussi sur l'Etat lui-même.

Le roi l'indique dans son discours du 3 janvier 2010 lorsqu'il affirme qu'elle constitue un « *chantier structurant* » : autrement dit, non pas « *un simple aménagement technique ou administratif* », mais « *une option résolue pour la rénovation et la modernisation des structures de l'Etat.* »[146] C'est l'Etat dans son ensemble qui est donc censé profiter de cette « *nouvelle dynamique de réforme institutionnelle profonde.* »[147]

D'une part, en effet, la régionalisation implique un puissant mouvement de *déconcentration*, qui en constitue le corollaire obligé, et par suite, un remodelage radical de l'action étatique dans les territoires. « *Une régionalisation efficiente va nécessairement de pair avec un système de déconcentration aussi large que concret, dans le cadre de pôles bien définis auxquels les autorités centrales délèguent des prérogatives et des ressources nécessaires, suivant une approche régionale intégrée.* » [148]

Dans son rapport de 2016, le Conseil économique, social et environnemental notait que « *l'avènement de la régionalisation met fin à une longue période d'hésitations voire de réticences à s'engager sur la voie de la déconcentration* », dès lors que la mise en œuvre de celle-ci constitue l'« *une des clés de succès de la régionalisation* »[149] : on ne fera pas l'une sans l'autre.[150] D'où,

---

[146] *Ibidem*, p. 26.

[147] *Ibidem*. En 2001, le roi Mohammed VI précisait déjà qu'il y voyait « *un choix stratégique et non une simple construction administrative* » (Discours du 30 juillet 2001, in *Régions et régionalisation*, *op. cit.*, p. 13).

[148] Discours de Sa Majesté le Roi Mohammed VI, 30 juillet 2007, in *Régions et régionalisation*, *op. cit.*, p. 19.

[149] Conseil économique, social et environnemental, « *Exigences de la régionalisation avancée et défis de l'intégration des politiques sectorielles* », Auto saisine n° 22-2016, p. 86.

[150] Cette déconcentration, affirme encore le CESE, conduira à rompre avec « *l'hyper centralité* » en opérant « *un réel transfert du pouvoir et des compétences du centre vers le territoire en lieu et place de simples délégations de signature et d'affectation de ressources limitées aux " services extérieurs".* » *Ibidem*.

« *un changement radical dans la gouvernance publique* »[151] en « *synergie avec la mise en œuvre de la régionalisation* ».

Par ailleurs, la régionalisation oblige aussi à surmonter les blocages et les archaïsmes, « *pratique d'un centralisme figé* »[152] ou « *pesanteur des inhibitions bureaucratiques* »[153]. Elle conduit à moderniser l'Etat au point d'apparaître comme le moyen d'apprécier la consistance d'une telle transformation. C'est en effet, affirme Mohammed VI en 2009, « *à l'aune de la régionalisation avancée et de la déconcentration élargie que l'on mesurera les progrès réalisés dans la réforme et la modernisation des structures de l'Etat.* »[154]

Au total, conclut le roi dans son discours du 3 janvier 2010, il s'agit de faire de cette régionalisation rien moins que « *le socle de l'édifice institutionnel de l'Etat marocain* »[155].

Mais l'Etat en tant que tel n'est pas seul concerné. Le titre IX de la Constitution de 2011, « *Des régions et des autres collectivités territoriales* », laisse entendre que la région « *sera dans l'avenir la collectivité pilote dans l'organisation territoriale du royaume* »[156]. Du reste, si l'article 143 al. 1er de la Constitution dispose qu'« *aucune collectivité territoriale ne peut exercer de tutelle sur une autre* », l'alinéa 2 précise que la région assure « *un rôle prééminent par rapport aux autres collectivités territoriales* » dans l'élaboration des programmes de développements régionaux et des schémas régionaux d'aménagement des territoires. Dans le même sens, l'article 90 de la loi organique dispose que les collectivités infrarégionales ont l'obligation de prendre en considération les dispositions de ces schémas dans leurs propres programmes.

---

[151] *Ibidem*, p. 87.

[152] Discours de Sa Majesté le roi Mohammed VI, 6 novembre 2008, in *Régions et régionalisation*, *op. cit.*, p. 23.

[153] Commission consultative, Prologue, I, e.

[154] Discours de Sa Majesté le Roi Mohammed VI, 30 juillet 2009, in *Régions et régionalisation*, *op. cit.*, p. 20.

[155] Discours de Sa Majesté le Roi Mohammed VI, 3 janvier 2010, in *Régions et régionalisation*, *op. cit.*, p. 29.

[156] M. Rousset et al., *Droit administratif marocain*, *op. cit.*, p. 181.

Enfin, au-delà même des frontières du royaume, le modèle marocain de « régionalisation avancée » est conçu, souligne le roi dans son discours de 2010, comme susceptible de « *poser les fondements d'un modèle de régionalisation avant-gardiste pour les pays en développement* »[157].

C - Progressif

Mais un projet aussi audacieux ne peut se concevoir ni surtout, être mis en œuvre, que sur le long terme.

« *Comme tout grand dessein* », précisait déjà l'exposé des motifs de la loi de 1997 relative à la région, « *la régionalisation a été mise à l'épreuve de la maturation.* »[158] On y rappelle que ce long parcours a débuté avec le dahir du 16 juin 1971 portant création des régions économiques, et qu'il s'est poursuivi jusqu'à l'adoption de la constitution de 1996. « *Le Maroc d'aujourd'hui* », conclut le texte, « *a atteint la maturité nécessaire qui lui permet de s'engager dans une nouvelle étape d'approfondissement de la démocratie locale que la régionalisation mettra au service d'un mieux-être économique et social.* »[159]

Une idée fréquemment mise en avant est qu'en la matière, une œuvre significative a déjà été réalisée, mais qu'il reste « *un long chemin à parcourir* »[160]. Et qu'en toute hypothèse, « *la dynamique d'une régionalisation avancée* » ne saurait être que *progressive*.

C'est ce que souligne la Commission consultative dans son rapport de 2010 : « *La mise en œuvre du projet, par la nature même de celui-ci, sera marquée par la progressivité et la gradualité* », et sera « *accompagnée d'une évolution continue à même de lui imprimer le rythme optimal tout en apportant au*

---

[157] Discours de Sa Majesté le Roi Mohammed VI, 3 janvier 2010, in *Régions et régionalisation, op. cit.,* p. 27.
[158] *Ibidem*, p. 37.
[159] *Ibidem*, p. 35.
[160] Discours de Sa Majesté le Roi Mohammed VI, 6 novembre 2001, in *Régions et régionalisme, op. cit.,* p. 16.

projet les ajustements appropriés à tout moment, au vu de l'expérience pratique »[161].

Cette progressivité correspond à la perspective essentiellement pragmatique du projet, et porte en particulier sur « *le transfert graduel, négocié et contractualisé (...) de compétences de plus en plus étendues et des ressources y afférentes* », ainsi que sur « *l'assouplissement du contrôle et de la régulation étatiques* »[162].

Reprenant la question en 2016, le CESE évoque une « *véritable révolution institutionnelle et de gouvernance* » imposant « *un cheminement de mise en œuvre progressive et par paliers.* »[163] Après avoir rappelé qu'elle doit « *prévenir la précipitation et l'improvisation sans pour autant verser (...) dans les atermoiements et les lenteurs* », le rapport qualifie la régionalisation de « *véritable course de fond.* »[164]

II. Un projet complexe

Si la régionalisation est conçue comme devant se réaliser sur une longue durée, c'est notamment en raison de sa complexité.

A - Adaptation

Une complexité qui résulte d'abord du souci d'adapter cette réforme majeure à une réalité géographique, économique, démographique, etc., extraordinairement diverse. Une réalité qui ne saurait, sans dommages, être soumise à un schéma uniforme.

Il en va ainsi, tout d'abord, en ce qui concerne la délimitation des unités régionales : autrement dit, le *découpage* des circonscriptions.

Dès lors que ce dernier ne se contente pas de reproduire une cartographie imposée par l'histoire, il traduit un véritable choix politique. C'est déjà le cas en 1997, lorsque le décret du 17 août,

---

[161] Commission consultative, Prologue, IV, x.
[162] *Ibidem,* Prologue, IV, x, III.
[163] Conseil économique, social et environnemental, *Exigences*, *op. cit.*, p. 71.
[164] *Ibidem.*

complétant la loi du 2 avril, fixe à seize le nombre des régions tout en déterminant leur dénomination, leur chef-lieu, etc.[165] Et tel est à nouveau le cas avec le décret du 20 février 2015, qui redessine la carte du royaume en le divisant en douze régions – et en se conformant ainsi au principe énoncé en 2010, selon lequel des « *régions à part entière* » doivent être « *viables et stables dans le temps, fondées sur des critères rationnels et réalistes* » [166].

Conformément à une démarche que la Commission consultative n'hésite pas à qualifier de « *pragmatique* »[167], ce découpage se conformera donc à certains principes, et en particulier, au principe d'efficience. Celui-ci « *concerne la question de la taille (superficie, population) et donc aussi du nombre des régions à mettre en place. Plus qu'une simple question géographique, le gabarit régional est une question (...) éminemment politique, et par bien des aspects, économique* »[168]. De là, le choix d'un nombre de régions plus réduit, chacune d'entre elles devant avoir « *une taille suffisante pour pouvoir recevoir une prééminence par rapport aux autres collectivités locales en termes de compétences de planification, de coordination et d'animation à l'échelle régionale* », mais également, une dimension pertinente au point de vue économique.

À ce propos, la Commission consultative récuse fermement l'idée qui consisterait à vouloir « *établir un "équilibre" hypothétique entre les régions (en fonction de leur poids et leur gabarit) pour se prémunir contre le risque de voir les grandes régions écraser les petites* »[169]. Cette perspective niveleuse, compensatoire et égalitariste pourrait certes se défendre : mais

---

[165] M. Rousset et al., *Droit administratif marocain*, *op. cit.*, p. 183.

[166] Discours de Sa Majesté le Roi Mohammed VI, 3 janvier 2010, in Région et régionalisation, *op. cit.*, p. 28. « *La validité du découpage* », confirme à ce propos le rapport de la Commission consultative, « *se mesure (...) à sa pertinence quant à la viabilité qu'il peut assurer au projet de régionalisation avancée* » (Commission consultative, n° 31-2).

[167] Commission consultative, n° 32-1.

[168] *Ibidem*, n° 32-2.

[169] *Ibidem*, n° 32–8.

elle irait à l'encontre du pragmatisme revendiqué qui anime l'ensemble du projet. Ainsi, « *Dans un Etat unitaire qui se décentralise, (...) la mise en œuvre des potentialités des grandes métropoles implique* » de renoncer « *à une double attitude de partition et de confinement à leur égard.* »[170]

En somme, le pragmatisme exige de prendre acte des différences, et donc, des inévitables déséquilibres entre les régions, tout en reconnaissant que ces derniers ne posent qu'un problème limité dès lors que l'Etat unitaire, au nom du principe de solidarité, s'emploie à compenser en aval ces déséquilibres inévitables.

De là, trois types de régions : des régions définies à partir de grands pôles ; des régions « non polarisées » mais homogènes ; et enfin, le cas particulier des trois régions sahariennes méridionales. En ce qui concerne ces dernières, « *eu égard aux enjeux stratégiques* »[171] qui s'y rattachent, la Commission consultative a d'ailleurs suggéré de maintenir la configuration établie en 1997, tout en modifiant à la marge la composition desdites régions.

En ce qui concerne l'organisation, le statut de l'élu, les compétences transférées, le régime financier ou encore la soumission aux « *principes de bonne gouvernance* », la loi organique de 2015 n'opère donc pas de distinction entre les régions.

En revanche, la régionalisation ayant pour but le développement économique, le CESE, dans son rapport de 2016, estime que « *les inégalités régionales prononcées au niveau de la production des richesses, de la consommation* », du niveau d'éducation et de formation, etc., « *imposent une approche différenciée pour les régions et des interventions appropriées à chaque réalité territoriale* »[172].

A ce propos, il évoque un traitement par étapes, allant de la « *mise à niveau pour hisser les indicateurs de développement*

---

[170] *Ibidem.*
[171] *Ibidem*, n° 33-4.
[172] Conseil économique, social et environnemental, *Exigences, op. cit.*, p. 101.

humain des régions enregistrant des retards », jusqu'à « *l'érection des régions en véritables pôles de développement et de compétitivité* ». Un développement graduel qui implique un pilotage réalisé au niveau de l'Etat.

B - Encadrement

Autre source de difficultés : le fait que ce processus de régionalisation implique un encadrement à la fois normatif, administratif et financier.

C'est sur le plan normatif que le « Printemps arabe » a eu, à cet égard, le seul impact réellement significatif – du fait de l'adoption de la nouvelle constitution, le 29 juillet 2011.

Avant ces événements, en effet, la Commission consultative mise en place en janvier 2010 avait reconnu la nécessité d'une révision constitutionnelle, mais affirmé l'opportunité d'un préalable législatif, la loi pouvant selon elle « *assumer en ce domaine, par rapport à la constitution, au moins à titre provisoire, une fonction de substitution* »[173]. Une fois encore, la perspective adoptée se veut pragmatique, mettant en avant la souplesse et l'empirisme de ce type de solution : « *Dans ce cadre, la loi ordinaire, qui peut être modifiée selon des procédures relativement rapides et par une majorité simple des instances législatives, représente pour l'Etat le moyen d'expérimenter et, éventuellement, d'améliorer des aspects essentiels d'une régionalisation avancée mise en chantier.* »[174]

Quant à la constitutionnalisation, qui, elle, confèrerait à la réforme une « *valeur, une stabilité et des significations* » beaucoup plus importantes, elle ne devrait intervenir que dans un second temps, une fois que l'expérimentation aurait permis d'aboutir « *à une régionalisation apaisée* »[175] et consensuelle.

Un tel programme paraît pertinent. Il va cependant être bouleversé par le Printemps arabe et les manifestations qui

---

[173] Commission consultative, n° 28-2.
[174] *Ibidem.*
[175] *Ibidem.*

l'accompagnent dans le royaume au cours du mois de février, jusqu'à ce que le roi décide, avec une habileté consommée, de présenter lui-même, lors d'un grand « discours à la nation » prononcé le 9 mars, l'élaboration d'une nouvelle constitution. Une nouvelle constitution dont l'objectif véritable est de couper l'herbe sous le pied à la contestation radicale, mais que le roi présente comme le simple prolongement du processus de régionalisation, comme « *l'amorce de la phase suivante* » de celui-ci. « *Suivant une démarche progressive* », explique-t-il alors, « *la Commission a proposé (...) d'instaurer la régionalisation avancée au moyen d'une loi, dans le cadre institutionnel actuel, en attendant que mûrissent les conditions de sa constitutionnalisation. Or, nous estimons que le Maroc, au vu des progrès qu'il a réalisés en matière de démocratie, est apte à entamer la consécration constitutionnelle de la régionalisation avancée* »[176]. Ce qui permettra d'en faire « *l'émanation de la volonté populaire directe, exprimée à travers un référendum constitutionnel* »[177].

Cette réaction permet ainsi de dissocier totalement le chantier constitutionnel à venir, et donc, la future constitution, des émeutes de février. Et du même coup, d'accélérer le processus de régionalisation avancée, tout en lui conférant une valeur suprême.

De fait, la nouvelle constitution comporte, outre son article premier qui constitutionnalise le principe même de la « *régionalisation avancée* », un titre IX, « *Des régions et des autres collectivités territoriales* », qui reprend à ce niveau l'essentiel des conclusions de la Commission consultative et des discours royaux[178]. Ce titre renvoie à son tour, dans son article

---

[176] Discours de Sa Majesté le Roi Mohammed VI, 9 mars 2011, in *La constitution marocaine de 2011, Analyses et commentaires*, Paris, LGDJ, 2012, p. 377.
[177] *Ibidem.*
[178] « *La nouvelle constitution* », note à ce propos le professeur Bouachik, « *a consacré de manière explicite les valeurs et les principes et parfois les dispositifs qui constituent l'essence et la quintessence du rapport.* » (*La régionalisation avancée dans la constitution marocaine de 2011*, art. cit., p.

146, à une loi organique, en précisant les dix points essentiels qui devront être réglés par cette dernière. La loi organique du 7 juillet 2015 comporte quant à elle un article 252 renvoyant à un ensemble de textes réglementaires, le second alinéa de cet article précisant qu'ils devront « *être pris dans un délai maximum de 30 mois à compter de la date de publication* » de la loi au *Bulletin officiel*.

Par ailleurs, sur un plan financier et à titre transitoire, l'article 142 de la Constitution prévoit la création de deux instruments au bénéfice des régions, conformément au principe de solidarité entre ces dernières.

Le premier, le « *Fonds de mise à niveau sociale* », est « *destiné à la résorption du déficit en matière de développement humain, d'infrastructures et d'équipement* ». L'article 229 de la loi organique en précise les domaines d'intervention (eau, électricité, habitat, santé, éducation, réseaux routiers, télécommunications), l'article 230 disposant à ce propos que l'ordonnateur des recettes et des dépenses est le chef du gouvernement.

Le second, intitulé « *Fonds de solidarité interrégionale* », vise à promouvoir « *une répartition équilibrée des ressources en vue de réduire les disparités entre régions* » (Constitution, art. 142 al. 2). En vertu de l'article 235 de la loi organique, le ministre de l'intérieur en est l'ordonnateur.

C - Limites

Toutefois, si avancée soit-elle, la régionalisation marocaine ne se conçoit qu'à l'intérieur de certaines limites.

Même lorsqu'on prend la précaution de la distinguer du régionalisme, toute régionalisation, rappellent certains politistes, « *touche en fait aux équilibres politiques fondamentaux, aux*

---

106) ; c'est ce qu'affirme également le professeur Tarik Zair (*Le nouveau statut constitutionnel des collectivités territoriales*, in *La nouvelle constitution du Maroc*, études sélectionnées, Remald, collection Thèmes actuels, 2013, pp. 184 et s.

compromis de pouvoir lentement établis et stabilisés par le temps long des institutions[179] ». Ce faisant, toute régionalisation « *interroge directement (...) l'identité d'une nation* », et l'existence même de l'Etat.

D'où la volonté, dans le cas marocain, de délimiter le processus afin d'éviter tout dérapage : une délimitation qui se traduit par la réaffirmation du caractère unitaire de l'Etat, et par le rappel de sa prééminence, à travers les contrôles qu'il continue d'exercer sur les régions.

Avant comme après 2011, le principe de subsidiarité préside aux rapports entre l'Etat et les collectivités territoriales, ainsi que le rappelle l'article 140 de la Constitution, relayé par l'article 6 de la loi organique ; c'est « *sur la base* » de ce principe « *que la région se voit attribuer des compétences propres, partagées et transférables* ». Pour autant, il ne saurait être question de risquer le moindre glissement vers les formes juridiques susceptibles de fragiliser « *l'unité de l'Etat, de la nation et du territoire, en dehors de laquelle aucune régionalisation ne pourrait avoir lieu.* »[180] Dans son discours de janvier 2010, le roi réaffirme que le premier des « *quatre fondamentaux* » sur lesquels devra s'appuyer la régionalisation n'est autre que « *l'attachement aux sacralités et aux constantes de la nation, notamment l'unité de l'Etat, de la nation et du territoire* », dont il rappelle qu'il est « *le garant et le protecteur* »[181].

De là, le refus de toute évolution fédérale – et ce, bien qu'autrefois, au cours des années 1980, le roi Hassan II ait pu se montrer séduit, sinon tenté, par la souplesse et les avantages du modèle allemand des *Länder*[182].

---

[179] A. Lokrifa, J.-Y. Moisseron, *op. cit.,* p. 112.
[180] Discours de Sa Majesté le Roi Mohammed VI, 6 novembre 2008, in *Régions et régionalisation, op. cit.,* p. 22.
[181] Discours de Sa Majesté le Roi Mohammed VI, 3 janvier 2010, in *Régions et régionalisation, op. cit.,* p. 27.
[182] Cf. F. Rouvillois, *La régionalisation marocaine et les modèles étrangers*, in C. Saint-Prot et al., *Vers un modèle marocain de régionalisation, Etat, territoire et développement dans un pays émergent*, Paris, CNRS éditions, 2010, p. 56.

Mais au-delà de la tentation fédérale, le projet de régionalisation avancée exclut également, notamment en raison des dérives induites par le modèle espagnol, toute évolution vers « l'Etat régional », c'est-à-dire, qui irait dans le sens d'une décentralisation confinant à la désagrégation. En 2010, la Commission consultative présente d'ailleurs cette récusation comme une évidence lorsqu'elle affirme qu'« il va de soi *que, tout en s'engageant sur la voie de la régionalisation avancée, l'Etat marocain pérennise (...) la plénitude de sa souveraineté, de son intégrité territoriale et de son unité politique, législative et judiciaire. L'Etat continuera d'exercer l'ensemble des fonctions régaliennes, communément exercées par les Etats unitaires* »[183].

En tant que tel, l'Etat marocain continuera donc d'exercer sur les régions un contrôle administratif, visé par les articles 112 à 115 de la loi organique.

A ce propos, la Commission consultative proposait de « *moduler la nécessaire régulation étatique des activités des conseils régionaux (...) par rapport à la notion traditionnelle de tutelle, en limitant les contrôles* a priori *et d'opportunité, en renforçant les contrôles et les évaluations* a posteriori *et en maintenant les contrôles juridictionnels de légalité.* »[184]

L'article 145 de la Constitution ayant précisé que les walis des régions y exerçaient le contrôle administratif, la loi organique distingue entre deux types d'actes, ceux dont le wali se contente le cas échéant de contester la légalité devant les tribunaux administratifs (art. 112), à moins qu'il n'ait constaté un cas de « *nullité absolue* » lui permettant de s'y opposer (art. 114), et ceux sur lesquels continue de s'exercer un contrôle *a priori*. Ces actes, limitativement énumérés à l'article 115, ne sont exécutoires qu'après visa de l'autorité gouvernementale chargée de l'intérieur dans un délai de vingt jours, le visa étant cependant réputé accordé à l'expiration de ce délai.

---

[183] Commission consultative, Prologue, I, d.
[184] Commission consultative, n° 23.

De là, une situation nuancée, qui paraît néanmoins en retrait par rapport aux préconisations de la Commission consultative.

III. Un projet nécessaire

Si la régionalisation avancée apparaît fondamentale et qu'on accepte d'en assumer la complexité, c'est parce qu'elle est perçue comme nécessaire, tant sur un plan économique ou social, que sur un plan politique.

A - Nécessité économique et sociale

La région, indique l'exposé des motifs de la loi de 1997, est conçue au premier chef comme un « *instrument essentiel innovateur du développement économique et social* »[185]. L'article premier de la loi de 1997 précise que *« les régions ont pour mission, dans le respect des attributions dévolues aux autres collectivités locales, de contribuer au développement économique, social et culturel de la collectivité régionale, le cas échéant en collaboration avec l'Etat et lesdites collectivités ».*

Treize ans plus tard, telle est l'idée que reprend le rapport de la Commission consultative : « *la régionalisation avancée apportera une contribution déterminante au développement économique et social du pays à travers la valorisation des potentialités et des ressources propres à chaque région, la mobilisation des différents acteurs locaux, la participation à l'élaboration et à la mise en œuvre des grands projets structurants et le renforcement de l'attractivité des régions* »[186]. Telle est même, souligne le rapport, la « *finalité majeure* » de la régionalisation avancée…

De fait, lorsqu'il est question des compétences propres de la région dans la loi organique de 2015, c'est le développement économique qui est évoqué en premier lieu.

---

[185] Voilà pourquoi elle a « *toujours été omniprésente dans les grands chantiers à caractère économique et social initiés* » par l'Etat (*Régions et régionalisation*, *op. cit.*, p. 36).
[186] Commission consultative, Prologue, I, e.

L'article 82 a) énumère ainsi, parmi les interventions de la région :

« - *Le soutien aux entreprises ;*
- La domiciliation et l'organisation des zones d'activités économiques dans la région ;
- L'aménagement des routes et des circuits touristiques dans le monde rural ;
- La promotion des marchés de gros régionaux ;
- La création des zones d'activités artisanales et des métiers ;
- L'attraction des investissements ;
- La promotion de l'économie sociale et des produits régionaux. »

Si l'on y ajoute la question des *transports*, évoquée au d) de cet article, on constate que la région s'est effectivement vue attribuer un rôle de premier plan.

Un rôle qui n'est cependant pas dépourvu d'ambiguïtés, dans la mesure où le projet de régionalisation avancée « *s'articule autour de deux stratégies, l'une de solidarité et l'autre de compétitivité* »[187]. La première vise à compenser dans une certaine mesure le déséquilibre résultant de l'attractivité particulière de certaines régions, tandis que la seconde entend « *conforter la place des régions marocaines dans la sphère économique internationale* », en sachant que seules certaines régions, en très petit nombre, sont concernées par cette seconde finalité, laquelle paraît en contradiction avec la première. Une fois encore, l'idée sous-jacente est que cette articulation ne saurait relever que de l'Etat stratège, seul susceptible de surmonter une telle contradiction.

Sur un plan social et environnemental, les perspectives paraissent moins contradictoires, mais encore plus éclatées.

Tout d'abord, l'article 82 de la loi organique de 2015 énumère « *la formation professionnelle, la formation continue et l'emploi* » (b), « *le développement rural, hors activité agricole* » (c), « *la culture* » (e), « *l'environnement* » (f), ce qui inclut

[187] M. Jafari, N. El Moujaddidi, *La régionalisation avancée au Maroc ; perspectives et défis*, Revue organisation et territoire, n° 2, 2016.

l'élaboration d'une stratégie régionale d'économie de l'énergie et de l'eau, ou encore, la promotion des initiatives relatives aux énergies renouvelables.

Mais au-delà de ces dispositions, le rôle assigné à la régionalisation s'avère encore plus vaste.

Dans son rapport de 2016, le CESE affirme ainsi que son « *objectif ultime est de garantir la dignité des citoyennes et des citoyens* »[188]. Selon lui, les femmes et les jeunes seraient d'ailleurs « *censés être les grands bénéficiaires de la régionalisation* »[189]. La place de la femme, en particulier, constitue l'un des axes de la régionalisation avancée, conformément au principe de parité énoncé dans l'article 19 de la Constitution de 2011 et repris dans les articles 19 et 29 de la loi organique[190] : à cet égard, Lokrifa et Moisseron observent que « *les questions de genre (...) doivent être prises en charge par les régions, notamment par la mise en place de commissions genre* », et traitées conformément au principe d'équité[191].

Sur un autre plan, le CESE indique que la prise en compte de « *la dimension environnementale dans le développement régional* »[192] constitue une innovation significative, mais qu'elle impose « *des responsabilités accrues aux décideurs régionaux sous l'ère de la régionalisation avancée* ».

B - Nécessité politique

Au-delà de cette importance économique et sociale, la régionalisation avancée est perçue comme une nécessité politique – d'où l'implication directe du chef de l'Etat, le lien avec la notion de souveraineté, et la volonté de rattacher la régionalisation au processus constituant. La nature et

---

[188] Conseil économique, social et environnemental, *op. cit.*, p. 106.
[189] *Ibidem*, p. 72.
[190] Sur ce point, cf. T. Zair, *Le droit face à la promotion de la parité politique : le cas des collectivités territoriales*, in La nouvelle constitution du Maroc, études sélectionnées, *op. cit.*, pp. 197 sq.
[191] Cf. F.-P. Blanc, *La régionalisation et la constitution*, in *La constitution de 2011*, *op. cit.*, p. 324.
[192] Conseil économique, social et environnemental, *op. cit.*, p. 106.

l'importance du projet sont telles qu'il a paru opportun de le faire valider directement par le peuple à l'occasion du référendum constitutionnel de juillet 2011.

Par essence, la régionalisation, en ce qu'elle vise à donner des pouvoirs considérables à des conseils élus au suffrage universel (Const., art. 135 al. 3), tend à développer la démocratie au niveau local. « *En s'acheminant vers l'instauration d'une régionalisation avancée* », commentait le roi en 2009, le Maroc « *confirme (...) son évolution démocratique.* »[193]

Selon le professeur El Ouali, il s'agit d'abord, ayant constaté que « *le vigoureux processus de démocratisation au niveau central n'avait pas été accompagné par une promotion similaire de la démocratie à l'échelle locale à l'exception des communes*[194] », d'en tirer les conséquences, et donc, « *de mettre fin à ce déphasage* ». Autrement dit, de mettre le niveau régional en conformité « *avec les mutations profondes que connaît le pays au niveau de sa gouvernance nationale* ».

Concrètement, la régionalisation devrait se traduire à la fois par une pratique accrue de la démocratie représentative, incarnée par les conseils régionaux et leurs différents organes ; par une « *éducation à la démocratie* » conduisant à l'émergence, au niveau régional, d'élites politiques susceptibles d'assurer de façon satisfaisante les fonctions représentatives ; et enfin, par le développement de la démocratie participative au niveau régional. Ce principe, énoncé dans l'article 139 de la Constitution, est d'ailleurs défini dans deux chapitres du titre III de la loi organique, le chapitre IV *(« Des mécanismes participatifs de dialogue et de concertation »*), et le chapitre V *(« Des conditions d'exercice par les citoyennes, les citoyens et les associations du droit de pétition »*).

En rapport avec la modernisation de l'Etat, l'internationalisation constitue une justification supplémentaire au processus de régionalisation. Celle-ci, remarque le professeur

---

[193] Discours de Sa Majesté le Roi Mohammed VI, 16 décembre 2008, *Régions et régionalisation, op. cit.*, p. 24.

[194] A. El Ouali, *Quel modèle de régionalisation pour le Maroc ?*, in C. Saint-Prot et al., *Le modèle marocain, op. cit.*, p. 105.

El Ouali, permet de « *s'inscrire dans la dynamique européenne de la régionalisation* »[195], suivant une démarche qu'il juge indispensable à un pays dont l'économie se trouve « *arrimée en grande partie à celle de l'Union européenne.* »[196] L'idée étant de promouvoir, à travers cette réorganisation territoriale, une « *dynamique de coopération interrégionale maroco-européenne* ».

En outre, note cet auteur, le Maroc, parce qu'il se trouve engagé « *dans une dynamique d'intégration à la mondialisation* », entend « *anticiper l'impact que peut avoir cette même mondialisation sur la cohésion interne en cherchant à se doter d'un système avancé de régionalisation.* »[197]

Enfin, dernier argument, mais pas le moindre, la régionalisation avancée permettrait au Maroc d'éviter d'accorder une « *autonomie asymétrique* » aux Provinces du Sud : autrement dit, un statut d'autonomie particulier, solution initialement envisagée eu égard à la singularité de ces provinces et aux controverses diplomatiques dont elles continuent de faire l'objet[198].

Une telle autonomie asymétrique pose en effet plusieurs problèmes : ainsi, elle tend à renforcer le sentiment d'identité, voire, le nationalisme du groupe auquel a été reconnu ce statut, et donc, à le pousser à réclamer une autonomie accrue, quand ce n'est pas son indépendance pure et simple[199]. Par ailleurs, elle met fâcheusement en cause l'égalité entre les régions d'un même pays, ce qui peut susciter un sentiment de malaise, mais également, « *à la longue (...), pousser (...) à l'émergence ou à la*

---

[195] *Ibidem*, p. 105.
[196] *Ibidem*, p. 106.
[197] *Ibidem*, p. 105.
[198] Cf. sur ce point, et sur le projet d'autonomie organique des régions du Sahara au regard de la Constitution de 2011, F.-P. Blanc, *La régionalisation et la constitution, op. cit.*, p. 326 et s ; A. El Ouali, *Le projet d'autonomie au Sahara marocain au regard des standards internationaux*, in C. Boutin et al., *Sahara marocain, le dossier d'un conflit artificiel*, Paris, Cerf, 2016, pp. 157 sq.
[199] Cf. A. El Ouali, *Quel modèle..., op. cit.*, p. 105-106.

radicalisation d'autres phénomènes identitaires et menacer ainsi la stabilité de tout le pays. »

Or, le meilleur moyen d'empêcher une telle situation au sein d'un pays où une région particulière dispose, pour quelque raison que ce soit, d'un niveau élevé d'autonomie, est de reconnaître une autonomie relative à l'ensemble des régions. Une autonomie suffisamment limitée pour ne pas remettre en question l'unité du pays, mais suffisamment conséquente pour ne donner à aucune région le sentiment d'avoir été lésée. Dans le cas marocain, la régionalisation avancée permet ainsi de ne plus conférer aux Provinces du Sud un statut dérogatoire, tout en reconnaissant qu'elles seront appelées à jouer le rôle d'une locomotive de la réforme. C'est ce qu'affirme le roi quand il déclare en juillet 2009 que ces provinces pourront être « *un véritable modèle en matière de régionalisation avancée* »[200] ; et c'est ce qu'il répète en novembre 2015, quatre mois après l'adoption de la loi organique, lorsqu'il affirme que « *le Maroc, en mettant en application la régionalisation avancée, ne fait que confirmer sa crédibilité et réaffirmer le respect de ses engagements* »[201] à l'égard des provinces du Sud, auxquelles sera donnée « *la primauté (...) dans le processus d'application de la régionalisation avancée.* »

Ou comment faire de la régionalisation le moyen (apparemment paradoxal) de renforcer la cohérence de l'ensemble national.

Conclusion

Au terme de la présentation de ce projet, on peut noter que celui-ci est plus que jamais à l'ordre du jour, en tête de l'agenda politique du royaume. Mais également, en tête des controverses. Si certains acteurs de premier plan, comme Mustapha Baccoury, président de la région Casablanca-Settat, y voient « *un chantier*

---

[200] Discours de Sa Majesté le Roi Mohammed VI, 30 juillet 2009, *Régions et régionalisation, op. cit.* p. 20.

[201] Discours de Sa Majesté le Roi Mohammed VI à l'occasion du 40e anniversaire de la marche verte, 6 novembre 2015, in C. Boutin et al., *Sahara marocain, le dossier d'un conflit artificiel, op. cit.*, p. 298.

structurant à long terme »[202], tandis que d'autres, comme Abdelssamad Sekkal, président de la région Rabat-Salé-Kenitra, le décrivent comme « *un grand projet qui est inscrit dans la durée et qui comporte beaucoup de complexité* »[203], d'autres déplorent que ce chantier soit décidément trop long, trop lent, s'interrogeant sur « *ce qui bloque (sa) mise en œuvre* »[204] ou se demandant si, ce faisant, le Maroc ne risquerait pas « *de rater son développement socio-économique* »[205].

En fait, depuis la publication de la loi organique, le gouvernement s'est donné pour priorité d'accélérer le chantier, avec la publication de près de quatre-vingts décrets réglementaires, ou encore avec la création, en vue du développement de la démocratie participative associée à la régionalisation, d'une « *Commission nationale des pétitions* »[206].

Plus récemment encore, le 3 janvier 2019, c'est l'une des pièces essentielles du puzzle qui a été mise en place avec la publication du décret relatif à la charte de la déconcentration[207]. Son article 3 rappelle que la déconcentration est un *« système d'organisation administrative accompagnant l'organisation territoriale décentralisée du royaume fondée sur la régionalisation avancée... ».*

Et c'est ainsi que, pas à pas, la régionalisation avance. « *Festina lente* », hâte-toi lentement, expliquait l'empereur Auguste à qui voulait savoir comment il fallait procéder pour aboutir à un résultat satisfaisant.

---

[202] La tribune, 20 juillet 2018.
[203] La vie éco, 16 janvier 2018.
[204] T. Abou El Farah, *Régionalisation avancée : ce qui bloque la mise en œuvre*, La vie éco, 16 janvier 2018.
[205] L. Boumahrou, Eco-actu, 16 juillet 2018.
[206] Bulletin officiel, 1er juillet 2017.
[207] Décret du 26 décembre 2018, Bulletin officiel, 3 janvier 2019, pp. 3 sq.

LE CONTRÔLE ETATIQUE SUR LES COLLECTIVITES TERRITORIALES AU MAROC

Mohammed Amine BENABDALLAH

Professeur à la faculté de droit de l'Université Mohammed V
Rabat-Agdal

Sujet constamment d'actualité, la décentralisation territoriale pourrait être, sans conteste, au tout premier rang des chantiers ouverts au Maroc. Depuis, en effet, le début des années soixante-dix, date de la création des régions économiques, et surtout la fin de l'année 1976, date de la promulgation de la charte communale, l'engouement pour le thème de la décentralisation et de l'autonomie des collectivités locales s'est amplifié et fut tel, tant du point de vue des réformes entreprises que de celui des études élaborées jusqu'à aujourd'hui, que l'on peut dire que dans le domaine du droit administratif, il est devenu le sujet de prédilection non seulement des responsables en charge de l'organisation territoriale du pays, mais aussi des chercheurs, juristes, sociologues, géographes, historiens, dans les domaines les plus variés[208]. C'est comme si le vieil empire, plusieurs fois séculaire, et dont l'histoire, en tant qu'Etat souverain et indépendant, ne fut interrompue ou déviée que par quelque

---

[208] Notamment l'enquête de P. Pascon et M. Bentahar, « *Ce que disent 296 jeunes ruraux* », Etudes sociologiques sur le Maroc, Publications du C.E.S.M., 1978, p. 222. Les auteurs rapportent, p. 223, « *Nos interlocuteurs ne sont pas abusés par les titres, les mots ou la forme. Ils classent les notables issus de leur propre village comme des représentants de l'Etat* ». Ils remarquent (*même page*), que cette attitude ne manque pas de réalisme du fait que les notables, beaucoup plus portés à défendre leurs intérêts propres que ceux des électeurs, sont en contact permanent avec l'autorité locale – le caïd en milieu rural – et se réduisent eux-mêmes à transmettre à ceux qui les ont élus les décisions qu'ils ont recueillies. Ils relèvent que « *le contact Etat – administrés se fait non entre le caïd et les représentants mais, soit directement entre le caïd et la population, soit plus généralement entre les notables et la population* ».

quarante années de protectorat, avait découvert tout d'un coup les mérites d'un système aux multiples vertus, et aux bienfaits innombrables[209] qui, déjà dans le passé, était pratiqué en son sein, mais sans répondre aux critères qui le définissent actuellement, et avait régné en maître, mais sous la forme de *bled siba* et *bled makhzen*[210], pourrait-on dire, primitive, dans la presque totalité du royaume.

En fait, depuis fort longtemps, toute la problématique de la décentralisation découle de l'enjeu du rapport entre le pouvoir central et le pouvoir local qui constituent « *les deux pôles nécessaires et indissociables sur lesquels l'appareil d'Etat travaille alternativement pour remplir la mission qui lui incombe dans la société* »[211]. Bien plus, les collectivités territoriales que l'on qualifiait de locales[212] – et ceci s'applique parfaitement au système administratif marocain – sont étroitement dépendantes

---

[209] En moins de vingt-cinq ans, le ministère de l'intérieur a organisé six colloques portant sur les collectivités locales au cours desquels les débats portaient invariablement sur tout ce qui est en relation avec le développement de la décentralisation territoriale. Par ailleurs, et dans le même esprit, les ministères de l'intérieur et de l'éducation nationale, ont signé, le 4 janvier 1990, une convention définissant le cadre juridique d'une coopération entre les collectivités locales et les universités. Sur la base de ce texte, plusieurs accords ont été conclus entre des universités et des régions, des provinces et des communautés urbaines. Et, tout récemment, depuis l'entrée en vigueur de la réforme de l'enseignement supérieur, plusieurs unités de recherche et de formation ont organisé la préparation du diplôme d'études supérieures approfondies dans les domaines de l'administration locale ou de la décentralisation.

[210] Pour de plus amples renseignements sur le bled makhzen et le *bled siba*, voir, J. Waterbury, *Le commandeur des croyants, la monarchie et son élite*, P.U.F., 1975, qui définit le *bled siba*, p. 93, comme « *un assemblage inorganisé de tribus qui pouvaient se permettre de défier le pouvoir grâce à leur situation géographique et qui ne partaient en dissidence que si les conditions politiques étaient favorables. Elles étaient tout à fait capables, si l'équilibre du pouvoir était modifié, de renverser la vapeur et de s'allier avec leurs ennemis contre leurs anciens alliés* ». Sur le même sujet, A. Laroui, *L'Algérie et le Sahara marocain*, Serar, Casablanca, 1976, p. 59 ; C.A. Julien, *Le Maroc face aux impérialismes*, 1415-1956, éd. Jeune Afrique, 1978, p. 98.

[211] J. Chevalier et D. Loschak, *Science administrative*, L.G.D.J., 1978, T. I, p. 319.

[212] Ce n'est, en effet, qu'avec la Constitution de 2011 que l'appellation de collectivités territoriales fut substituée à celles de collectivités locales.

de l'Etat, et si elles jouissent d'une autonomie, celle-ci ne s'exerce que sur le champ résiduel consenti par le pouvoir central. Il y a alors une domination du centre qui se justifie par le fait que celui-ci est le dépositaire ou, plutôt, le gardien de l'unité nationale et que le territoire national dans son ensemble est propriété de l'Etat, étant entendu que les collectivités territoriales n'exercent que les attributions qui leur sont consenties par le législateur[213]. D'un autre côté, on estime, à tort ou à raison, que le pouvoir local ou territorial est un pouvoir dont l'exercice présente un certain nombre de risques et que pour diminuer autant que possible les éventuels dérapages et les irrégularités aux effets néfastes, il doit impérativement être sous tutelle administrative. C'est donc le stade primaire de la décentralisation, si l'on propose de considérer que celle-ci atteint son stade normal lorsque la tutelle administrative se transmue [214] en contrôle, comme cela est le cas en France depuis la loi du 2 mars 1982, pour parler enfin de stade suprême quant à la *« véritable décentralisation »* où la liberté dans la prise de décision a lieu pratiquement sans limite aucune.

A partir de là, on peut relever que depuis que le Maroc a recouvré son indépendance, il y a eu une manifestation progressive et un effort constant d'instituer une décentralisation territoriale pour permettre l'enclenchement d'un développement harmonieux des différentes régions du royaume[215]. Incontestablement, il y a une volonté, voire une vocation décentralisatrice qui s'exprime à toute occasion et constitue le cheval de bataille de la plupart des acteurs économiques et sociaux.

Mettant en avant les vertus de la décentralisation, le discours politique a d'abord procédé à la mise en place de la démocratie locale qu'il a élargie à la dimension régionale pour l'accompagner plus tard, et peut-être un peu en retard, de

---

[213] A. Benabdallah, *La régionalisation avancée*, Avant-propos, Droit&Stratégie des affaires au Maroc, LexisNexis, n° 4, juillet-août 2015, p. 14.

[214] J. Moreau, *Administration régionale, départementale et municipale*, Mémento Dalloz, 1992, p. 9.

[215] M. Rousset, *La région, pilote du développement régional*, Droit&Stratégie des affaires au Maroc, LexisNexis, n° 4, juillet-août 2015, p. 16.

mesures de déconcentration considérées, à juste titre, comme son complément indispensable[216]. Mais en même temps, on peut observer une espèce de défiance, justifiée ou pas, à l'égard du partenaire local qui se traduit par une certaine réticence dans la concession des pouvoirs en sa faveur. Il y a donc une tendance à la centralisation qui donne la réplique à toute volonté ferme de confier la gestion des affaires locales aux élus locaux, à telle enseigne que la décentralisation donne l'impression de naviguer à contre-courant. D'une main, on décentralise et, de l'autre, au moment du transfert des compétences[217], ou par l'exercice de la tutelle, on garde jalousement ce qui semble précieux. Ce sont deux idées opposées qui s'affrontent continuellement même si la Constitution de 2011 énonce en son article premier que « *l'organisation territoriale du Royaume est décentralisée et qu'elle est fondée sur une régionalisation avancée* » et, en son article 136, que « *l'organisation régionale repose sur les principes de libre administration...* ». D'où la persistance d'un contrôle de l'Etat sur les collectivités territoriales auxquelles la Constitution de 2011 a consacré tout un titre composé de douze articles.

Parmi ces articles, il en est un, l'article 145, qui dispose, à propos des walis et des gouverneurs, en son deuxième alinéa : « *Au nom du gouvernement, ils assurent l'application des lois, mettent en œuvre les règlements et les décisions gouvernementaux et exercent le contrôle administratif* ».

Dans le passé, ce contrôle s'exerçait sous une forme de tutelle qui accordait à l'autorité centrale ou son représentant le pouvoir

---

[216] M. Brahimi, *Déconcentration et décentralisation*, Revue marocaine de Finances publiques et d'économie, n° 8, 1992, p. 79 ; M. Rousset, *La déconcentration : mythe et réalité*, Revue marocaine d'administration locale et de développement, n° 9, 1994, p. 43 ; H. Ouazzani Chahdi, *La régionalisation et la déconcentration*, Revue marocaine d'administration locale et de développement, n° 6, 1996, « 40 ans d'administration », p. 56 ; *Déconcentration et décentralisation : Pour quelle équation ? in* Décentralisation et pratiques locales du développement, Casablanca, 1996, p. 47.

[217] A. Benabdallah, *Quelle territorialité de l'action publique ? Les compétences respectives de l'Etat et des collectivités locales*, REMALD, 2009, n° 87-88, p. 101.

d'annuler les actes des collectivités locales pour motifs d'illégalité, tout comme il lui accordait un pouvoir d'approbation préalable[218]. Désormais, en application des dispositions de la Constitution de 2011 qui a modifié substantiellement le statut des collectivités territoriales, les nouvelles lois organiques relatives aux régions[219], aux provinces et préfectures[220] et aux communes[221], ont apporté des changements notoires que l'on se propose de présenter.

- I -

Dans les textes d'avant la Constitution de 2011, le contrôle s'exerçait par l'autorité de tutelle qui pouvait annuler elle-même les actes des autorités locales pour quelque motif d'illégalité que ce soit. Seules les délibérations des conseillers régionaux pouvaient n'être contrôlées que par le tribunal administratif. Au surplus, le représentant du pouvoir central pouvait, après mise en demeure de l'autorité locale, exercer un pouvoir de substitution dans le cas d'abstention d'agir de celle-ci.

Avec les nouveaux textes, le contrôle de légalité s'est judiciarisé en ce sens que dans chacune des trois lois organiques, il est un article qui énonce que sont considérées comme nulles de droit les délibérations et les décisions qui ne font pas partie des prérogatives du conseil ou de son président ou prises en violation des dispositions de la loi organique, des textes législatifs en vigueur. La nouveauté à relever est que cette nullité n'est plus prononcée par l'autorité de tutelle, comme par le passé, mais par le tribunal administratif auprès duquel la demande doit en être faite.

Un autre aspect du contrôle consiste dans l'obligation de transmettre, selon le cas au wali ou au gouverneur, contre

---

218 M. El Yaagoubi, *Le nouveau contrôle des actes des collectivités territoriales*, Droit&Stratégie des affaires au Maroc, LexisNexis, n° 4, juillet-août 2015, p. 33.

219 Loi organique relative aux régions, B.O. n° 6440 du 18 février 2016, p. 197.

220 Loi organique relative aux préfectures et provinces, B.O. n° 6440 du 18 février 2016, p. 231.

221 Loi organique relative aux communes, B.O. n° 6440 du 18 février 2016, p. 260.

récépissé, les procès-verbaux des sessions et des copies des délibérations du conseil ainsi que les décisions de son président prises dans le cadre du pouvoir réglementaire. Cette transmission doit s'effectuer dans le délai de cinq jours à compter de la date de clôture de la session ou de celle d'édiction des décisions.

Procédure d'information, elle permet au représentant de l'Etat d'être au courant de l'essentiel des activités de la collectivité territoriale et de saisir le cas échéant le tribunal administratif aux fins d'un contrôle de légalité.

Cependant, étant donné que le législateur organique a limité l'obligation de transmission aux copies des délibérations du conseil et aux actes réglementaires de son président, se trouvent exclus tous les actes qui ne sont pas énumérés, notamment les actes administratifs individuels, à l'exception de ceux pris en matière d'urbanisme.

En parallèle avec ce contrôle, il y a lieu d'évoquer qu'il existe une procédure spéciale pour les délibérations des conseils au terme de laquelle intervient le juge administratif.

En effet, selon les trois lois organiques, l'autorité de tutelle ou son représentant peut s'opposer au règlement intérieur et aux délibérations ne faisant pas partie des attributions de la collectivité territoriale ou prises en violation de la législation ou de la réglementation en vigueur. Dans ce cas, l'autorité doit notifier son opposition motivée au président du conseil concerné, dans un délai ne dépassant pas trois jours ouvrables à compter de la date de réception de la délibération. Cette opposition a pour effet de donner lieu à une nouvelle lecture. Si le conseil maintient sa position, l'autorité de tutelle défère l'affaire au juge des référés auprès du tribunal administratif qui statue sur la demande de sursis à exécution dans un délai de quarante-huit heures. La saisine emporte suspension de l'exécution de la délibération. Le tribunal statue dans un délai de trente jours et notifie obligatoirement une copie du jugement aux deux parties dans un délai de dix jours de son prononcé.

Pour ce qui est du pouvoir de substitution, qui s'exerçait par l'autorité représentant le pouvoir central agissant de son propre chef, il ne peut désormais avoir lieu que par le recours à la juridiction des référés près le tribunal administratif en vue de statuer sur l'existence de l'état d'abstention du président du conseil. Dans les trois lois organiques un article énonce que lorsque la décision de justice constate l'abstention, il revient à l'autorité de tutelle de se substituer au président dans l'exercice des actes qu'il s'est abstenu d'exercer.

On voit que dans l'ensemble, il s'agit bel et bien d'un contrôle de légalité par le tribunal administratif, mais obéissant à des règles différentes de celles qui régissent habituellement le recours pour excès de pouvoir.

D'abord, c'est l'autorité de tutelle qui recourt au juge contre l'autorité élue et l'on remarque que la notion de privilège du préalable dont bénéficie par principe l'administration à l'égard des administrés n'est plus en usage. Ensuite, l'octroi du sursis à exécution est ici automatique, alors que dans la théorie de l'acte administratif, il est généralement conditionné par la crainte d'un préjudice irréparable. On voit donc que par la perte du privilège du préalable, l'autorité de tutelle a une prérogative en moins et que par l'octroi du sursis à exécution sur simple saisine du tribunal administratif, elle retrouve sa prépondérance vis-à-vis du conseil de la collectivité territoriale.

Néanmoins, malgré cette prérogative non négligeable, il est à observer que dans les trois lois organiques, le législateur a tenu à ôter à l'autorité de tutelle des prérogatives qu'elle exerçait discrétionnairement, non point en les supprimant, mais en en judiciarisant l'exercice. Le contrôle de légalité n'est plus exercé par l'autorité de tutelle sous le contrôle du juge, mais il est exercé par celui-ci sur recours de l'autorité de tutelle[222]. Ce qui n'est pas le cas du contrôle d'opportunité.

---

[222] Dans les trois lois organiques un article dispose que seule la justice est compétente pour connaître de la révocation des membres du conseil, de la déclaration de nullité de ses délibérations ou de la suspension de l'exécution de ses délibérations et arrêtés entachés de vices juridiques. Il est ajouté que seule la justice est compétente pour dissoudre le conseil.

- II -

Bien que le contrôle de l'opportunité soit maintenu, il ne l'est que partiellement dans la mesure où les délibérations des conseils ne sont plus soumises à une approbation expresse de l'autorité de tutelle sans laquelle aucune exécution ne peut avoir lieu, mais à l'obtention d'un visa qui, s'il n'est pas refusé ou même exprimé dans un délai de vingt jours à compter de la date de réception des délibérations du conseil, est réputé accordé. Les textes antérieurs parlaient d'approbation précisant que « *Ne sont exécutoires qu'après avoir été approuvées par l'autorité de tutelle les délibérations du conseil portant sur les objets suivants...* ». Ce qui, à tout le moins, constituait un frein à l'exécution des délibérations.

A cet égard, les trois lois organiques contiennent le même article qui remplace l'approbation par le visa et concernant approximativement les mêmes matières pour les trois collectivités territoriales : le programme d'action (commune) ou de développement (région, province ou préfecture), le schéma régional d'aménagement du territoire (région), l'organisation de l'administration et la fixation de ses attributions, les délibérations ayant une incidence financière sur les dépenses et les recettes, les conventions de coopération décentralisée et de jumelage, le budget, les conventions de gestion déléguée, la création des sociétés de développement local.

La question qui se pose est alors la suivante : avec le maintien du contrôle d'opportunité, ne serait-on pas en contradiction avec le principe de libre administration énoncé par l'article 136 de la Constitution ? La libre administration l'exclurait-elle ?

Au point de vue juridique, ce sont deux principes consacrés par la Constitution où il est certes question de libre administration, mais également de contrôle administratif qui doit être exercé par les représentants de l'Etat. En effet, si dans l'article 136, il est clairement énoncé que l'organisation régionale et territoriale repose sur les principes de libre administration, de coopération et de solidarité, il est tout aussi proclamé qu'au nom du gouvernement, les walis et les gouverneurs exercent le contrôle administratif qui suppose les contrôles de légalité et d'opportunité.

Quant à dire qu'au point de vue pratique, la libre administration[223] exclurait le contrôle administratif, il semble difficile d'être catégorique au point de condamner le contrôle en tant que tel, car s'il est admis que le choix de la décentralisation implique la reconnaissance de personnes morales autonomes sur l'ensemble du territoire, ceci ne doit certainement pas signifier une organisation où les collectivités disposeraient d'un pouvoir discrétionnaire total pour l'exercice de leurs compétences, en dehors de tout pouvoir de contrôle sur leurs délibérations. Ce serait nier le principe d'unité de l'Etat. Dès lors, le maintien d'un lien entre l'Etat et les collectivités territoriales par l'existence d'un contrôle s'avère comme la condition de la préservation du caractère unitaire de l'Etat surtout que les élus à travers le territoire national ne sont pas tous d'un même niveau de formation.

Au surplus, dans le cas contraire, il y aurait une rupture du principe d'égalité entre les citoyens qui seraient confrontés à des situations différentes selon qu'ils se trouveraient dans telle ou telle collectivité. Les conseils des préfectures ne sont pas forcément ceux des provinces du monde rural. Il n'y aurait plus un Etat décentralisé, mais une multiplicité d'Etats. Le contrôle d'opportunité sur les actes des collectivités territoriales s'inscrit donc dans la préservation du caractère unitaire de l'Etat et marque la soumission des collectivités à la loi et à des critères identiques de développement.

Sans doute peut-on s'interroger sur la raison pour laquelle le législateur n'a pas prévu l'intervention du juge administratif tel que cela est le cas pour le contrôle de légalité. Il faut dire qu'une telle option ne serait pas sans difficulté, car autant le juge serait à l'aise pour apprécier un acte à l'aune de la légalité, autant il serait embarrassé pour l'évaluer sur le plan de l'opportunité.

---

[223] A. Harsi, *La libre administration des collectivités territoriales*, Droit&Stratégie des affaires au Maroc, LexisNexis, n° 4, juillet-août 2015, p. 20.

Outre le fait que ça ne serait pas son rôle, il aurait du mal à être aussi outillé que l'autorité de tutelle.

En tout cas, il faut bien relever que malgré les importantes avancées opérées par la Constitution de 2011 qui a parlé de régionalisation avancée, de libre administration, de subsidiarité[224] et d'autonomie des collectivités territoriales, le contrôle de l'Etat ne s'est que transformé, avec la judiciarisation du contrôle de légalité et le maintien du contrôle d'opportunité jugé encore nécessaire pour une bonne administration territoriale. Il y a donc certes un allègement du contrôle de l'Etat mais il n'est pas complet.

D'évidence, une vraie décentralisation au sens plein du terme, où les collectivités territoriales auraient l'exercice total de leurs prérogatives sans grande intervention de l'Etat, est moins une affaire de textes que de fait. Sa réussite ne consiste pas seulement dans les réformes et la modification de la législation. Il est certain que du point de vue juridique, le pouvoir de décision revient dans différents domaines aux autorités décentralisées, mais dans la réalité, et en application des textes, l'Etat maintient une présence continue dans toutes les phases de la prise de décision, soit par le truchement de la justice, soit directement en agissant lui-même. Cela peut apparaître comme l'illustration flagrante d'une discordance entre une autonomie de principe et une subordination de fait, mais en réalité, il faut bien admettre que, particulièrement en ce domaine, quelles que soient les ambitions, leur mise en œuvre ne doit pas se faire de manière passionnée. La décentralisation est une affaire de générations ; elle doit être conforme aux besoins du pays et à la capacité de ses élus. C'est le domaine par excellence où la volonté des hommes ne suffit pas, mais demeure tributaire, et dans une très large mesure, de ceux qui auront à l'appliquer dans son esprit pour les objectifs supérieurs de la nation.

---

[224] T. Zair, *Subsidiarité et compétences des collectivités territoriales*, Droit&Stratégie des affaires au Maroc, LexisNexis, n° 4, juillet-août 2015, p. 28.

LE DEFI DU FINANCEMENT DES COLLECTIVITES LOCALES EN TUNISIE A LA LUMIERE DES EXIGENCES DE LA CONSTITUTION DE 2014

Néji BACCOUCHE

Professeur à la Faculté de droit de Sfax
Université de Sfax

Les collectivités locales sont confrontées à un véritable défi, celui de leur financement. A la veille des premières élections municipales libres et compétitives, le 6 mai 2018, le caractère marginal des finances locales est admis par les pouvoirs publics puisqu'elles ne représentent que 4 % par rapport aux finances de l'Etat. La centralisation du pouvoir s'illustre le plus en matière de finances publiques. Or, lorsque le pouvoir central maîtrise totalement les finances, l'exercice des prérogatives des élus locaux reste suspendu à la volonté du détenteur des finances et l'autonomie devient un leurre.

La faiblesse des ressources financières est due, non seulement à la faiblesse de la productivité des impositions locales, mais aussi et surtout au taux de recouvrement très bas des différents prélèvements, qu'ils soient impôts ou droits et redevances multiples. Jusqu'à 2017, le taux de recouvrement des impôts fonciers locaux était de l'ordre du tiers, avec des écarts considérables d'une commune à l'autre. Le recouvrement est du ressort des services de l'Etat et les communes n'ont aucun pouvoir en la matière. Ces dernières ne disposent pas de personnel qualifié sauf quelques grandes municipalités. Les régions, quant à elles, ne vivent que des crédits transférés par l'Etat et n'ont pratiquement pas de ressources fiscales. Il faudrait attendre l'élection des futurs conseils régionaux pour que la question de leur financement soit posée en relation avec une inévitable redéfinition du rôle de l'administration déconcentrée de l'Etat. De même, le sentiment d'impunité qui s'est aggravé depuis 2011 affecte gravement le rendement de toutes les impositions étatiques ou locales, sauf celles dont le recouvrement est soumis à la retenue à la source. Le civisme fiscal n'est pas le point fort des Tunisiens. Or, le devenir de la démocratie tunisienne dépend de la capacité de ses gouvernants à réconcilier les citoyens avec les impôts qui sont vitaux pour la démocratie.

L'ancienne Constitution de 1959, modifiée en 1976, avait permis à la loi de déléguer au président de la République la compétence d'édicter des normes relatives aux impôts. Mais lorsque le code de la fiscalité locale, adopté en 1997, avait envisagé de permettre aux collectivités locales de fixer le taux de certains impôts locaux, le Conseil constitutionnel de l'époque, dont le rôle était pourtant consultatif, avait « censuré » cette disposition. La délégation du pouvoir d'édicter des normes fiscales à titre initial n'était possible qu'au profit du Président de la République.

La Constitution de 2014 n'a pas accordé aux collectivités locales un pouvoir fiscal normatif. La prérogative d'instituer, de modifier ou de supprimer des impôts relève du domaine exclusif de la loi (article 65 de la Constitution). Mais en même temps, la Constitution pose le principe de l'autonomie financière (article 132) et celui de la libre « *gestion de leurs ressources dans le cadre du budget adopté conformément aux règles de bonne gouvernance et sous le contrôle de la justice financière* » (article 137). En Tunisie, l'impôt est local par son bénéficiaire et non par l'autorité qui l'institue. Cela dit, les collectivités ont désormais le pouvoir exclusif de créer des prélèvements obligatoires, mais non fiscaux au sens strict.

L'équation à résoudre par les pouvoirs publics tunisiens n'est pas facile dans la mesure où l'article 14 de la Constitution dicte à l'Etat de mettre en œuvre et de consolider la décentralisation dans le cadre de l'unité de l'Etat, sans reconnaitre aux collectivités locales un pouvoir fiscal. Mais, le code des collectivités locales (CCL) met en place des mécanismes pour garantir à ces dernières la possibilité de s'inscrire dans la logique d'une véritable autonomisation financière aussi bien en réactivant le levier fiscal (I) qu'en rationalisant la répartition des crédits alloués par le budget de l'Etat. L'impôt reste la principale source de financement d'une démocratie, y compris à l'échelle locale. Le code a posé comme principe essentiel que les ressources propres doivent représenter la part prépondérante des ressources de chaque collectivité. Cette règle est pour le moment respectée par une centaine de communes sur les trois-cent-cinquante que compte le pays. Les régions actuelles dépendent totalement de la subvention et des transferts étatiques, comme n'importe quel établissement public à caractère administratif démuni de ressources propres significatives (II).

I. Le levier fiscal, principal pourvoyeur des ressources propres

Les ressources propres constituent la voie incontournable pour l'autonomie d'une collectivité locale, même si cette autonomie ne peut être que relative dans un Etat unitaire. A cet effet, la fiscalité devrait devenir la ressource principale de l'autonomisation des collectivités locales que la Constitution pose comme postulat. Conscient des difficultés financières de l'Etat, le législateur a envisagé le levier foncier pour appuyer l'effort des collectivités locales pour parvenir à l'objectif essentiel selon lequel les ressources propres doivent constituer la part prépondérante des ressources desdites collectivités. L'Etat devrait ainsi consolider la réserve foncière des collectivités locales et mettre à leur disposition des terrains pour les aider, outre la réalisation des programmes d'aménagements urbains, à se doter de ressources financières durables. Il s'agit là d'une forme de financement non négligeable qui pourrait aider les communes à recourir à la réalisation, par voie de concession, de centres commerciaux sur des terrains qui leur céderait l'Etat pour les aider à diversifier les sources de leur financement (art. 120 du CCL).

La fiscalité locale au sens large (impôts, taxes, redevances et divers droits compris) a certainement besoin d'une refonte pour répondre aux besoins de financement des collectivités locales. Mais le redéploiement de la fiscalité ne sera pas une tâche facile en raison, d'un côté, des crises successives et rapprochées par lesquelles passent les finances publiques et d'un autre côté, de la résistance quasi-naturelle du ministère des finances. On l'a vu, dans le projet du CCL, il y avait une tentative de requalifier les droits d'enregistrement sur les immeubles comme une imposition locale et donc d'affecter son produit aux communes. Cette proposition a rencontré un refus catégorique de la part du ministère des finances alors qu'un peu partout, ce prélèvement fiscal fait partie de la fiscalité locale. Il en a été de même de la taxe sur la circulation qui allait être affectée aux futures régions.

La Tunisie dispose, depuis 1997, d'un code de la fiscalité locale qui regroupe les impôts locaux ainsi que les autres prélèvements locaux. Pour la fixation du montant de ces derniers, la loi renvoie à un décret. Le CCL a procédé à la répartition desdits droits entre municipalités et futures régions et a décidé ainsi le basculement du régime juridique des prélèvements non fiscaux au profit des conseils locaux. L'actuel décret gouvernemental n° 2016-805 du 13 juin 2016 avait procédé à une actualisation des droits, taxes et redevances. En vertu des dispositions transitoires du CCL, ce décret restera en vigueur jusqu'à la délibération des conseils locaux portant sur lesdits prélèvements[225]. En dehors du domaine des impôts au sens de l'article 65 de la Constitution, les conseils locaux disposent désormais d'un pouvoir règlementaire dans le cadre de l'exercice de leurs compétences[226]. Le pouvoir exécutif n'a plus le pouvoir d'édicter des normes à titre initial et rentrant dans le domaine de compétences des collectivités locales. Selon la Constitution, le domaine du pouvoir local relève de la loi organique et du pouvoir réglementaire local.

Dans l'immédiat, il appartient aux différentes autorités d'appliquer la législation fiscale en vigueur. Les collectivités ont

[225] Le décret n'est plus compétent pour édicter des règles en matière des prélèvements locaux non fiscaux.

[226] L'article 134 de la Constitution octroie aux collectivités locales un pouvoir réglementaire dans le cadre de l'exercice de leurs compétences. Le CCL a confirmé et précisé ladite compétence en la matière pour permettre aux collectivités de disposer de l'autonomie financière en créant des ressources propres par voie d'autorité.

un grand rôle à jouer à la fois en matière d'impôts locaux dont le régime est fixé par la loi et en matière de droits, redevances et taxes qui relèvent de leur compétence normative.

S'agissant des impôts proprement dits, dont l'assiette, le taux et le mode de recouvrement sont fixés par le parlement, le rôle des collectivités est revigoré dans la mesure où elles ont le droit de suivre et d'inciter le comptable public, agent de l'Etat, à recouvrer les impôts constatés sur ses écritures comptables sur la base d'un rôle établi par la collectivité locale (art. 153 du CCL) et à être constamment vigilant pour en justifier le non-recouvrement. Une autre innovation majeure qui va transformer les finances locales consiste à obliger l'Etat à verser, à titre d'avance, 50 % des sommes constatées et non recouvrées par le comptable public pendant une année (art. 154 du CCL). Le comptable public de la collectivité locale ne peut plus cumuler ses fonctions avec celles de comptable d'un service étatique, car il a été constaté que les comptables privilégient le recouvrement des créances de l'Etat au détriment de celles de la collectivité locale. Dès lors, il appartient aux collectivités de recenser les biens fonciers et activités économiques assujettis aux impositions locales, de confectionner leur rôle et de le transmettre au comptable public. Cette mesure de l'article 154 du CCL n'a pas été facile à faire admettre par le ministère des finances.

S'agissant des redevances, taxes et droits locaux, les collectivités ont désormais le pouvoir d'en fixer les montants, tarifs ou taux, dans les conditions prévues par les articles 139 et suivants du CCL. Le régime financier des collectivités locales (articles 126 à 199 du CCL) est entré en vigueur le 1er janvier 2019. Le rôle des collectivités est essentiel en la matière dans la mesure où elles se doivent de recenser les activités et les domaines dont l'utilisation nécessite le payement de redevances, droits ou taxes. Rien que l'utilisation des trottoirs et murs pour les enseignes et publicités peut rapporter des sommes considérables aux collectivités locales. Les seuls espaces dont l'utilisation privative donne lieu au payement de sommes assez correctes sont les marchés moyennant des concessions même s'il s'est avéré que quelques personnes s'arrangeaient par des techniques dolosives pour se partager les concessions des marchés à des prix anormalement bas.

A l'instar de l'Etat lui-même, la plupart des communes n'arrivent ni à recenser leurs propriétés, ni à se faire payer les sommes modiques au titre des loyers ou redevances d'occupation, et ce, pour des raisons très complexes. La révolution a aggravé le sentiment d'impunité d'autant plus que l'autorité de l'Etat est mise à mal et que la corruption semble se généraliser. Dans l'imaginaire collectif, le non-payement des créances revenant à l'Etat au titre des impôts ou autres obligations n'est pas incriminé. Le civisme fiscal est loin d'avancer. Les élections démocratiques ne sont pas suffisantes pour changer le comportement des citoyens vis-à-vis de la puissance publique. La crise politique actuelle ne fait qu'aggraver la défiance vis-à-vis des gouvernants. On peut penser que l'affectation de certains prélèvements à la réalisation de certains projets précis (jardins d'enfants, bibliothèques, parcs) pourrait aider à casser ce cercle vicieux et rendre les contributions plus acceptables.

II. La rationalisation des transferts de l'Etat et de l'endettement

L'insuffisance des ressources propres est variable d'une commune à l'autre. Les 86 communes créées en 2017 et les 187 dont le territoire a été étendu pour englober un espace rural jusque-là non municipalisé, souffrent d'un manque de ressources, ce qui demande à l'Etat un effort financier considérable pour aider ces collectivités à devenir, à moyen et à long terme, financièrement autonomes. La fiscalisation de l'économie rurale n'est pas pour demain et l'implication des catégories sociales économiquement très fragiles est un défi qui a besoin à la fois du temps, de la crédibilité et de l'exemplarité des élus locaux. L'Etat doit, en vertu de l'article 131 du CCL, subvenir aux besoins desdites collectivités moyennant des transferts.

Le CCL a prévu un arsenal institutionnel à l'effet de garantir aux collectivités des transferts équitablement répartis sur la base de la discrimination positive. A cet effet, le CCL prévoit la mise en place d'un « Fonds d'appui à la décentralisation, de péréquation et de solidarité entre les collectivités locales » (art. 38) et d'une « Haute instance des finances locales » pour garantir la répartition impartiale des crédits que la loi de finances attribue au profit des collectivités locales dans le cadre dudit fonds (art. 61 et s).

Le Fonds d'appui à la décentralisation, de péréquation et de solidarité entre les collectivités locales attend d'être confirmé par la loi organique sur le budget, actuellement en discussion devant le parlement. Il s'agit d'un fonds spécial du trésor particulier, que la loi des finances ne peut pas supprimer puisqu'il concourt à la réalisation d'un objectif défini par la constitution, celui d'atteindre l'équilibre entre revenus et charges sur la base du principe de solidarité et moyennant la péréquation (art. 136 de la Constitution). Ledit Fonds est financé par la dotation annuelle de la loi de finances ainsi que par les produits affectés par la loi (art. 148 du CCL).

Les crédits alloués au Fonds, soit par la loi de finances, soit en vertu d'autres lois, seront répartis selon une application informatique qui intègre des données objectives telles que la démographie, la superficie, le taux de chômage, l'indice de développement local et le potentiel fiscal (art. 150 du CCL). Cette répartition est faite sous la responsabilité de la Haute instance des finances locales. C'est dire que la répartition échappe au pouvoir ministériel qui pourrait être tenté de répartir les crédits selon des considérations d'appartenance politique des majorités au conseil local. Les crédits transférés par l'Etat aux collectivités locales via le Fonds d'appui à la décentralisation sont juridiquement considérés comme des ressources propres (art. 132 du CCL).

La Haute instance des finances locales a suscité beaucoup de débats au sein du parlement. Sa composition avait été discutée (article 63). Sa présidence par un magistrat de la Cour des comptes peut lui garantir une certaine indépendance. Certains de ces membres représentent des ministères et d'autres représentent le Haut conseil des collectivités locales, organe constitutionnel représentatif desdites collectivités. Certains députés voulaient supprimer purement et simplement la Haute instance des finances locales. Mais le compromis a été trouvé en la mettant sous la tutelle du Haut conseil des collectivités locales, qui ne verra le jour qu'après les prochaines élections régionales.

En dépit de l'affaiblissement de ses prérogatives par rapport au projet gouvernemental, la Haute instance des finances locales constitue une garantie d'impartialité, devra jouer un rôle de proposition pour réformer les finances locales et évaluer l'efficacité de gestion locale dont elle assure le suivi à travers un réseautage national des données financières en recettes et dépenses des collectivités (art. 127 du CCL). Elle est appelée à établir la liste des collectivités locales éligibles aux programmes d'assainissement et d'équilibrage de leur budget (art. 9 du CCL) et atteindre ainsi l'objectif d'autonomie financière.

L'autre source de financement est l'endettement, au sujet duquel le législateur a fait preuve, et à juste titre d'ailleurs, de beaucoup de prudence. Le CCL a mis en place des seuils à l'endettement et des conditions strictes pour l'obtention par les collectivités locales de crédits. Le CCL prévoit que les emprunts ne peuvent pas financer le budget de fonctionnement et qu'ils doivent nécessairement financer des investissements (art. 134). De même, le CCL a prévu un plafonnement du volume du remboursement annuel en principal de la dette. Ce volume ne doit pas dépasser 50 % du budget de fonctionnement de l'année précédant celle de la préparation du budget compte tenu des emprunts envisagés (art. 135 du CCL). L'Etat avait mis en place, depuis 1975, une Caisse de prêts qui avait le monopole d'accorder des emprunts aux collectivités locales ; il est question de la transformer en banque des collectivités locales.

La rigueur budgétaire a conduit la loi à plafonner le volume des rémunérations du personnel à 50 % du Titre I de l'année précédente. Mais conscient de la difficulté dans laquelle se trouve le plus grand nombre des communes, le législateur a envisagé la mise à la disposition, par l'Etat, d'agents dont l'Etat continue à supporter la rémunération et auxquels la collectivité locale peut octroyer une indemnité supplémentaire pouvant atteindre 50 % de leur rémunération. Cette mesure, qui constitue un financement, devrait inciter le personnel cadre à choisir de travailler à l'intérieur du pays et améliorer ainsi le taux d'encadrement dans les collectivités locales. De même, et en application du « principe de la discrimination positive », le législateur impose à l'Etat de prendre en charge les rémunérations des secrétaires généraux de toutes les communes dont l'indice de développement est inférieur à celui de la moyenne nationale sur la base des données de l'Institut national des statistiques (art. 162 du CCL).

Conclusion

Dans cette phase de transition, l'Etat consacre des crédits et mobilise des fonds, au titre de dons accordés par l'Union européenne, l'Etat allemand et l'Etat italien, pour financer la construction des sièges des nouvelles communes et des équipements nécessaires à l'enlèvement des ordures. L'Etat lui-même veille à la mise en place d'un programme d'investissements au profit des communes, financé essentiellement par le budget de l'Etat qui prévoit par ailleurs des crédits, certes modestes, mais utiles pour enclencher des projets dits de l'économie sociale et solidaire. Lors des prochaines années, le budget de l'Etat devra impérativement prévoir des crédits d'appui au profit des programmes de l'économie sociale et solidaire en application du CCL (art. 109).

Le financement garantit aux collectivités locales leur autonomie vis-à-vis du pouvoir central et leur permet de fournir des prestations aux citoyens locaux. La légitimité des gouvernants locaux dépend d'abord et avant tout de leur capacité à garantir les prestations essentielles qui, pour un grand nombre de communes, font défaut pour manque de moyens. La fiscalisation de l'économie locale, seule à même de garantir des ressources durables, n'est ni facile ni populaire. Lorsqu'ils sont importants, les transferts de l'Etat, même s'ils ne sont plus considérés comme des subventions et si leur produit est librement géré par la collectivité locale, marquent une sorte de dépendance de la collectivité.

Mais, lorsque l'Etat lui-même éprouve des difficultés considérables pour boucler son budget et pour réaliser des investissements de développement, l'échelle infra-étatique ne peut qu'en pâtir.

Paris, le 12 janvier 2019

LA FISCALITE DES COLLECTIVITES LOCALES EN ALGERIE

Abdelmadjid YANAT
Professeur à la Faculté de droit d'Alger

La décentralisation inscrite dans les codes de la commune et de la wilaya[227] implique pour sa mise en œuvre un partage du pouvoir financier entre l'Etat et les collectivités locales.

Elle n'a de sens que si ces dernières disposent de moyens financiers propres, à même de permettre la réalisation des missions qui leur ont été assignées par la loi.

En effet, la commune et la wilaya (circonscription départementale) se sont vues confier d'importantes prérogatives classiques consistant à prendre en charge la gestion de services publics locaux et des attributions économiques faisant d'elles de véritables « entrepreneurs modernes ».

Les sources de financement de ces activités prévues à cet effet sont la fiscalité, les participations, les contributions de l'Etat, les taxes, les droits, les produits et les revenus du patrimoine communal ainsi que les emprunts. Cependant, parmi ces sources, la fiscalité occupe une place particulière ; elle constitue la source essentielle[228] de financement des activités des collectivités

---

[227] Cf. L. n° 11-10 du 22 juin 2011 relative à la commune (J.O.R.A. n° 37 du 3 juillet 2011, p. 6), article 2 : « *La commune est l'assise territoriale de la décentralisation et le lieu d'exercice de la citoyenneté. Elle constitue le cadre de participation du citoyen à la gestion des affaires publiques* » ; L. n° 12-07 du 21 février 2012 relative à la wilaya (J.O.R.A. n° 12 du 29 février 2012, p. 6), article 3 : « *La wilaya, en sa qualité de collectivité territoriale décentralisée, dispose d'un budget propre pour financer les actions et programmes adoptés par l'assemblée populaire de wilaya...* ».

[228] Selon le directeur général des finances locales au ministère de l'intérieur, la fiscalité locale en 2017 représente à elle seule 65 % des moyens de financement des collectivités locales, les produits du patrimoine 5 % et les 30 % restants sont

locales. La fiscalité locale, en tant que source principale de financement des collectivités locales, est complexe malgré les réformes intervenues et n'a pas beaucoup changé depuis une cinquantaine d'années. Elle se présente sous deux formes différentes. Elle est constituée par des prélèvements effectués sur des impôts d'Etat et par des prélèvements destinés exclusivement aux collectivités locales.

Les produits découlant de ces différentes impositions sont insuffisants pour assurer l'ensemble des charges des collectivités locales et les principales mesures réformatrices initiées depuis 1962 – qui avaient pour but d'ajuster les ressources des collectivités locales par rapport à leurs charges – se sont, dans les faits, avérées inopérantes, obligeant les collectivités locales à recourir à d'autres procédés de financement de leur équilibre budgétaire.

En définitive, la persistance et l'accroissement des déficits[229] des collectivités locales montrent, à l'évidence, que le système fiscal local, constitué d'un ensemble hétérogène d'impôts et taxes (I), est inadapté aux nécessités financières de ces dernières (II), obligeant les pouvoirs publics à entreprendre une refonte de ce système fiscal local.

I. Un système fiscal local constitué d'un ensemble hétérogène d'impôts et taxes

Ce système fiscal local a beaucoup évolué en fonction du contexte économique et social.

Outre la période 1962-1965 pendant laquelle l'ancien système fiscal local hérité au lendemain de l'indépendance a été reconduit pour faire face aux nécessités du moment, divers impôts et taxes

---

constitués par des dotations de l'Etat ; cf. N.B., *La réforme de la finance et de la fiscalité locale en question*, http://www.lesoirdalgerie.com/articles2016/10/31article.php?sid=204126&cid=2 (décembre 2018).

[229] Durant la période des années 2000 à 2006, on comptait 1100 communes déficitaires ; cf. Azzedine Kerri, Directeur des finances locales au ministère de l'intérieur et des collectivités locales, intervention à la journée parlementaire consacrée à la fiscalité locale, publication de la commission des finances et du budget de l'Assemblée populaire nationale, juin 2013, p. 20.

ont été institués avec l'entrée en vigueur de la réforme globale du système fiscal national[230] pour former « *une mosaïque fiscale locale* »[231]. Cette mosaïque subsiste encore de nos jours, malgré une pratique des réformes de cette fiscalité quasi-permanente[232] qui va se traduire par des réaménagements, des révisions de taux de ces impositions et par la création de nouveaux impôts et taxes[233], venus s'ajouter à cette mosaïque constituant la structure d'un système fiscal local *(A)* caractérisé par sa lourdeur, sa complexité ainsi que par un faible rendement des différentes impositions qui le constituent *(B)*.

A - Structure du système fiscal local

L'examen de la structure du système fiscal local actuel montre que celle-ci comprend à la fois des impôts et taxes revenant *partiellement* aux collectivités locales et un ensemble d'impôts et taxes affectés *exclusivement* à des collectivités locales.

1. Impôts et taxes revenant partiellement aux collectivités locales

Certains impôts d'Etat, énumérés limitativement par le code des impôts directs et des taxes assimilées[234], ne vont pas être affectés en totalité au budget de l'Etat : une quote-part sera prélevée pour alimenter les budgets des wilayas et des communes. Ce principe de « l'intéressement » des collectivités locales au rendement des impôts d'Etat, qui est une survivance de l'ancien système fiscal hérité, est encore affirmé de nos jours

---

[230] L. n° 90-36 du 31 décembre 1990 portant loi de finances pour 1997, J.O.R.A. n° 57 du 31 décembre 1990, p. 1562.

[231] L. n° 90-36 du 31 décembre 1997 précitée, art. 197 et suivants formant le titre V, intitulé « *Impositions perçues à titre exclusif au profit des collectivités locales* ».

[232] A l'exemple de certains pays de même tradition juridique où ce phénomène a également été observé ; sur ce point, v. Marie-Christine Esclassan, *1982-2012 - Quelles grandes évolutions de la fiscalité locale ?*, Revue française de finances publiques, 2012, n° 119, p. 125.

[233] Voir en annexe, p. 180, un inventaire qui retrace l'évolution de ce système fiscal local.

[234] Voir CIDTA, édition du ministère des finances – Direction générale des impôts, 2018.

et s'applique à plusieurs impôts et taxes dont certains sont de création récente[235].

Parmi ceux-ci, il y a :

– L'impôt sur le patrimoine (ISP) auquel sont soumises les personnes physiques et morales ayant leur domicile fiscal en Algérie en raison de la détention de biens situés en Algérie ou hors d'Algérie d'une part, et celles n'ayant pas leur domicile fiscal en Algérie mais ayant des biens situés en Algérie[236]. Le tarif de l'impôt est calculé selon un barème en fonction de la valeur nette taxable du bien. Le produit de cet impôt alimentera le budget de l'Etat pour 60 % tandis que 20 % seront affectés aux budgets locaux et les 20 % restants le seront au fonds d'affectation spéciale intitulé « fonds national du logement »[237].

– Les produits de l'impôt sur le revenu global (IRG) au titre des revenus fonciers provenant de la location d'immeubles ou fraction d'immeubles bâtis, des revenus tirés d'un contrat de prêt à usage, des revenus résultant de la location des propriétés non bâties de toute nature y compris les terres agricoles[238]. Le produit de cette taxe est réparti à raison de 50 % pour l'Etat et 50 % pour les communes[239].

– L'impôt forfaitaire unique (IFU) auquel sont soumis les contribuables dont le chiffre d'affaires est inférieur ou égal à trente millions de dinars[240]. Le taux de l'IFU varie, il est de 5 % pour les activités de production et de vente de biens et de 12 % pour les autres activités[241]. Le produit de l'IFU est ainsi réparti :

---

[235] Notamment l'impôt forfaitaire unique : cf. article 282 bis du code des impôts directs et des taxes assimilées (CIDTA).
[236] CIDTA, art. 274.
[237] *Ibidem.*, art. 282.
[238] *Ibidem*, art. 42.
[239] *Ibidem*, art. 42 bis.
[240] L'originalité de ce nouvel impôt réside dans son caractère unique et synthétique. En effet, il se substitue à l'impôt sur le revenu global, à la taxe sur l'activité professionnelle et la taxe sur la valeur ajoutée (CIDTA, article 282 bis). Pour de plus amples développements sur cet impôt, voir Abdelmadjid Yanat, *L'impôt forfaitaire unique*, Revue européenne et internationale de droit fiscal, n° 3 / 2018, p. 282.
[241] Cf. CIDTA, art. 282 sexies.

49 % au budget de l'Etat, 0,5 % aux chambres de commerce et d'industrie, 0,01 % à la chambre nationale de l'artisanat et des métiers, 40,25 % aux communes, 5 % aux wilayas et 5 % à la caisse de solidarité des collectivités locales[242].

– La taxe sur la valeur ajoutée (TVA) à laquelle sont soumises toutes les opérations de vente, de travaux immobiliers ainsi que les prestations de services[243]. La TVA est perçue au taux normal de 19 % et au taux réduit de 9 % [244].

La répartition du produit de la TVA varie selon qu'il s'agit d'affaires faites à l'intérieur ou à l'importation[245]. Sur les affaires faites à l'intérieur, l'Etat bénéficie de 75 % du produit de la TVA, les communes de 10 % et la caisse de solidarité et de garantie des collectivités locales de 15 %. Le produit de la TVA sur les affaires faites à l'importation est réparti entre l'Etat pour 85 % et la caisse de solidarité des collectivités locales pour 15 %.

– La taxe applicable aux chargements prépayés qui est due par les opérateurs de téléphonie mobile[246]. Le taux de cette taxe est de 7 % et s'applique sur le montant du chargement au titre du mois. Sur le produit de cette taxe, 2 % sont répartis entre l'Etat pour 35 %, les communes pour 35 % et le fonds spécial de solidarité nationale pour 30 %.

– La taxe sur les pneus neufs importés, d'un montant de 750 dinars pour les pneus destinés aux véhicules lourds et de 450 dinars pour les véhicules légers. Son produit est affecté au profit de l'Etat pour 34 %, aux communes pour 35 %, au fonds spécial

---

242 CIDTA, art. 282 septies.

243 CTCA (code des taxes sur le chiffre d'affaires), article 1er (édition du ministère des finances, Direction générale des impôts, 2018).

244 CTCA, art. 21 et 23.

245 *Ibidem.*, art. 161.

246 L. n° 16-14 du 28 décembre 2016 portant loi de finances pour 2017 modifiant l'article 32 de l'ordonnance n° 09-01 du 22 juillet 2009 portant loi de finances complémentaire pour 2009, J.O.R.A. n° 77 du 29 décembre 2016, p. 35.

de solidarité nationale pour 30 % et 1 % au profit du fonds national de l'environnement et du littoral [247].

A côté de ces impôts et taxes dont le produit bénéficie à la fois au budget de l'Etat et à ceux des collectivités locales, une multitude de taxes ont été créées au profit exclusif de ces collectivités.

2. Taxes perçues au profit exclusif des collectivités locales

Ces taxes sont nombreuses. On en dénombre actuellement trente-deux dont certaines font partie de l'ancienne panoplie des taxes locales, telles que les taxes d'enlèvement des ordures, d'abattage, d'affiches et plaques, les taxes d'habitation, de séjour, les droits de fêtes et de réjouissances, auxquelles s'ajoutent de nouvelles taxes relatives à la protection de l'environnement[248], dont la particularité est qu'elles sont spécialement affectées à la gestion et la protection de l'environnement de sorte que l'on ne peut les considérer que comme étant « *un complément nécessaire à la réglementation de l'environnement* »[249].

---

[247] L. n° 18-18 du 27 décembre 2018 portant loi de finances pour 2019, article 54, J.O.R.A. n° 79 du 30 décembre 2018, p. 19.

[248] Parmi ces impositions, il y a :
- La taxe d'incitation au déstockage des déchets spéciaux et/ou dangereux, L. n° 01-21 du 22 décembre 2001 portant loi de finances pour 2002, art. 203, J.O.R.A. n° 79 du 23 décembre 2001, p. 53 ;
- La taxe d'incitation sur les déchets liés aux soins des hôpitaux et cliniques, L. n° 01-21 du 22 décembre 2001 portant loi de finances pour 2002, art. 204, J.O.R.A. n° 79 du 23 décembre 2001, p. 53 ;
- La taxe complémentaire sur les eaux usées d'origine industrielle, L. n° 02-11 du 24 décembre 2002 portant loi de finances pour 2003, article 94, J.O.R.A. n° 8 du 25 décembre 2002, p. 33 ;
- La taxe sur les huiles, lubrifiants et préparations lubrifiantes importés ou fabriqués sur le territoire national, L. n° 05-16 du 31 décembre 2005 portant loi de finances pour 2006, art. 61, J.O.R.A. n° 85 du 31 décembre 2005, p. 23 ;
- La taxe sur les pneus neufs importés, L. n° 18-18 du 27 décembre 2018 portant loi de finances pour 2019, art. 54, J.O.R.A. n° 79 du 30 décembre 2018, p. 19 (modifiant l'article 112 de la L. n° 16-14 du 28 décembre 2016 portant loi de finances pour 2017).

[249] Ahmed Reddaf, *L'approche fiscale des problèmes de l'environnement*, IDARA n° 1, 2000, p. 144.

Hormis cette multitude de taxes dont le rendement est très faible, la taxe sur l'activité professionnelle (TAP), à laquelle sont soumis les redevables au titre de leurs recettes professionnelles globales ou de leur chiffre d'affaires hors taxe sur la valeur ajoutée, est celle qui occupe une place prépondérante dans l'ensemble des ressources des collectivités locales[250].

Le taux de la TAP est fixé à 2 %, toutefois ce taux est ramené à 1 % sans bénéfice de réfaction pour les activités de production de biens. Par contre, est appliqué le taux de 2 % avec réfaction de 25 % pour les activités de bâtiment, de travaux publics et hydrauliques. Enfin, ce taux est porté à 3 % sur le chiffre d'affaires réalisé dans les activités de transport par canalisation des hydrocarbures.

Le produit de cette taxe est réparti entre les communes à raison de 66 %, de 29 % pour les wilayas et 5 % pour la caisse de solidarité des collectivités locales[251].

Au terme de cette énumération, force est de constater la complexité, la lourdeur du système fiscal local dont le produit de l'ensemble des impositions instituées au profit des collectivités locales vient d'impôts qui leur sont attribués soit en totalité, soit seulement en partie.

Cette fiscalité partagée entre l'Etat et les collectivités locales est loin d'être équitable et ne permet pas à ces collectivités d'assumer leurs charges.

B - Lourdeur, complexité et faible rendement des impôts locaux

La pléthore d'impôts et taxes qui caractérise le système fiscal local révèle un faible rendement de ces impositions dont la cause principale repose sur la distinction entre impôts directement affectés aux collectivités locales et impôts d'Etat bénéficiant partiellement aux collectivités locales.

1. Une pléthore d'impôts et taxes pour un faible rendement

[250] L. n° 17-11 du 27 décembre 2017 portant loi de finances pour 2018, art. 11.
[251] *Ibidem*, article 11.

Les indications des tableaux 1 et 2 ci-après, retraçant les recouvrements des impositions au profit des collectivités locales, sont significatives de ce faible rendement.

Au premier abord, il semble, après examen de ces tableaux et compte tenu du nombre considérable des impôts et taxes affectés aux collectivités locales, que ces dernières disposeraient de ressources importantes pour réaliser les missions qui leur sont dévolues ; or tel n'est pas le cas.

2. Le mauvais équilibre des impôts d'Etat partagés et des impôts affectés localement

En effet, on a pu constater pour l'exercice 2017 que le rendement total de l'ensemble des impositions recouvrées pour les wilayas et les communes représente 242 337 millions de dinars et que sur ce montant, la taxe sur la valeur ajoutée et la taxe sur l'activité professionnelle recouvrées représentent 196 803 millions de dinars[252]. Ces deux grandes impositions assurent donc, à elles seules, plus de 80 % des recettes fiscales des collectivités locales, particulièrement dans celles où il existe une forte concentration d'activités économiques.

Mais cette « quasi-assurance » de disposer de telles ressources à travers la taxe sur l'activité professionnelle et la taxe sur la valeur ajoutée pourrait se trouver affectée dans le cas où l'Etat déciderait – à des fins économiques – d'exonérations ou de révision de taux à la baisse[253].

[252] Ce même constat peut également être fait pour les exercices antérieurs.
[253] A titre d'illustration, voir CIDTA, article 222.

Impôts et taxes *	**2012**	**Evol % 2012-2011**	**2013**	**Evol % 2013-2012**	**2014**	**Evol % 2014-2011**	**2015**	**Evol % 2015-2014**	**2016**	**Evol % 2016-2015**	**2017**	**Evol % 2017-2016**
TVA (DGI)	11 109	0	12 407	12	14 000	13	13 893	– 1	14 974	8	15 813	6
VF	88	– 13	29	– 67	27	– 7	18	– 34	50	182	9	– 82
TAP	106 036	9	120 812	14	130 893	8	136 900	5	132 454	– 3	134 475	2
TF / TA	1 101	3	855	– 22	1 119	31	891	– 12	1 194	22	1 798	51
ISP	40	233	12	– 71	14	19	20	40	7	– 64	12	71
TEOM	413	2	307	– 26	321	5	362	13	419	16	482	15
IFU	6 227	46	5 400	– 13	5 846	8	9 798	68	11 634	19	13 620	17
IRG Revenus Fonciers	2 712	11	3 109	15	3 601	16	4 103	14	4 504	10	4 950	10

Taxe sur les huiles, lubrifiants et préparations lubrifiantes	634	1	860	36	701	– 18	416	– 41	1 004	141	741	– 26
Taxe d'incitation au déstockage des déchets industriels	67	97	50	25	41	– 18	77	88	112	45	252	125
Autres	67	0	34		1		9		82		14	
TOTAL	**128 428**	**9**	**143 875**	**12**	**156 564**	**9**	**166 576**	**6**	**166 434**	**0**	**172 166**	**3**

Tableau 1 : Evolution de la fiscalité affectée aux communes *(en millions de DA)*

Source : ***Ministère des finances – direction générale des impôts***

* *TVA : Taxe sur la valeur ajoutée - V.F : Versement forfaitaire - TAP : Taxe sur l'activité professionnelle - T.F/T.A : Taxe foncière et d'assainissement - ISP : Impôt sur le patrimoine - IEOM : Taxe d'enlèvement des ordures ménagères - IRG-Revenus fonciers : Impôt sur le revenu global – revenus fonciers*

Impôts et taxes	**2012**	**Evol % 2012-2011**	**2013**	**Evol % 2013-2012**	**2014**	**Evol % 2014-2011**	**2015**	**Evol % 2015-2014**	**2016**	**Evol % 2016-2015**	**2017**	**Evol % 2017-2016**
TAP	47 887	8	48 600	1	55 941	15	56 000	0	59 800	7	60 745	2
Taxe d'habitation	2 051	5	2 155	5	2 304	7	2 443	6	4 571	87	5 911	29
IFU	1 002	102	667	– 33	720	8	1 175	63	1 345	14	1 534	14
Taxe des chambres de commerce	34	10	35	3	32	– 9	34	6	30	– 12	37	33
Redevance au profit des chambres d'agriculture	47		158		304		297		1071	261	980	– 8
Chambre algérienne C et I et CCI.	317	– 19	326	3	331	2	316	– 5	312	–1	328	5

Produit des amendes et saisies des services des enquêtes	159	3	167	5	299	79	198	– 34	229	16	206	– 10
Chambre de l'artisanat et des métiers	58	16	67	16	72	7	56	– 22	65	16	74	14
Chambre de commerce et de l'industrie	116	17	133	15	144	8	117	–19	134	15	153	14
Autres	0		289		365	26	316	–13	347	10	203	– 41
TOTAL	**51 813**	**8**	**52 597**	**2**	**60 512**	**15**	**60 952**	**1**	**67 904**	**11**	**70 171**	**3**

Tableau 2 : Evolution de la fiscalité affectée aux wilayas *(en millions de DA)*

Source* : *Ministère des finances – direction générale des impôts

Les collectivités locales seraient, alors, dans une situation délicate quand bien même la loi leur garantirait que des compensations leur seraient consenties[254].

Néanmoins, le produit de cette fiscalité dite locale reste insuffisant par rapport aux charges que les collectivités locales doivent supporter.

La cause de cette insuffisance de ressources réside dans le système fiscal lui-même où la catégorie des impôts d'Etat ne participe que faiblement au budget des collectivités locales, ainsi que dans l'inégalité de rendement des différents impôts.

Le tableau 3 ci-après illustre cette situation où la part de l'Etat dans les recouvrements fiscaux est beaucoup plus importante que celle des collectivités locales.

Il montre que la part de la fiscalité locale dans le produit fiscal global reste cantonnée dans une limite moyenne d'environ 14 %, ce qui explique le déséquilibre de la structure financière des collectivités locales, ce qui les a conduites à recourir à l'Etat pour le financement de leur équilibre.

---

[254] L. n° 11-10 du 22 juin 2011 relative à la commune, art. 5 : « *Toute réduction de recettes fiscales de la commune résultant d'une mesure prise par l'Etat portant exonération ou suppression d'un impôt, doit être compensée par un produit fiscal au moins égal au montant différentiel au moment du recouvrement* ». Cette même disposition est reprise pour la wilaya (v. L. n° 12-07 du 23 février 2012, relative à la wilaya, art. 5 al. 3, J.O.R.A. n° 12 du 29 février 2012, p. 7).

<u>Tableau 3</u> : Effets de la distinction impôts d'Etat – impôts locaux *(en millions de DA)*

***Source* : données remises par le ministère des Finances, direction générale des impôts**

	2012	**%**	**2013**	**%**	**2014**	**%**	**2015**	**%**
Fiscalité ordinaire d'Etat	1 944 573	86,35	2 072 091	85,80	2 126 351	85,21	2 557 301	86,76
Fiscalité locale	307 509	13,65	342 831	14,20	369 030	14,79	390 248	13,24
Total	2 252 082	100	2 414 922	100	2 495 381	100	2 947 549	100

	2016	**%**	**2017**	**%**
F. O. d'Etat	2 564 619	86,68	2 750.597	86,30
F. locale	394 266	13,32	436 763	13,70
Total	2 958 885	100	3 187 360	100

Le tableau 4 ci-après retrace le nombre de communes déficitaires et les subventions allouées pour rétablir leur équilibre financier.

Tableau 4 : Déficits des communes *(en millions de DA)*

Exercice	Nombre de communes déficitaires	Subventions allouées
1990	164	251
1991	620	2 000
1992	660	1 900
1993	792	3 800
1994	779	2 900
1995	929	4 900
1996	1090	6 700
1997	1159	7 728
1998	1249	8 968
1999	1207	8 824
2000	1184	9 000
2001	1150	11 000
2002	1162	11 000
2003	1126	11 000
2004	1128	11 000

2005	1127	11 200
2006	1138	10 500
2007	919	9 400
2008	791	8 180
2009	417	330
2010	14	0,3
2011	Néant	Néant
2012	Néant	Néant
2013	Néant	Néant
2014	Néant	Néant
2015	Néant	Néant
2016	77	2 000
2017	216	5 000
2018	191	5 000

***Source* : Ministère de l'intérieur et des collectivités locales**

Un des constats qui peut être fait à la lecture de ce tableau est que le nombre de communes déficitaires sur la période 1997–2008 est important, compte tenu du montant des subventions qui leur ont été allouées.

Les causes essentielles ayant provoqué ces déséquilibres budgétaires sont – outre la faiblesse des ressources fiscales qui est récurrente – le cumul des déficits non résorbés et l'inexistence d'autres sources de financement[255].

Dès lors, la persistance des déficits des communes révèle que le système fiscal – reconduit depuis plusieurs années tout en créant de nouvelles impositions pour ajuster les recettes – est inadapté aux nécessités financières des collectivités locales, si bien que le recours à des subventions de la caisse de solidarité et de garantie des collectivités locales a été continuel pour ces dernières[256].

---

[255] Azzedine Kerri (Directeur des finances locales, ministère de l'intérieur et des collectivités locales), *Fiscalité locale : Diagnostic actuel et perspectives de réforme* ; communication faite à la journée parlementaire sur « *La fiscalité locale dans la réforme fiscale* » le 22 avril 2013, publication de la commission des finances et du budget 2013, p. 20. Sur ce point, voir également Samir Boumoula, *Contribution à l'identification des contraintes financières des communes en Algérie : cas d'un groupe de communes de la région de Bejaïa,* IDARA 2010, n° 40, p. 25 ; Nachida Bouzidi, *La problématique du développement en Algérie : le rapport Etat – Collectivités locales* ; IDARA 2003, n° 26, p.109 ; Karima Ghezali, *Autonomie fiscale et développement régional en Algérie,* Revue Algérienne de la mondialisation et des politiques économiques, n° 6-2015, p. 63.

[256] Extrait du D.E. (décret exécutif) n° 14-116 du 24 mars 2014 portant création, missions, organisation et fonctionnement de la caisse de solidarité et de garantie des collectivités locales, J.O.R.A. n° 19 du 2 avril 2014, p. 4 :
« *Section 1. En matière de solidarité inter-collectivités locales*
Article 6 : Dans le cadre de ces missions, la caisse est chargée de verser au profit des collectivités locales sur le fonds de solidarité des collectivités locales les dotations suivantes :
– une dotation globale de fonctionnement/ 60 % ;
– une dotation globale d'équipement et d'investissement : 40 %.
En cas de besoin, des versements de chapitre à chapitre peuvent être effectués par décision du ministre chargé de l'intérieur après approbation du conseil d'orientation .
Section 2. En matière de garantie des prévisions des impositions fiscales
Article 18 : Le fonds de garantie des collectivités locales est destiné à compenser les moins-values sur les impositions fiscales, par rapport au montant des prévisions de ces impositions.
Article 19 : Le fonds de garantie des collectivités locales, est alimenté par des participations obligatoires des communes et des wilayas... ».

II. Un système fiscal local inadapté aux nécessités financières des collectivités locales

« *Une meilleure adéquation des ressources locales pour une prise en charge réelle des missions imparties aux collectivités locales* »[257].

Cette réflexion, contenue dans un rapport sur les finances locales établi par le ministère de l'intérieur en 1988, est encore d'actualité et résume très bien la situation des finances locales.

En effet, pour la concrétisation de leurs missions dévolues par la loi, les collectivités locales n'ont pas disposé de ressources suffisantes et adaptées à la nature des opérations projetées. C'est donc l'ensemble du système financier des collectivités locales qui est en cause et plus particulièrement le système fiscal local dont la dépendance vis-à-vis de l'Etat se manifeste – entre autres – tant en matière de création d'impôts et taxes qu'en matière de recouvrement des impositions (A).

Aussi, confrontées à une insuffisance de ressources financières, « *de nombreuses communes se retrouvent... dans une situation de non-développement, attendant subventions et autres mannes de l'Etat... pour pouvoir gérer les affaires courantes...* »[258] ; les pouvoirs publics ont dès lors entrepris une réflexion devant conduire à brève échéance à une réforme du système fiscal local (B) dont l'objectif est de simplifier et de moderniser le mode de gestion des impôts et taxes des collectivités locales[259].

---

[257] Ministère de l'intérieur : *Rapport sur les finances locales*, Alger, 1988, p. 2.
[258] N.B. : *Fiscalité locale : des changements en perspective*, *El-Watan* du 29 avril 2018, p. 5.
[259] *Ibidem.*

A - Subordination du système fiscal local à l'égard de l'Etat

Cette subordination du système fiscal local que l'on rencontre dans bon nombre de pays[260] résulte de la loi, qui ne reconnait pas aux collectivités locales de pouvoir fiscal.

En effet, dans notre système juridique, celui-ci est l'apanage de l'Etat qui décide de la création d'impôts et taxes, de la fixation de l'assiette, des taux et qui assure également, par ses propres services, le recouvrement de la plupart des impositions.

1. La création des impôts et taxes

La création d'impôts et taxes est une prérogative législative conférée par la constitution[261]. Celle-ci est d'ailleurs confirmée par la loi organique relative aux lois de finances qui énonce dans son article 16 que : « *l'autorisation de percevoir les impôts, les droits, les taxes, ainsi que les contributions diverses, les autres revenus et produits au profit de l'Etat est octroyée annuellement par la loi de finances* »[262]. De même, « *seules les lois de finances prévoient des dispositions relatives à l'assiette, aux taux et aux modalités de recouvrement des impositions de toute nature ainsi qu'en matière d'exonération fiscale* »[263].

En somme, cette prérogative est exclusivement législative, les collectivités locales n'ont de pouvoir d'intervenir en matière fiscale que si la loi les y autorise expressément.

Il en est ainsi pour les communes qui disposent d'un pouvoir de fixation de taux – pour les taxes et redevances qu'elles sont

---

[260] Jean Cathelineau, *La fiscalité des collectivités locales*, Armand Colin, Paris, 1970, page 10 ; voir également : Alain Guengant, *Les grands enjeux de la décentralisation. Quelle fiscalité pour les collectivités territoriales ?* La Documentation Française, n° 362, mai-juin 2011, p. 6.

[261] C. du 6 mars 2016 (L. n° 16-01 du 6 mars 2016 portant révision constitutionnelle, J.O.R.A. n° 14 du 7 mars 2016, p. 2), art. 78 : « *(...) Nul impôt ne peut être institué qu'en vertu de la loi* ».

[262] L.O. n° 18-15 du 2 septembre 2018 relative aux lois de finances, art. 16, J.O.R.A. n° 53 du 2 septembre 2018, p. 10.

[263] *Ibidem*, art. 18.

autorisées à percevoir – dans le cadre de fourchettes prévues par la loi[264].

En matière d'assainissement, particulièrement, l'article 263 du code des impôts directs et des taxes assimilées a établi au profit des communes dans lesquelles fonctionne un service d'enlèvement d'ordures ménagères, une taxe annuelle d'enlèvement des ordures ménagères sur toutes les propriétés bâties. Cette taxe est à la charge des propriétaires ou des usufruitiers. Le montant est fixé par l'article 263 ter à partir de fourchettes selon qu'il s'agit de locaux à usage d'habitation, professionnel ou industriel… et les « *tarifs applicables dans chaque commune sont déterminés par arrêté du président sur délibération de l'assemblée populaire communale après avis de l'autorité de tutelle* ».

Dès lors, le pouvoir d'appréciation de la commune reste très limité puisque la décision de l'assemblée populaire communale n'est définitive qu'après avoir été entérinée par l'autorité de tutelle. De ce fait, le pouvoir fiscal de la commune est très limité.

Cette dépendance de la commune vis-à-vis du pouvoir central se vérifie également en matière de recouvrement des impôts et taxes, malgré les aménagements apportés par la loi relative à la commune.

2. Le recouvrement des impôts et taxes

Bien que les collectivités locales disposent d'une quote-part sur les impôts d'Etat et d'impôts et taxes qui leur sont exclusivement affectés, il n'en demeure pas moins qu'elles n'en ont pas l'entière maîtrise en vertu de l'article 18 de la loi organique relative aux lois de finances précitée, qui dispose que seules les lois de finances prévoient l'assiette, le taux, le recouvrement des impositions de toute nature… dont les impôts locaux, qui sont par conséquent inclus selon cette disposition.

---

[264] L. n° 11-10 du 22 juin 2001 relative à la commune, article 196 alinéa 2, J.O.R.A. n° 37 du 3 juillet 2011, p. 23. Ce pouvoir reconnu aux communes n'est pas repris par la loi pour les wilayas.

Dès lors, le recouvrement des ressources fiscales locales était assuré jusqu'en 2016 de façon exclusive par les services de l'Etat qui, par la suite, effectuaient une répartition entre les budgets locaux.

Cependant, dans la pratique, il a été observé que ce procédé a abouti en fait à une redistribution mal équilibrée entre les collectivités locales et le fonds commun des collectivités locales devenu, depuis 2014, caisse de solidarité et de garantie des collectivités locales[265].

Aussi, pour permettre une meilleure redistribution des ressources fiscales, les communes peuvent – en lieu et place du trésorier communal – assurer le recouvrement des impôts, taxes, redevances, droits et autres recettes par des régies de recettes[266].

Mais cette faculté ainsi offerte aux communes de percevoir le produit de leurs impositions est limitée du fait que la plupart des impôts et taxes sont, selon la loi, recouvrés par les services de l'Etat[267]. Les régies de recettes communales ne peuvent recouvrer que certaines taxes expressément désignées par la loi, comme l'est, par exemple, la taxe d'assainissement[268].

Néanmoins, l'institution de régies de recettes répondrait non seulement au vœu des élus locaux de gérer par eux-mêmes leurs ressources financières, mais surtout, préfigure une profonde réforme du système fiscal local qui a toujours été appelée par les

---

[265] A titre d'exemple pour l'année 1985, l'affectation directe des ressources fiscales aux collectivités locales représente 43,4 % alors que celle réalisée au profit du Fonds commun des collectivités locales représente 56,6 %, cf. M. Yaker, *La redistribution des ressources fiscales des collectivités locales,* étude réalisée pour la commission nationale de la réforme fiscale en 1988, Ministère des finances, p. 3.

[266] Des régies de recettes ou des régies d'avances sur dépenses peuvent être créées par le président de l'assemblée populaire communale ; voir L. n° 11-10 du 22 juin 2011 relative à la commune, précitée. Le recouvrement par les régies de recettes communales est expressément autorisé par la loi de finances, cf. L. n° 16-14 du 28 décembre 2016 portant loi de finances pour 2017, article 91, J.O.R.A. n° 77 du 29 décembre 2016, p. 3.

[267] A titre d'illustration, la taxe sur l'activité professionnelle (TAP) – entre autres – est perçue par les services de l'Etat, CIDTA, article 359.

[268] *Ibidem*, article 263 ter.

élus locaux[269] et qui constitue une préoccupation permanente des pouvoirs publics.

B - Nécessité d'une réforme globale du système fiscal local

La reconsidération du système fiscal local dans son ensemble s'est traduite dernièrement par un projet de texte de refonte de cette fiscalité, initié par les pouvoirs publics, dont les principaux éléments ont été dévoilés et repris par les médias[270].

Les objectifs de cette réforme sont l'institution d'un code de la fiscalité locale, le renforcement des compétences fiscales des assemblées locales et la solidarité intercommunale.

1. Le code de la fiscalité locale

C'est l'une des mesures qui, selon les promoteurs de ce projet, revêt une importance particulière. En effet, la fiscalité locale est contenue, jusqu'à présent, dans une multitude de textes tels que les différents codes fiscaux, les lois de finances et un ensemble de textes réglementaires. Aussi, regrouper cette « réglementation » éparse a pour avantage une meilleure connaissance des impositions des collectivités locales sur les plans de l'assiette, du calcul, du recouvrement… à travers un seul document[271].

Mais s'agissant de la consistance et de la nature des impositions revenant aux collectivités locales, le nouveau projet de code n'innove pas ; il se propose seulement de reprendre « *le cadre juridique des impôts et taxes, droits et redevances existant déjà dans la législation* »[272].

---

[269] Samira Imadalou, *Inégalités régionales face au fisc*, El-Watan Economie du 18 avril 2016, page IV ; voir particulièrement le sous-titre intitulé « *révision de la démarche fiscale en attente* ».

[270] N.B. : *Fiscalité locale : Des changements en perspective*, *op. cit.*

[271] A cet égard, souligne Salima Ouarab, « *La codification intervient comme un remède à l'éparpillement des textes* » ; voir son article intitulé : *La codification, pour une meilleure connaissance du droit*, Revue Algérienne des sciences juridiques, économiques et politiques, n° 01-2018, p. 13.

[272] N.B., *Fiscalité locale : Des changements en perspective*, *op. cit.*

Cependant, si ce projet de texte n'apporte pas de bouleversement à la structure actuelle du système fiscal local, par contre, il procède à un renforcement des compétences fiscales des assemblées élues.

2. Le renforcement des compétences fiscales des assemblées locales élues

« *Les assemblées élues vont discuter de la politique fiscale de leur collectivité* », explique la sous-directrice de la fiscalité locale au ministère de l'intérieur dans une interview[273].

Dès lors, à l'avenir, les collectivités locales pourront proposer de créer de nouvelles impositions susceptibles d'améliorer leurs ressources financières.

Autrement dit, le nouveau projet opère-t-il un nouveau partage du pouvoir fiscal entre l'Etat et les collectivités locales, ce qui poserait, par conséquent, la question de leur autonomie fiscale ?

Le renforcement des compétences des assemblées élues en matière fiscale ne signifie nullement, en état actuel du droit positif, que les prérogatives des assemblées vont s'accroitre au point de pouvoir décider librement de l'impôt.

En fait, ce renforcement des compétences s'inscrit dans une autre démarche dont le but est de formuler des avis, recommandations, orientations aux pouvoirs publics en matière de fiscalité locale. A cet effet, le nouveau projet de code de la fiscalité a prévu qu'une commission fiscale[274] sera instituée auprès de chaque assemblée élue, dont la mission sera d'étudier des mesures susceptibles d'accroitre les ressources fiscales et de les lui soumettre pour délibération.

Enfin, cette coopération entre les services fiscaux et les assemblées élues se manifeste aussi, selon ce projet de code de

---

[273] *Ibidem.*

[274] Cf. N.B., *Fiscalité locale : Des changements en perspective, op. cit.*.

la fiscalité locale, en matière de détermination du taux des taxes dans le cadre de fourchettes définies par la loi[275].

Les collectivités locales restent donc toujours dans un état de dépendance vis-à-vis de l'Etat en matière fiscale malgré l'institution d'une coopération entre les services fiscaux de l'Etat et les assemblées élues.

Cependant, le recours à d'autres sources de financement, tel l'emprunt, serait significatif d'un élargissement de l'autonomie des collectivités locales.

Le recours à l'emprunt est expressément autorisé par les lois relatives à la commune et la wilaya[276]. Toutefois, cette faculté ainsi offerte aux collectivités locales de recourir à cette source de financement est assortie d'une limite tenant à la nature de l'opération à financer. Seuls les projets productifs de revenus peuvent être financés par ce procédé.

Mais, bien qu'autorisé par les lois, les modalités pour la mise en œuvre de l'emprunt n'ont, à ce jour, pas été précisées par un texte réglementaire.

A cette autre limite de la capacité des collectivités locales de recourir à cette source de financement, s'ajoutent les conditions de banque liées à l'octroi d'un prêt, notamment le paiement des intérêts et les lourdes annuités de remboursement du capital qui peuvent s'avérer être d'autres contraintes pour la majorité des communes rurales[277], exceptées celles ayant des ressources importantes[278].

---

[275] *Ibidem.*

[276] L. n° 11-10 du 22 juin 2011 relative à la commune, article 174, et L. n° 12-07 du 21 février 2012 relative à la wilaya, article 156.

[277] On compte actuellement 900 communes rurales moins pourvues en ressources financières ; cf. N.B., *Fiscalité locale : Des changements en perspectives, op. cit.*.

[278] Il en est ainsi pour les trois premières communes les plus riches au niveau national tel que Hassi-Messaoud, Oran et Dar-El-Beida. A Dar-El-Beida, précise le président de l'Assemblée populaire communale, « *L'adéquation entre recettes fiscales et développement local sur les plans socio-économiques est bien là puisque nous sommes passés de 2008 à aujourd'hui de la nécessité au confort…* » ; cf. Samira Imadalou, *Inégalités régionales face au fisc, op. cit.*.

3. La solidarité intercommunale

En plus de l'institutionnalisation de l'intervention de la caisse de solidarité et de garantie chargée de « *mettre en place une solidarité inter-collectivités locales à travers la mobilisation et la répartition des moyens financiers* »[279], le projet de code de la fiscalité locale a prévu un autre type de solidarité inter-communale qualifiée de « *solidarité horizontale* »[280] entre les communes dont les ressources financières sont importantes et celles ne bénéficiant pas de ressources suffisantes.

Le nouveau code encourage donc cette forme de solidarité entre communes qui ne nécessite, pour sa mise en œuvre, qu'une délibération des assemblées élues des communes concernées.

Ce mécanisme de solidarité financière intercommunale, inconnu de notre système juridique, simple dans sa mise en œuvre, sera un des facteurs qui contribuera certainement à un

---

279 La solidarité inter-collectivités locales assurée par la caisse de solidarité et de garantie se concrétise par :
* L'attribution de péréquation, qui permettra aux collectivités locales de disposer d'un minimum de ressources calculé sur la base d'une clé de répartition tenant compte de la moyenne nationale par habitant des ressources affectées aux collectivités locales (critère financier) et de la moyenne nationale par habitant des ressources affectées aux collectivités locales (critère démographique) ;
** L'octroi de dotation de service public allouée annuellement aux collectivités locales ayant des ressources de fonctionnement inférieures pour la couverture des dépenses obligatoires ;
*** L'attribution de subventions exceptionnelles accordées aux collectivités locales pour faire face à des évènements calamiteux et imprévisibles ou confrontées à des situations financières difficiles ;
**** L'attribution de subventions pour les formations, les études et la recherche.
En plus de ces dotations et de ces subventions de fonctionnement, les collectivités locales peuvent aussi bénéficier de dotations d'équipement et d'investissement afin de leur permettre de soutenir les services publics locaux réalisant des opérations relevant de leurs compétences. Ces dotations se subdivisent en subventions d'équipement et en concours temporaires ou définitifs pour le financement de projets productifs de revenus. Cf. D.E. n° 14-116 du 24 mars 2014 portant création, missions, organisation et fonctionnement de la caisse de solidarité et de garantie des collectivités locales.

280 Cf. N.B., *Fiscalité locale : Des changements en perspective*, *op. cit.*.

développement d'une autre forme d'intercommunalité comme moyen de réduction des inégalités entre collectivités locales.

Conclusion

« *La crise des finances locales est désormais une donnée permanente qui rappelle que l'administration locale est en butte constamment aux difficultés financières et au déficit chronique* »[281].

C'est par ces mots qu'un auteur a conclu une étude consacrée en 1983 aux collectivités locales en Algérie. Cette constatation est encore, de nos jours, d'actualité.

La crise réside dans le fait que les collectivités locales se sont vu confier par la loi d'importantes missions consistant non seulement à prendre en charge la gestion des services locaux mais également d'entreprendre un certain nombre d'actions en vue du développement économique et social local, alors que les produits de la matière imposable à leur profit avaient très peu évolué, malgré les aménagements successifs apportés au système fiscal local.

Le projet de code de la fiscalité locale actuellement en discussion au niveau du gouvernement n'opère pas une profonde réforme du système fiscal local, en ce sens qu'il ne bouleverse pas la structure fiscale locale et n'institue pas un véritable pouvoir fiscal local permettant aux élus locaux de décider des taux des impôts locaux en fonction de la capacité contributive des contribuables locaux, notamment pour certaines impositions locales telles que la taxe foncière, qui, à l'instar de beaucoup de pays, constitue « *un gisement fiscal important* »[282].

En effet, celui-ci ne propose qu'un élargissement des compétences des assemblées élues qui, dorénavant, seront appelées à débattre et établir des délibérations sur la politique fiscale au niveau local et, par conséquent, ne fait que leur

---

[281] Cf. Saïd Benaïssa, *L'aide de l'Etat aux collectivités locales*, OPU, 1983, p. 174.
[282] N.B., *Fiscalité locale : Des changements en perspective*, *op. cit.* p. 5.

reconnaître une capacité à faire des choix en dépenses et en recettes susceptibles d'être entérinés par les services fiscaux de l'Etat lors de la préparation des projets de lois de finances annuelles.

Enfin, la disposition du projet de code de la fiscalité locale, relative à la coopération entre les élus locaux et les services fiscaux de l'Etat pour la fixation des taux des impôts locaux dans le cadre de fourchettes déterminées par loi, est à la fois un progrès et un procédé qui permettra certainement de réguler – par la concertation – la matière fiscale locale.

ANNEXE

Inventaire des dispositions législatives réaménageant le système fiscal local depuis 1962

De 1962 à 1970, l'ancien système fiscal local a été reconduit avec quelques modifications des taux des différents impôts et taxes et des aménagements de leur assiette.

Ainsi avec la loi de finances pour 1971 ont été instituées deux impositions importantes dont :

* L'impôt Rasm-El-Ihsaiya ; O. n° 71-86 du 31 décembre 1971 portant loi de finances pour 1972, J.O.R.A. 1971, p. 1464 ; modifiée par L. n°82-14 du 30 décembre1982 portant loi de finances pour 1983, art. 58. J.O.R.A. 1982, p. 1972 ;

* La contribution unique agricole, O. n° 71-86 du 31 décembre 1971 précitée, art. 61, modifiée par L. n°83-19 du 18 décembre 1983 portant loi de finances pour 1984, art. 64 ; J.O.R.A. 1984, p. 3152.

Hormis ces deux impositions, divers aménagements de l'assiette de certains impôts et taxes se sont poursuivis afin de permettre aux collectivités locales de faire face à leurs charges aggravées par certaines dépenses obligatoires supplémentaires induites par le développement et la croissance économiques (scolarisation, transports…).

Néanmoins ces réformes se sont succédé sans discontinuer. L'inventaire ci-après témoigne que la fiscalité des collectivités locales a toujours constitué, en permanence, une source de préoccupation des pouvoirs publics.

Ainsi ont été institués les impôts et taxes suivants :

* Le droit fixe appliqué aux revenus réalisés par les marins pêcheurs, patrons pêcheurs, exploitants de petits métiers et armateurs, L. n° 83-19 du 18 décembre 1983 précité, art. 65, J.O.R.A. 1984, p. 3153 ;

* L'impôt unique sur les transports privés, L. n° 83-19 du 18 décembre 1983 précitée, art. 67, J.O.R.A. 1984, p. 3156 ;

* L'impôt sur les revenus de la promotion immobilière, L. n° 85-09 du 26 décembre 1985 portant loi de finances pour 1986, art. 33, J.O.R.A. 1985, p. 1324 ;

* La taxe sur les locations à des fins touristiques, L. n° 82-14 du 30 décembre1982 précitée, art. 142, J.O.R.A. 1982, p. 1972) ;

* L'impôt sur les constructions somptueuses à usage d'habitation, L. n° 86-15 du 29 novembre 1986 portant loi de finances pour 1987, art. 26, J.O.R.A. 1986, p. 1554 ;

* La taxe sur la valeur ajoutée, L. n° 90-36 du 31 décembre 1990, portant loi de finances pour 1991, art. 85, J.O.R.A. 1990, p. 1562 ;

* La taxe sur l'activité professionnelle, O. n° 95-27 du 30 décembre 1995 portant loi de finances pour 1996, art. 21, J.O.R.A. n° 82 du 31 décembre 1995, p. 7 ;

* La taxe spéciale sur les permis immobiliers, L. n° 99-11 du 23 décembre 1999 portant loi de finances pour 2000, art. 55, J.O.R.A. n° 92 du 25 décembre 1999, p. 14 ;

* La taxe spéciale sur les affiches et plaques, L. n° 99-11 du 23 décembre 1999 portant loi de finances pour 2000, article 56, J.O.R.A. n° 92 du 25décembre 1999, p. 20 ;

* La redevance d'extraction, L. n° 01-10 du 3 juillet 2001 portant loi minière, art. 159, J.O.R.A. n° 35 du 4 juillet 2001, p. 22 ;

* L'impôt sur les bénéfices miniers, L. n° 01-10 du 3 juillet 2001 portant loi minière précitée, art. 163, J.O.R.A. n° 35 du 4 juillet 2001, p. 22) ;

* La taxe d'enlèvement des ordures ménagères, L. n° 01-21 du 22 décembre 2001 portant loi de finances pour 2002, art. 11 et 12, J.O.R.A. n° 79 du 23 décembre 2001, p. 8 ;

* L'impôt sur le patrimoine, L. n° 02-11 du 24 décembre 2002 portant loi de finances pour 2003, article 26, J.O.R.A. n° 86 du 25 décembre 2002, p. 8 ;

* L'impôt forfaitaire unique, L. n° 06-24 du 26 décembre 2006 portant loi de finances pour 2007, art. 2, J.O.R.A. n° 85 du 27 décembre 2006, p. 3 ;

* L'impôt sur le revenu global, catégorie revenus fonciers, O. n° 08-02 du 24 juillet 2008 portant loi de finances complémentaire pour 2008, art. 2, J.O.R.A. n° 42 du 27 juillet 2008, p. 3 ;

* La taxe de séjour (généralisation à l'ensemble des communes), O. n° 08-02 du 24 juillet 2008 portant loi de finances complémentaire pour 2008 précitée, art. 26, J.O.R.A. n° 42 du 27 juillet 2008, p. 9 ;

* La taxe superficiaire, L. n° 14-05 du 24 février 2014 portant loi minière, art. 132 et 133, J.O.R.A. n° 18 du 30 mars 2014, p. 22 ;

* La redevance d'exploitation des substances minérales, L. n° 14-05 du 24 février 2014 portant loi minière précitée, art. 134 et 135, J.O.R.A. n° 18 du 30 mars 2014, p. 22 ;

* La taxe applicable aux chargements prépayés, L. n° 16-14 du 28 décembre 2016, portant loi de finances pour 2017, art. 76, J.O.R.A. n° 77 du 29 décembre 2016, p. 35.

LES MECANISMES DE COOPERATION ENTRE LES COLLECTIVITES TERRITORIALES EN ALGERIE, AU MAROC ET EN TUNISIE

Farah SMIRI
Doctorante, Université Paris Descartes,
Centre Maurice Hauriou – CMH (EA 1515)

Les collectivités territoriales[283] en Algérie, au Maroc et en Tunisie, sont confrontées de façon similaire aux mêmes défis. La pauvreté, la pénurie de logements, les habitats informels, les risques écologiques et les problèmes sociaux déterminent le quotidien dans les villes[284]. Les échanges d'expériences et le transfert de connaissances entre les collectivités territoriales leur offrent l'opportunité d'apprendre les unes des autres pour l'aménagement et la gestion des processus de développement locaux. Aujourd'hui, la coopération entre les communes est reconnue comme une nécessité qui doit permettre de dépasser les inconvénients de la division du territoire[285]. La coopération entre collectivités territoriales au Maghreb s'est considérablement développée avec le réformisme constitutionnel qui s'est manifesté dans les trois pays (la Tunisie, l'Algérie et le Maroc) avec, dans chacun, ses spécificités.

---

[283] Les collectivités territoriales sont au Maroc : les régions, les préfectures, les provinces et les communes ; en Tunisie : les communes, les régions et les districts ; en Algérie : les communes et les wilayas.

[284] GIZ (Deutsche Gesellschaft für Internationale Zusmmenarbeit GmbH), *CoMun : Coopération municipale - Gouvernance locale et participative au Maghreb*, https://www.giz.de/en/downloads/Factsheet%20-%20CoMun%20FR_2017.pdf (consulté le 20 octobre 2018).

[285] C. Guettier, *La coopération entre les collectivités publiques en France* : disponible sur le site https://fr.slideshare.net/zhaofeng1238/conf-n-1-la-coopration-entre-collectivits-publiques-73363931 (consulté le 21 octobre 2018).

La Tunisie, qui a déclenché ce qui a été appelé « Printemps arabe », a adopté le 27 janvier 2014[286] une nouvelle constitution, saluée internationalement comme la première constitution démocratique. La Constitution de 2014, contrairement à la Constitution du 1er juin 1959[287], a souligné l'importance stratégique de la démocratie locale et de l'autonomie communale, pour une transition démocratique réussie et pour la stabilité du pays. Elle constitue une avancée importante dans la voie de la coopération puisqu'elle mentionne pour la première fois, dans son article 140[288], que les collectivités locales peuvent coopérer et créer des partenariats entre elles.

Le Maroc, à son tour, a connu un printemps propre à lui, consacré par la Constitution du 29 juillet 2011[289], qui a introduit une triple mutation : territoriale, politique et juridique.

En juillet 2015, les lois organiques relatives à l'organisation des trois catégories de collectivités territoriales marocaines ont été promulguées pour donner forme aux nouveaux principes et aménagements profonds introduits par la nouvelle constitution en matière de décentralisation.

Les réformes successives concernant les collectivités territoriales au Maroc avaient toujours privilégié l'institution communale au détriment des autres niveaux. Mais avec la constitution de 2011 et les lois organiques de juillet 2015, la donne a relativement changé. Les aménagements profonds induits par ces textes ont sensiblement modifié les conditions dans lesquelles la commune exerce ses compétences. Le texte

---

286 La Constitution tunisienne de 2014 a été adoptée le 27 janvier 2014 par l'Assemblée constituante, élue le 23 octobre 2011 à la suite de la révolution qui a renversé le président Ben Ali.

287 La Constitution du 1er juin 1959 s'était contentée d'un seul bref article, l'article 71.

288 Article 140 : *« Les collectivités locales peuvent coopérer et créer entre elles des partenariats, en vue de mettre en œuvre des programmes ou réaliser des actions d'intérêt commun. Les collectivités locales peuvent également établir des relations extérieures de partenariat et de coopération décentralisée. La loi fixe les règles de coopération et de partenariat. »*

289 La nouvelle constitution a été promulguée par le dahir n° 1-11-91 du 30 juillet 2011.

constitutionnel de 2011 reflète l'intention du pouvoir constituant d'accorder à la région une prééminence par rapport aux communes, aux préfectures et provinces.

En Algérie, les réformes socioéconomiques entamées depuis le début des années 2010, ont été couronnées par la promulgation, le 3 juillet 2011 de la loi communale et le 21 février 2012, de loi relative à la wilaya[290].

Nul ne peut ignorer l'apport fondamental de la coopération entre les collectivités territoriales à la décentralisation : elle permet d'en améliorer le fonctionnement, d'en renforcer la légitimité et d'en révéler le niveau de développement[291]. Plus spécifiquement, l'intercommunalité désigne les différentes formes de coopérations existantes entre les communes au service de projets de territoire. Elle est conçue comme un remède à l'émiettement communal et un instrument de l'organisation rationnelle des territoires[292].

On voit alors l'intérêt de se demander dans quelle mesure la coopération est prévue dans les législations algérienne, tunisienne et marocaine et pourquoi alors ne trouve-t-elle pas d'effet sur le terrain.

On s'intéressera donc, en premier lieu, à l'adhésion des trois pays à l'idée du développement de la coopération entre collectivités territoriales (I). Nous verrons ensuite que cette coopération y rencontre de nombreux problèmes apparents (II).

I. L'adhésion des trois pays au développement de la coopération entre collectivités territoriales

Les processus de réformes actuels dans les trois pays ont suscité d'énormes mutations ; en effet, l'administration locale est animée par des personnes élues par la population locale qui sont

---

[290] Loi n° 11-10 du 22 juin 2011 relative à la commune et loi n° 12-07 du 21 février 2012 relative à la wilaya.

[291] V. C. Guettier, *La coopération entre les collectivités publiques en France*, précité.

[292] Issam Hassan, *Constitution et pouvoir local*, in *Nouvelle Constitution tunisienne et transition démocratique*, LexisNexis, 2016, p. 49.

chargées d'exercer un certain nombre de compétences propres, telle que la coopération, que l'Etat central leur a confiée dans le cadre de lois successives (A), en préservant leur autonomie locale (B).

A - Une coopération largement confiée aux volontés locales

Les textes législatifs qui interviennent en matière de coopération entre les collectivités territoriales laissent une libre autonomie aux collectivités locales pour coopérer entre elles.

Par ailleurs, on ne retrouve pas en Tunisie, au Maroc ou en Algérie, la distinction habituelle entre intercommunalité de gestion et intercommunalité de projet, parce que les textes n'en parlent pas et ne développent pas, comme on le fait en France, un statut spécifique à l'intercommunalité de projet.

Pourtant, les collectivités peuvent établir des coopérations entre elles et avec d'autres acteurs, qui se fondent sur la libre volonté des collectivités territoriales d'élaborer et de réaliser des projets ou services d'intérêt général au sein de périmètres de solidarité. Ces différentes formes de coopération constituent une dynamique de développement initiée et conduite à l'échelle de plusieurs collectivités territoriales.

Elles sont fondées sur une vision partagée par les collectivités territoriales qui veulent s'unir et conjuguer leurs efforts pour surmonter ensemble les problèmes communs de développement, pour entreprendre et mener à bien une politique solidaire d'aménagement et de développement du territoire qu'elles partagent[293].

Exprimant librement leur volonté de coopérer, elles peuvent également tisser des liens avec des partenaires publics et/ou privés.

L'engagement de travailler ensemble peut prendre plusieurs formes que les lois de décentralisation en Tunisie, en Algérie et au Maroc ont prévues et organisées : la forme institutionnelle,

---

[293] F. Moussa, *L'Etat et le Pouvoir local,* Colloque international, Tunis, 29-30 avril 2016, p. 7.

avec la création d'un établissement public administratif tel que le groupement de communes et/ou de collectivités ; la forme conventionnelle qui établit les règles d'association ou de partenariat convenues entre plusieurs parties : partenariat entre institutions publiques, entre collectivités territoriales et partenariat public/privé.

1. La coopération informelle (par convention)

En Algérie, en Tunisie et au Maroc, les collectivités territoriales peuvent opter en faveur d'une formule de coopération totalement dégagée de toute contrainte structurelle venant encadrer le déroulement des activités entre les collectivités territoriales.

En Algérie, conformément aux articles 215 et 217 de la loi n° 11-10 du 22 juin 2011 relative à la commune, l'intercommunalité est un espace de partenariat et de solidarité qui revêt la forme d'une association de deux ou plusieurs communes limitrophes relevant d'une même ou de plusieurs wilayas, établie par des conventions, dans le but d'aménager ou de développer en commun leurs territoires et/ou gérer ou assurer ensemble des services publics de proximité.

En Tunisie nous pouvons aussi quitter le domaine de l'encadrement législatif et entrer dans le domaine du contrat, tel que prévu à l'article 140 de la Constitution tunisienne. Il s'agit de la coopération et du partenariat entre collectivités locales nationales « *en vue de mettre en œuvre des programmes ou réaliser des actions d'intérêt commun* ». C'est ainsi que l'article 283 du code des collectivités locales (CCL) prévoit notamment que « *Deux ou plusieurs communes peuvent conclure un accord de coopération pour la réalisation des objectifs prévus par la présente loi.*

Deux ou plusieurs communes peuvent, par une convention conclue à cet effet, confier l'exploitation des services publics économiques d'intérêt commun à une seule commune qui fait fonction de concessionnaire des autres communes.

Deux ou plusieurs communes peuvent, en accord avec une ou plusieurs régions, créer une agence d'aménagement urbain au niveau d'une ou plusieurs régions pour garantir la synchronisation des plans, opérations et espaces urbains couvrant leur périmètre territorial et le suivi de la réalisation des travaux.

Deux ou plusieurs communes peuvent, en vertu d'un accord conclu à cet effet, créer des groupements de services conformément à un statut type fixé par décret gouvernemental pris sur proposition du Haut Conseil des collectivités locales et sur avis de la Haute Cour administrative. »

Il est aussi prévu que la région peut conclure avec les autres collectivités locales des conventions en vue de réaliser des projets et des programmes de développement économique et social[294].

De même, au Maroc, *« les communes peuvent dans le cadre des compétences qui leur sont dévolues, conclure entre elles ou avec d'autres collectivités territoriales... des conventions de coopération ou de partenariat pour la réalisation d'un projet ou d'une activité d'intérêt commun ne justifiant pas la création d'une personne morale de droit public ou privé »*[295]. En effet, on est plutôt en présence d'une simple coordination pour régler certains problèmes ponctuels[296].

2. La coopération institutionnelle (par création d'une personne publique)

Les communes peuvent parfois créer une personne morale qui se superpose aux communes membres : cette personne morale peut être un établissement public de coopération intercommunale (E.P.C.I.).

Un établissement public de coopération intercommunale (E.P.C.I.) est une structure administrative française regroupant plusieurs communes afin d'exercer certaines de leurs compétences en commun. Il s'agit de la forme la plus aboutie

---

[294] CCL, art. 352 : « *La région peut conclure avec l'autorité centrale ou les autres collectivités locales des conventions en vue réaliser des projets et des programmes de développement économique et social* ».
[295] L. O. n° 113-14 du 7 juillet 2015 relative aux communes, art. 149.
[296] C. Guettier, article précité.

d'intercommunalité en France lorsqu'il possède une fiscalité propre (E.P.C.I.F.P.).

Au Maroc et en Tunisie, *l'initiative* de la création des établissements publics intercommunaux *appartient aux communes*.

Au Maroc, selon l'article 133 de la loi organique n° 113-14 de 2015 relative aux communes, *« il peut être constitué entre des communes liées territorialement, à leur initiative, des " établissements de coopération intercommunale ", dotés de la personnalité morale et de l'autonomie financière. / Ces établissements sont créés en vertu de conventions approuvées par les conseils des communes concernées ».*

En Tunisie, l'article 287 du code des collectivités locales prévoit la création des établissements de coopération municipale par une décision commune des conseils municipaux concernés, sans préciser s'il doit s'agir de communes limitrophes : « *Sont réputés légalement constitués les établissements de coopération municipale créés par une décision conjointe des conseils municipaux concernés et ce pour une période convenue mutuellement* ». De même, « *Chaque commune membre peut, après la délibération de son conseil, se retirer de l'établissement de coopération intercommunale* »[297].

S'il existe de nombreuses agences municipales en Tunisie, ce ne sont pas des agences des types prévus à l'article 283 du CCL qui concernent la coopération, d'une part et la préparation et les opérations d'aménagement urbain, spécifiquement, d'autre part. Par exemple, l'AMSE[298] est un établissement public purement communal dont la création a été imposée par l'Etat.

---

[297] CCL, art. 292.

[298] L'AMSE, Agence municipale des services environnementaux, est un établissement public à caractère industriel et commercial relevant de la municipalité de Tunis. Elle a été créée en janvier 1990 à la suite d'une décision du conseil des ministres de janvier 1989 chargeant la municipalité de Tunis de la gestion des décharges publiques de Henchir Lihoudia et Raoued, à la place de l'ONAS (Office national d'assainissement).

En Tunisie, il me semble que le code des collectivités locales a modifié le paysage des collectivités territoriales, en décidant de les laisser s'administrer librement, dans le respect de la légalité mais indépendamment de toute tutelle exercée *a priori*. Les actes administratifs des établissements publics intercommunaux seront cependant soumis au contrôle du juge administratif (article 284 du CCL[299]).

Le contrôle de tutelle *a priori* est annulé, les E.C.I. jouissent désormais de plus de liberté et sont soumis uniquement à un contrôle *a posteriori*. Cela signifie que l'E.C.I. est libre des programmes et actions qu'il met en place et n'a, désormais, plus besoin du feu vert de l'autorité centrale avant l'entrée en vigueur de ses actes. L'autorisation préalable n'est donc plus une condition pour que l'E.C.I. puisse réaliser ses activités. La récente loi organique a diminué la tutelle de l'autorité centrale même en matière de création des E.C.I., en y introduisant un contrôle *a posteriori* qui n'est d'ailleurs que de légalité. Concernant les établissements publics intercommunaux que constituaient les syndicats de communes (qualification précisée par l'article 103 de la loi organique de 1975), le pouvoir de contrôle du ministre de tutelle était beaucoup plus fort puisque le ministre décidait lui-même par arrêté la création du syndicat, sur proposition du gouverneur ou des conseils des communes intéressées et après avis du ministre des finances (art 102). Il lui appartenait également de décider de l'admission de nouvelles communes au sein du syndicat, dans les mêmes conditions[300]. Donc l'initiative était partagée entre le représentant de l'Etat et les communes, mais le pouvoir de décision était entièrement étatique.

---

[299] CCL, art. 284 : « *Les dispositions de la présente loi relatives au fonctionnement du conseil municipal et au contrôle a posteriori des communes sont applicables aux établissements de coopération intercommunale, tant qu'elles ne contredisent pas les dispositions du présent chapitre. Les actes administratifs des établissements de coopération intercommunale sont soumis au contrôle du juge administratif.* »

[300] Ben Letaief (M), « Les services publics locaux », in Hafedh Ben Salah, Gérard Marcou (sous la dir.), *Décentralisation et Démocratie en Tunisie*, L'Harmattan, 1999, collect. Logique juridique, p. 166.

Il faut noter que la coopération intercommunale est moins formelle en Tunisie qu'en France ; elle se base essentiellement sur les conventions et les accords que les communes passent entre elles ; le régime des institutions qu'elles peuvent créer, notamment les établissements de coopération intercommunale, reste largement ignoré par le CCL. Est-ce que ça sera le rôle du décret mentionné dans son article 21, que d'apporter des précisions quant au régime de la coopération intercommunale ? La portée de cet article 21 n'est pas claire ; il prévoit qu' « *un décret gouvernemental, pris sur avis du Haut conseil des collectivités locales et de la Haute cour administrative, détermine les modalités et procédures de coordination et de coopération entre les communes, régions et services extérieurs de l'administration centrale ainsi que les établissements et entreprises publics qui en dépendent pour garantir l'efficacité de l'action des différentes structures administratives sous réserve du respect des compétences de chaque partie* ». De toute façon, le Haut conseil n'est pas encore créé et donc le décret ne peut pas intervenir.

En Algérie, la loi est quasiment muette en ce qui concerne la création des établissements publics intercommunaux, puisqu'elle se contente de renvoyer à un texte réglementaire, « *non paru à ce jour qui va définir les modalités de création, d'organisation et de financement de l'établissement public intercommunal* »[301]. Il y a un seul article qui prévoit la création des établissements de coopération ; c'est l'article 150 de la loi relative à la wilaya, aux termes duquel « *deux ou plusieurs wilayas peuvent joindre leurs efforts pour créer des établissements inter-wilayas, pour l'administration des biens ou équipements réalisés en commun, ou dont la gestion commune est indispensable sur le plan technique et juridique* ».

[301] E. Taib, *Le nouveau statut de la commune* », IDARA, 1991 n° 1, p. 68.

B - Le respect de l'autonomie locale et la liberté de recourir à la coopération

En Tunisie, au Maroc comme en Algérie, il me semble que l'Etat laisse le soin aux collectivités locales de coopérer entre elles. Il ne leur est fait aucune obligation de s'organiser.

Au Maroc, comme en Tunisie, les constitutions ont consacré tout un ensemble de dispositions à la question de la coopération entre les collectivités territoriales. Cette coopération bénéficie donc d'une protection constitutionnelle.

Au Maroc, conformément aux dispositions de l'article 136 de la Constitution du 29 juillet 2011, la coopération est l'un des principes sur lesquels repose l'organisation territoriale du royaume. De même, l'alinéa 3 de l'article 143 dispose que « *lorsque le concours de plusieurs collectivités territoriales est nécessaire à la réalisation d'un projet, les collectivités concernées conviennent des modalités de leur coopération* ». Toujours dans le même sens, l'article 144 précise que « *les collectivités territoriales peuvent constituer des groupements en vue de la mutualisation des programmes et des moyens* ».

En Tunisie, la nouvelle constitution prévoit dans son article 140 que « *les collectivités locales peuvent coopérer et créer entre elles des partenariats, en vue de mettre en œuvre des programmes ou réaliser des actions d'intérêt commun* ».

Dans ce cadre constitutionnel, la coopération entre les collectivités locales en Tunisie n'est pas obligatoire et elle n'est pas imposée par la loi. Ainsi, selon la nouvelle loi sur les collectivités locales, l'intercommunalité repose sur la libre volonté des communes d'élaborer en commun des projets de développement, d'exercer ensemble des compétences, au sein d'espaces de solidarité[302]. Avec l'ancienne loi organique de 1975

[302] CCL, art. 281 : « *Deux ou plusieurs communes peuvent coopérer pour préparer ou réaliser des projets communs ou pour fournir des prestations d'intérêt commun par solidarité entre elles ou par souci d'économie du coût et d'efficacité ou encore pour réaliser des ouvrages techniques.*
Le district ou la région peuvent coopérer avec les communes en vue de réaliser des projets ou de fournir les prestations sus-indiquées. »

(modifiée notamment en 2006), les pouvoirs des communes en matière de coopération intercommunale s'avéraient davantage limités, illustrant l'absence d'une libre administration des affaires locales par les collectivités décentralisées, et la faible autonomie dont elles jouissaient. La tutelle de l'autorité centrale était lourde et l'autonomie des communes, réduite. On peut citer en exemple les simples conventions entre communes envisagées dans l'article 134 (nouveau) : *« Lesdites conventions sont approuvées par le gouverneur de la région, lorsque les communes appartiennent au même gouvernorat, et par le ministre de l'intérieur lorsque les communes relèvent de deux ou de plusieurs gouvernorats »*[303].

Il convient de conclure qu'au Maroc, en Tunisie et en Algérie, on laisse le choix aux communes de s'organiser si elles le veulent. En revanche, en France, la création d'une commission départementale de coopération intercommunale a été rendue obligatoire dans chaque département ; cela traduit l'existence d'une politique publique d'intercommunalité, et on a créé les organes nécessaires pour l'obtention d'un schéma de coopération, dénommé schéma départemental de coopération intercommunale. L'article 282 de la loi organique de 2018 relative au code des collectivités locales, en Tunisie, avec son possible (mais non obligatoire) « *comité mixte de coopération* », en est un écho très affaibli[304] mais ce comité pourra utilement favoriser la coopération entre collectivités territoriales et notamment les communes.

---

[303] L.O. des communes de 1975, art. 134 nouveau (modifié par L.O. n° 2006-48 du 17 juillet 2006) : « *Deux conseils municipaux ou plus peuvent conclure des conventions touchant à des questions d'intérêt commun aux communes intéressées, en vue de réaliser des projets, rendre des services ou d'exploiter des équipements. / Lesdites conventions sont approuvées par le gouverneur de la région, lorsque les communes appartiennent au même gouvernorat, et par le ministre de l'intérieur lorsque les communes relèvent de deux ou de plusieurs gouvernorats.* »

[304] CCL, art. 282 : « *Les communes appartenant à une même région peuvent créer un comité mixte de coopération qui se charge de préparer un programme de coopération intercommunale et de proposer la création d'établissements ou de projets communs de coopération dans les différents domaines relevant de leurs compétences.* »

Conséquence : on laisse aux communes le soin de s'organiser ; sommes-nous placés en déficit de politique publique nationale ou en présence du réalisme ?

Bien que les législations dans les trois pays ouvrent certaines opportunités et possibilités de coopération entre collectivités territoriales, son champ d'application reste inexploité.

II. Les problèmes apparents

Loin d'être une simple affaire de volonté, la coopération territoriale est d'abord un besoin qu'une commune, une région, devraient être naturellement conduites à satisfaire lorsqu'il est ressenti[305].

Or, dans les pays du Maghreb, le besoin d'intercommunalité ne se présente pas, pour tout un ensemble de raisons, parmi lesquelles sont à retenir les questions financières (A), l'organisation de la tutelle (B) ou plus proprement la question de la volonté des élus (C).

A - Les problèmes financiers peuvent être résolus par l'Etat

Les ressources financières sont le nerf de la guerre[306]. L'autonomie financière traduit la capacité d'une personne physique ou morale à générer, à disposer de ressources financières suffisantes et à les administrer en toute liberté de manière à faire face à ses besoins ; elle est la véritable mesure de la décentralisation[307].

Cependant, il est devenu rituel, dans toute étude portant sur les collectivités locales, de souligner la dépendance financière où

---

[305] *Coopération décentralisée, un levier pour l'intercommunalité*, article consulté le 19 septembre 2018 sur le site https://www.senat.fr/rap/r17-579/r17-579_mono.html.

[306] F. Moussa, Colloque international « *L'Etat et le Pouvoir local* », Tunis, 29-30 avril 2016, p. 7.

[307] L. Nzamba, *La considération du principe d'autonomie régionale*, mémoire de licence, Université Hassan II, Maroc, 2008, p. 15.

elles se trouvent vis-à-vis de l'Etat[308], les ressources financières locales - y compris les emprunts - ne leur permettant pas de faire face valablement à l'ensemble des charges qui leur incombent et d'être à même d'effectuer des investissements importants. Même pour des affaires considérées habituellement comme locales : voirie, eau, égouts, les communes doivent obtenir d'importantes subventions de l'Etat.

Au Maroc, l'article 9 de la loi n° 45-08 relative à l'organisation des finances des collectivités locales et de leurs groupements prévoit que « *les engagements de dépenses des collectivités locales et de leurs groupements doivent rester dans la limite des autorisations budgétaires. Ils sont subordonnés à la disponibilité des crédits budgétaires pour les opérations d'acquisition des biens et services et des postes budgétaires pour les recrutements.* »

En Tunisie, comme au Maroc, le budget de l'E.P.C.I. est alimenté par des ressources propres (par les redevances lorsqu'il rend des services), et par des subventions (de l'Etat ou des collectivités qui ont créé l'établissement).

Dans les trois pays, l'Etat doit intervenir massivement pour relancer l'activité économique. En l'absence de statistiques précises, il est difficile d'apprécier la portée exacte de cette aide de l'Etat ; on peut seulement dire qu'elle est importante et concerne aussi bien le budget de fonctionnement que celui de l'équipement. On remarque qu'il y a une évolution assez lente de la coopération entre collectivités territoriales, ce qui justifie en tout état de cause l'intervention financière des autorités centrales dans les programmes et projets locaux.

Dans ces trois pays, un écart considérable est à relever entre le cadre affiché pour la décentralisation et son application réelle. Les collectivités locales ont besoin pour accomplir leurs fonctions d'une liberté de gestion de leurs budgets et de l'aide de l'Etat.

---

[308] A. Mahiou, *Les collectivités locales en Algérie*, disponible sur http://aan.mmsh.univ-aix.fr/Pdf/AAN-1969-08_18.pdf

C'est ainsi qu'en Tunisie l'Etat s'emploie à encourager la coopération intercommunale en accordant aux établissements de coopération intercommunale des avantages fiscaux et financiers[309].

Le gouvernement devrait également fournir des ressources financières et humaines suffisantes, notamment en matière de distribution des recettes fiscales au niveau local.

En Tunisie, les pouvoirs des communes en matière de création et de gestion des services publics locaux s'avèrent cependant limités, illustrant l'absence d'une libre administration des affaires locales par les collectivités décentralisées et la faible autonomie dont elles jouissent.

En effet, plusieurs des services prévus par la loi sont gérés non pas par les communes, mais par des entreprises publiques nationales. Ainsi en est-il par exemple des services d'exploitation et de distribution des eaux ou de l'assainissement, gérés directement et respectivement par la Société Nationale d'Exploitation et de Distribution des Eaux (S.O.N.E.D.E) et par l'Office National de l'Assainissement (O.N.A.S). C'est probablement l'une des raisons qui expliquent que l'intercommunalité jusqu'à présent n'a pas connu un développement significatif en Tunisie.

La question qui se pose est bien de savoir si les communes peuvent aujourd'hui assurer elles-mêmes ces services, en régie ou en intercommunalité.

L'engagement du pays vers la décentralisation et la répartition des compétences basée sur le principe de subsidiarité supposent une revue en profondeur de l'organisation des services urbains. La situation actuelle du pays ne permet pas d'avancer des hypothèses sur les dynamiques de la mise en place de la coopération intercommunale.

---

[309] CCL, art. 285.

B - La tutelle

Au Maroc, les textes relatifs à la décentralisation prévoient une tutelle administrative rigoureuse sur les délibérations et les actes des conseils des collectivités territoriales. En effet, si les actes pris en matière financière, budgétaire ou fiscale, la gestion des services publics locaux ou la coopération et le partenariat, ont cessé de n'être exécutoires qu'après leur approbation par l'autorité de tutelle, les lois organiques de décentralisation ont remplacé l'approbation par un système de visa du gouverneur ou de l'autorité gouvernementale chargée de l'intérieur, préalable à l'exécution de certaines délibérations[310].

Bien que les principes de la libre administration et de contrôle administratif soient prévus dans la Constitution, il s'avère que le législateur marocain s'est montré craintif et hésitant et a voulu maintenir un droit de regard de l'Etat dans certains domaines jugés à risques éventuellement élevés tels que la coopération[311].

Il semble qu'au Maroc, en Tunisie et en Algérie la coopération intercommunale trouve encore des limites dans la nature des secteurs qu'elle prend en charge. Les domaines d'intercommunalité les plus éligibles à la coopération et qui réunissent le plus de communes, par exemple en France, tels que l'enseignement, le transport scolaire, la lutte contre l'incendie, la santé primaire, le secteur socioculturel... relèvent encore dans les pays du Maghreb de la compétence de l'Etat et nécessitent des moyens qui dépassent ceux des communes.

---

[310] A. Aouad, *L'impact du processus de la décentralisation au Maroc sur le rôle des walis et gouverneurs dans la mise en œuvre et la coordination des politiques publiques,* mémoire sous la direction de Gérard Marcou, 2015-2016. p. 20 ; voir supra, M. A. Benabdallah, *Le contrôle étatique sur les collectivités territoriales au Maroc*, p. 133.

[311] T. Zair, *Le principe de libre administration des collectivités territoriales*, REMALD n° 107, novembre-décembre 2012, p. 23.

C - La volonté des élus locaux

L'utilité d'une coopération entre collectivités territoriales peut être facilement ressentie par les élus locaux qui connaissent la limite de leurs moyens et l'ampleur de leurs besoins[312].

Pourtant, malgré les avantages de la coopération entre les collectivités territoriales, la coopération entre les communes n'accroche toujours pas les élus communaux, et l'intercommunalité relève plus de l'exception que de la règle. On peut rendre compte du décalage entre les pratiques localement observées et les projets politiques portés par les textes législatifs[313].

Cette performance est tout à fait dérisoire, comparée à celle observée dans les pays européens. Les raisons qui expliquent ce constat sont nombreuses. Certaines ont trait à un déficit de sensibilisation des élus sur les opportunités offertes par l'intercommunalité. D'autres résident dans la mentalité régnante chez les élus qui préfèrent rester maîtres à bord dans leur territoire et d'autres, enfin, sont le résultat de l'absence d'un cadre incitatif qui encouragerait les communes à s'engager dans la voie de l'intercommunalité[314].

La coopération entre les collectivités territoriales est certes autorisée par la législation dans ces trois pays, cependant, les modalités d'application, le financement et bien d'autres points constituent autant d'axes essentiels sans lesquels la coopération entre collectivités territoriales ne peut vraiment se concrétiser, ce qui, dans ce domaine, a laissé s'installer un grand vide.

---

[312] D. Maillard Desgrées du Loû, *Institutions administratives*, 2e édition, PUF, 2015, p. 562.
[313] J. Caillosse, *Sur quelques lieux communs de l'intercommunalité*, in Intercommunalité, Presses universitaires de Rennes, 1994, p. 23.
[314] Atelier sur l'intercommunalité organisé par le ministère de l'urbanisme et de l'aménagement du territoire au Maroc, le 8 décembre 2016, publié sur le site http://www.sdaumarrakech.ma/wp/2016/12/08/atelier-lintercommunalite.

L'EXTENSION DES HORIZONS DE LA DEMOCRATIE DANS LES COLLECTIVITES TERRITORIALES EN ALGERIE, AU MAROC ET EN TUNISIE

Dominique MAILLARD DESGRÉES DU LOÛ

Professeur de droit public à l'Université Paris Descartes
Centre Maurice Hauriou – CMH (EA 1515)

Le grand mouvement de renouvellement constitutionnel qui a traversé l'Algérie, le Maroc et la Tunisie à partir de 2011[315], a porté aussi bien sur les institutions de l'Etat que sur sa structure territoriale et l'affirmation de droits pour la population. Dans ce mouvement, les collectivités territoriales ont fait l'objet d'une attention particulière des constituants, afin d'en faire les instruments d'une décentralisation démocratique de l'Etat. Les dispositions constitutionnelles ont été complétées par des lois nécessaires à la mise en œuvre de principes nouveaux ou qui furent réaffirmés solennellement.

Le développement de la démocratie, locale et nationale, a été facilité par le fait que les Etats du Maghreb central étaient déjà parties à des conventions internationales qui leur créaient des obligations dans ce domaine dès avant 2011. S'agissant, par exemple, du rôle des femmes dans la vie publique, les trois Etats étaient parties à la convention de New York de 1979[316] sur l'élimination de toutes les formes de discrimination à l'égard des femmes, dont l'article 7 stipule que « *Les Etats parties prennent toutes les mesures appropriées pour éliminer la discrimination à*

[315] Maroc : Constitution du 29 juillet 2011 (ci-après : C. Maroc) ; Tunisie : Constitution du 27 janvier 2014 (ci-après : C. Tunisie) ; Algérie : Constitution du 7 décembre 1996 modifiée notamment par la loi constitutionnelle n° 16-01 du 6 mars 2016 (ci-après : C. Algérie). La présente édition de la communication ne tient pas compte des modifications de la constitution algérienne adoptées lors du référendum du 1er novembre 2020.

[316] Tunisie : signature en 1980, ratification en 1985 ; Maroc : adhésion en 1993 ; Algérie : adhésion en 1996.

l'égard des femmes dans la vie politique et publique du pays et, en particulier, leur assurent, dans des conditions d'égalité avec les hommes, le droit : a) De voter à toutes les élections et dans tous les référendums publics et être éligibles à tous les organismes publiquement élus... ». Certes, des ratifications peuvent être assorties de réserves, tant il est vrai que le diable se cache dans les détails[317]. En l'occurrence, aucun de ces trois pays n'a émis de réserve concernant l'application de cet article 7. L'Algérie[318], le Maroc et la Tunisie ont donc entrepris certaines de leurs réformes dans le prolongement de leurs engagements internationaux[319], d'autant mieux que certaines évolutions étaient attendues par des bailleurs de fonds[320] ou devaient accompagner l'établissement de partenariats internationaux en faisant la démonstration officielle de la bonne volonté démocratique des dirigeants. En sorte que, soutenus dans leur effort de démocratisation générale de leurs régimes politiques à partir le

---

[317] On connaît le cas des réserves émises par certains pays signataires de la convention de New York précitée qui peuvent avoir pour effet d'en vider la substance. Pour une analyse récente de cette question touchant notamment à la situation personnelle des femmes dans les pays arabes : S. Bessis, *Droits des femmes, spécificités et universalité dans le monde arabe*, Revista Europea de Derechos Fundamentales, 2017, n° 29, Genero e interculturalidad, pp. 133-142.

[318] A noter qu'en Algérie, c'est dès 2008 que la loi constitutionnelle n° 08-19 du 15 novembre 2008 a introduit un article 31 bis dans la constitution de 1996, indiquant que « *L'Etat œuvre à la promotion des droits politiques de la femme en augmentant ses chances d'accès à la représentation dans les assemblées élues* ». Cet article se retrouve tel quel dans l'actuel article 35-3 de la Constitution, depuis la révision de 2016.

[319] L'Algérie (en 2004), le Maroc (en 1976) et la Tunisie (en 1968) ont également adhéré à la convention de New York du 31 mars 1953 sur les droits politiques de la femme. Selon son article 2, *« Les femmes seront, dans des conditions d'égalité avec les hommes, éligibles à tous les organismes publiquement élus, constitués en vertu de la législation nationale, sans aucune discrimination. »*

[320] « *A la suite des événements du printemps arabe en 2011, l'Union européenne a actualisé sa politique européenne de voisinage et s'est tournée vers le principe du "donner plus pour recevoir plus", l'aide étant liée à la transition démocratique et à la "solidité de la démocratie"* » : extrait de la page internet « *Promotion de la démocratie et observation des élections* », Fiches thématiques sur l'Union européenne, www.europarl.europa.eu/factsheets/fr/sheet/166/promotion-de-la-democratie-et-observation-des-elections (consultée le 29 mai 2019).

plus souvent de 2011, ces trois pays l'ont été également dans l'organisation d'une décentralisation plus démocratique, le développement de la bonne gouvernance et la réalisation d'une société plus inclusive.

Dès avant les révolutions arabes, l'Assemblée parlementaire du Conseil de l'Europe avait adopté la résolution 1680 (2009) sur la création d'un statut de « partenaire pour la démocratie », proposant « *un nouveau statut pour la coopération institutionnelle avec les parlements des Etats non membres des régions voisines qui souhaitent bénéficier de l'expérience de l'Assemblée en matière de renforcement de la démocratie et participer au débat politique sur les enjeux communs dépassant les frontières européennes* »[321]. Ce statut suppose de prendre des

---

[321] Dans sa résolution 1831 (2011) du 4 octobre 2011, « *La coopération entre le Conseil de l'Europe et les démocraties émergentes dans le monde arabe* », l'Assemblée parlementaire du Conseil de l'Europe reconnaît la myopie des Etats et organisations européennes ayant empêché de voir et de soutenir les exigences de liberté des populations des pays arabes, notamment méditerranéens. Elle affirme ensuite (§ 8) que, « *Aujourd'hui, l'Europe doit contribuer à une transition pacifique vers la démocratie et vers le respect des droits de l'homme dans les pays arabes concernés..., dans un esprit d'humilité et de respect mutuel, et empêcher que des régimes militaires ou théocratiques se mettent en place ou qu'une absence prolongée d'autorité dégénère en chaos* ». Elle expose ce qu'il convient de faire dans cet objectif. Les § 8-4 à 8-6 intéressent particulièrement notre sujet. « *Il importe notamment : (...) 8-4. de réviser et, au besoin, de réformer la législation nationale, y compris le droit de la famille, afin de la rendre conforme au droit international sur l'égalité des genres assurant aux femmes les mêmes droits et chances que les hommes, et pour garantir aux femmes l'exercice de ces droits et leur participation pleine et entière, sur un pied d'égalité, à la vie sociale et politique, notamment aux processus démocratiques de transition, en votant et en se présentant aux élections, et en créant des entreprises ; 8-5. de soutenir les pays concernés afin qu'ils puissent développer une démocratie régionale et locale ; 8-6. de prendre en compte l'avis des organismes de la société civile qui promeuvent la démocratie, les droits de l'homme et l'Etat de droit, de développer un dialogue avec eux et de les aider à devenir plus forts* ». Par ailleurs, l'Assemblée « *encourage les autorités des pays arabes situés dans le voisinage de l'Europe (...) 14-1. à s'inspirer des conventions du Conseil de l'Europe en matière de droits de l'homme (...) 14-2. à promouvoir le dialogue et la coopération entre leurs parlements et l'Assemblée, notamment à la lumière du statut de partenaire pour la démocratie récemment créé* ».

engagements précis[322]. Le parlement du Maroc a été le premier à le demander, le 22 février 2010, et à l'obtenir. Il s'est notamment engagé à « *encourager la participation équilibrée des femmes et des hommes à la vie publique* ». Après diverses vérifications et rapports sur la demande et dans le contexte d'une évolution constitutionnelle alors en cours[323], l'Assemblée parlementaire du Conseil de l'Europe, par sa résolution 1818 (2011) du 21 juin 2011, a accordé le statut au parlement marocain, non sans rappeler, dans le paragraphe 8, « *les mesures concrètes* » que « *l'Assemblée considère... essentielles pour renforcer la démocratie, l'Etat de droit et le respect des droits de l'homme et des libertés fondamentales au Maroc* ». Parmi celles-ci (point 8.7) se trouve la nécessité de « *consolider la démocratie locale et régionale* ». Enfin, agissant dans le cadre de la « politique de voisinage du Conseil de l'Europe », le Congrès des pouvoirs locaux et régionaux du Conseil de l'Europe a créé le statut de « partenaire pour la démocratie locale » auprès du Congrès, par la résolution 376 (2014) du 16 octobre 2014. Cette création est expressément liée aux « *changements politiques intervenus depuis 2011 dans les pays du sud de la Méditerranée, et en particulier en Tunisie et au Maroc* » [324]. Ce statut implique, lui aussi, que le bénéficiaire respecte un certain nombre d'engagements en matière de développement de la démocratie locale.

Le 2 avril 2019, le Maroc fut le premier Etat à devenir partenaire pour la démocratie locale[325]. Le 6 mai 2019, le

---

[322] V. l'article 60 du règlement de l'Assemblée parlementaire, issu de la résolution 1698 (2009) sur la modification de diverses dispositions du règlement de l'Assemblée parlementaire, énonçant les conditions et les modalités régissant l'octroi du statut de partenaire pour la démocratie. L'article 60 est entré en vigueur en janvier 2010. Son paragraphe 1 prévoit la possibilité pour l'Assemblée de formuler, si nécessaire, les conditions spécifiques à remplir avant ou après l'octroi du statut. Son paragraphe 2 expose les engagements formels qu'un parlement doit se proposer de prendre.

[323] Le référendum sur la constitution a eu lieu au Maroc le 1er juillet 2011, le texte étant promulgué le 29 juillet suivant.

[324] Résolution CG376 (2014), § 1.

[325] Résolution CG36 (2019) 07. V. par exemple : https://www.coe.int/fr/web/congress/home//asset_publisher/FR3MTv.

gouvernement tunisien et de la Fédération des villes tunisiennes ont présenté une demande d'octroi de ce statut.

Ces statuts coexistent avec la « politique de voisinage du Conseil de l'Europe » qui a été décidée par le comité des ministres au cours de sa 121e session les 10 et 11 mai 2011, à Istanbul. Cette politique entend notamment faciliter la transition politique démocratique et contribuer à promouvoir une bonne gouvernance. Elle va bénéficier de financements des Etats membres du Conseil et de l'Union européenne. Dans le cadre de cette politique, des relations sont établies avec le Conseil de l'Europe à la demande des Etats. L'Algérie s'est tenue à l'écart de cette politique de voisinage, mais après de premières expériences jugées positives avec la Jordanie, le Maroc et la Tunisie, pendant les années 2012 à 2014, celle-ci a débouché sur l'établissement de « partenariats de voisinage » avec ces trois pays pour la période 2015-2017[326]. La reconduction d'un partenariat de voisinage a d'ores et déjà été décidée avec ces trois pays, couvrant la période 2018-2021, et formalisée pour le Maroc et la Tunisie[327]. Là encore, les documents définissent des actions précises à entreprendre de part et d'autre, avec des indicateurs de résultats.

C'est dans ces contextes, celui de la participation déjà ancienne à des conventions internationales, celui de la participation à des organisations internationales (notamment européennes) attentives à la promotion de la démocratie simultanément aux niveaux national et local, incluant réellement de nouveaux acteurs dans la décision (notamment les femmes, les jeunes), celui, enfin, du choix de nouvelles constitutions, que

---

[326] Le partenariat repose sur deux éléments : « *Un Dialogue pour la coopération de voisinage qui donne un cadre au dialogue politique au plus haut niveau (...) Des Priorités de coopération de voisinage qui reflètent un accord formel sur des priorités spécifiques* » (d'après le site internet du Conseil de l'Europe présentant la « *Politique du Conseil de l'Europe à l'égard des régions voisines* » : https://www.coe.int/fr/web/der/policy-towards-neighbouring-regions).

[327] Pour le Maroc, voir : https://search.coe.int/cm/Pages/result_details.aspx?ObjectId=09000016807954c2
Pour la Tunisie, voir : https://search.coe.int/cm/Pages/result_details.aspx?ObjectId=09000016807954e7

les Etats du Maghreb central ont renouvelé leurs corpus législatifs relatifs à la décentralisation et à la démocratie locale. Tout n'a pas été pour autant sans discussion ; la rédaction des lois a quelquefois été longue et controversée, les partis politiques et leurs élus ne donnant pas toujours la même portée aux principes. Malgré ces difficultés, il en est ressorti un enrichissement de la décentralisation, dans les textes, comportant une extension des horizons de la démocratie, et de véritables réalisations. La décentralisation a pu être présentée comme un moyen pour les Etats d'assurer le développement plus équilibré des territoires, au profit réel des populations locales. Elle a aussi été quelquefois voulue par les pouvoirs centraux afin de clarifier les niveaux de responsabilité. Le discours du roi du Maroc, « adressé à la Nation à l'occasion du 62e anniversaire de la Révolution du Roi et du Peuple » le 20 août 2015, soit avant les élections locales, est éclairant à cet égard. C'est principalement l'occasion pour le roi de rappeler que l'Etat ne peut pas et n'a pas à tout faire et que les électeurs doivent avoir présent à l'esprit que ce sont leurs futurs élus qui seront comptables de leur bien-être, « *au regard des vastes compétences que la Constitution et la loi réservent aux conseils des régions et des collectivités locales* »[328]. Ainsi chargées de nouvelles responsabilités, les collectivités doivent être à même d'entraîner l'adhésion des populations à leur action, alors qu'elles connaissent souvent, tout autant que l'Etat, la désaffection des citoyens[329].

Avec plus ou moins de succès, le pouvoir politique, s'exprimant à travers le pouvoir constituant et le pouvoir législatif, a recherché cette adhésion de la société dans son ensemble, aux institutions et à son action. Il a posé certains

---

[328] Voir des extraits de ce discours in *Les Nouvelles lois organiques relatives aux collectivités territoriales*, Textes réunis et coordonnés par M. Benyahya, Publications de la Revue Marocaine d'Administration locale et de Développement, coll. Textes et documents, n° 287, 2016, p. 20.

[329] La participation des électeurs aux élections locales peut être un bon indicateur du phénomène. Ainsi, les taux d'abstention aux élections locales sont les suivants : Maroc, élections régionales et élections municipales du 4 septembre 2015 : 47 % ; Algérie, élections du 23 novembre 2017, assemblées populaires communales : 53,07 %, assemblées populaires de wilayas : 55,04 % ; Tunisie : élections municipales du 6 mai 2018 : 64,4 %.

principes qui, étant constitutionnels et généraux, trouvent leur application aussi bien au niveau étatique qu'à celui des collectivités territoriales[330]. Ainsi, les constituants, suivis par les législateurs, ont cherché à mieux impliquer certaines parties de la population jusqu'ici exclues de la vie politique nationale ou locale, en fait sinon en droit.

D'un côté, les lois électorales ont été radicalement révisées, alors que le fonctionnement des assemblées locales était précisé. De l'autre, des textes ont donné à la population et à la société civile des garanties juridiques d'intervention dans l'administration locale et son contrôle.

Ainsi, se dégagent deux grandes masses d'informations à découvrir : la démocratie s'est élargie en ce qui concerne la composition des assemblées et leur fonctionnement ; elle s'est aussi élargie en sortant des assemblées et en s'ouvrant de diverses façons à l'action de la population, en dehors du temps électoral, par de nouveaux droits reconnus aux citoyens en tant que tels et à la société civile.

De la sorte, la démocratie locale n'est plus exclusivement l'apanage de l'électeur et de l'élu, dans un cadre de démocratie représentative ; elle ajoute à celui-ci de nombreux éléments de démocratie dite participative, voire de démocratie semi-directe.

---

[330] Ainsi « *L'État garantit le droit à l'information et le droit d'accès à l'information* » (C. tunisienne, art. 32), ce qui dépasse la question de la liberté de communication en général ; en Tunisie, cette garantie a pris la voie d'une loi organique, n° 2016-22 du 24 mars 2016, relative au droit d'accès à l'information, dont le champ d'application est largement défini à l'article 2 et inclut les organismes publics locaux et régionaux et les collectivités locales. Selon l'article 32, « *Tout organisme assujetti aux dispositions de la présente loi, doit désigner un chargé d'accès à l'information et son suppléant par décision prise à cet effet, comportant les principales données permettant d'identifier leurs identités, leurs grades et leurs emplois fonctionnels* ». Pièce centrale de la garantie des droits organisée par la loi, « *Est créée une instance publique autonome, dénommée " Instance d'accès à l'information ", dotée de la personnalité morale et dont le siège est à Tunis* » (L.O. précitée, art. 37).

C'est ce que cette communication propose de voir en étudiant dans un premier temps, l'élargissement de la démocratie dans les conseils (I) et dans un second temps, les nouveaux droits pour le citoyen et la société civile (II).

I. L'élargissement de la démocratie et les conseils locaux

S'agissant des conseils locaux, il faut d'abord reconnaître ce qui est commun aux trois pays : la volonté, claire et constante, de favoriser la participation à la vie administrative locale de publics qui en semblaient exclus, en fait ou en droit, y compris, dans certains cas, en en rendant concrètement possible l'élection dans les différents conseils ; de la sorte, les conseils élus apparaissent plus proches de la population (A). Un certain nombre de dispositions, plus ou moins complètes suivant les pays, traduisent ces préoccupations d'ouverture dans les structures et le fonctionnement des conseils locaux (B).

A - Des conseils plus proches de la population

Allant au-delà des dispositions qui, par leur généralité, peuvent s'appliquer aussi bien à la sphère privée qu'à la sphère de la vie publique et politique, nationale ou locale, telles que celles qui condamnent toute discrimination ou qui affirment le principe d'égalité entre les femmes et les hommes[331], l'Algérie, le Maroc et la Tunisie ont réformé leurs constitutions et législations respectives pour faciliter la participation de catégories particulières de la population à la vie publique locale, soit par la composition du corps électoral, soit par celle des conseils eux-mêmes. Dans le détail, les dispositions ne sont évidemment pas les mêmes et certains pays sont plus précis que d'autres.

---

[331] En les considérant parfois sous l'angle de leur égalité de citoyens : C. Algérie, art. 32 ; C. Maroc, art. 19 ; C. Tunisie, art. 21.

1. Les dispositions constitutionnelles

Tous les pays du Maghreb ont voulu, depuis 2011, lutter contre la sous-représentation des femmes dans les conseils locaux. Certes, rien n'interdisait en théorie qu'elles y fussent élues, mais à l'instar de la Constitution française de 1958, qui prévoit depuis une révision de 1999 que « *La loi favorise l'égal accès des femmes et des hommes aux mandats électoraux et fonctions électives* »[332], les constitutions comportent aujourd'hui une reconnaissance de responsabilités particulières de l'Etat ou de la nation à l'égard des femmes. C'est le cas depuis 2008 en Algérie[333], 2011 au Maroc et 2014 en Tunisie. Elles affirment aussi, mais parfois moins clairement, une responsabilité de l'Etat à l'égard des jeunes gens, qui ont aussi traditionnellement peu d'accès à la vie publique élective.

S'agissant des femmes, la Constitution algérienne prévoit que « *Les institutions ont pour finalité d'assurer l'égalité en droits et devoirs de tous les citoyens et citoyennes en supprimant les obstacles qui entravent l'épanouissement de la personne humaine et empêchent la participation effective de tous, à la vie politique, économique, sociale et culturelle* »[334] ; que « *L'Etat œuvre à la promotion des droits politiques de la femme en augmentant ses chances d'accès à la représentation dans les assemblées élues* »[335] et encore que « *L'Etat encourage la promotion de la femme aux responsabilités dans les institutions et administrations publiques ainsi qu'au niveau des entreprises* »[336].

La Constitution tunisienne est plus énergique encore. Elle ne se contente pas d'accroître des chances, elle prétend offrir aux

---

[332] C. du 4 octobre 1958, art. 1er, alinéa 2, rédaction de la loi constitutionnelle n° 99-569 du 8 juillet 1999 relative à l'égalité entre les femmes et les hommes.
[333] V. la révision constitutionnelle du 15 novembre 2008, avec l'introduction d'un article 31 bis dans la Constitution de 1996 ; v. *supra*, note 318.
[334] C. Algérie, art. 34.
[335] C. Algérie, art. 35-3, qui poursuit : « *Les modalités d'application de cet article sont fixées par une loi organique* » ; v. L. O. n° 12-03 du 12 janvier 2012 fixant les modalités augmentant les chances d'accès de la femme à la représentation dans les assemblées élues.
[336] C. Algérie, art. 36.

femmes des garanties. Ainsi l'Etat, en Tunisie, « *veille à garantir la représentativité de la femme dans les assemblées élues* »[337]. Par ailleurs, « *L'Etat garantit l'égalité des chances entre l'homme et la femme pour l'accès aux diverses responsabilités et dans tous les domaines* » et il « *s'emploie à consacrer la parité entre la femme et l'homme dans les assemblées élues* »[338].

Quant à la Constitution marocaine, elle reconnaît également la responsabilité de l'Etat dans la promotion de la participation féminine à la démocratie locale de façon plus ou moins directe. D'une façon générale, « *Les pouvoirs publics œuvrent à la création des conditions permettant de généraliser l'effectivité de la liberté et de l'égalité des citoyennes et des citoyens, ainsi que de leur participation à la vie politique, économique, culturelle et sociale* »[339], ils « *mettent en œuvre les moyens nécessaires à la promotion de la participation des citoyennes et des citoyens aux élections* »[340] ; « *L'Etat marocain œuvre à la réalisation de la parité entre les hommes et les femmes* »[341]. Plus précisément, « *La loi prévoit des dispositions de nature à favoriser l'égal accès des femmes et des hommes aux fonctions électives* »[342] et une loi organique doit fixer « *les conditions de gestion démocratique de leurs affaires par les régions et les autres collectivités territoriales... ainsi que le régime électoral et les dispositions visant à assurer une meilleure participation des femmes au sein (des) Conseils* » locaux[343]. Les textes, au moins, sont d'une intention claire.

Les jeunes gens doivent aussi bénéficier de l'attention de l'Etat.

La Constitution algérienne le montre, tout en restant muette quant à un éventuel développement de l'implication de la

---

337 C. Tunisie, art. 34 (selon la terminologie de la traduction française officielle de la Constitution).
338 C. Tunisie, art. 46.
339 C. Maroc, art. 6.
340 C. Maroc, art. 11.
341 « *Il est créé, à cet effet, une Autorité pour la parité et la lutte contre toutes formes de discrimination* » : ibid.
342 C. Maroc, art. 30, al. 1er.
343 C. Maroc, art. 146.

jeunesse dans la vie administrative locale[344]. La Constitution marocaine ressemble sur ce point à l'algérienne, restant très générale. Selon son article 33, « *Il incombe aux pouvoirs publics de prendre toutes les mesures appropriées en vue de : (...) - étendre et généraliser la participation de la jeunesse au développement social, économique, culturel et politique du pays* », ce qui peut inclure une action en vue de la participation aux élections et conseils locaux, mais c'est la vie nationale qui est expressément visée. Le même article 33 crée un « *Conseil consultatif de la jeunesse et de l'action associative* », « *chargé d'étudier* », selon l'article 170, « *et de suivre les questions intéressant ces domaines et de formuler des propositions sur tout sujet d'ordre économique, social et culturel intéressant directement les jeunes et l'action associative, ainsi que le développement des énergies créatives de la jeunesse, et leur incitation à la participation à la vie nationale, dans un esprit de citoyenneté responsable* »[345].

C'est le constituant tunisien qui a été le plus exigeant. Sans doute l'est-il en souvenir du rôle joué par la jeunesse dans la révolution de 2011. Alors que « *La jeunesse est une force active dans la construction de la patrie* », dit l'article 8 de la Constitution, « *L'Etat assure les conditions propices au développement des capacités de la jeunesse et à la mise en œuvre de ses potentialités. Il encourage les jeunes à assurer leurs responsabilités et à élargir leur contribution au développement social, économique, culturel et politique* » (même article). Ce que traduit l'article 133 suivant : « *Les collectivités locales sont dirigées par des conseils élus... La loi électorale garantit la*

---

[344] La jeunesse est, selon le préambule de la constitution algérienne, « *au centre de l'engagement national à relever les défis économiques, sociaux et culturels, un engagement dont elle sera, avec les générations futures, (la principale) bénéficiaire...* ». Par ailleurs, l'article 37 de la Constitution la présente comme « *une force vive dans la construction du pays. L'Etat veille à réunir toutes les conditions à même de développer ses capacités et dynamiser ses énergies.* ». Enfin, il est créé un « *Conseil supérieur de la jeunesse, instance consultative placée auprès du Président de la République* » (C. Algérie, art. 200).

[345] Une loi n° 89-15 relative au Conseil consultatif de la jeunesse et de l'action associative a été promulguée par dahir n° 1-17-112 du 2 janvier 2018.

représentation des jeunes au sein des conseils des collectivités locales ».

2. Les lois électorales et la composition des conseils

Les lois électorales adoptées par les trois pays assurent de façon plus ou moins exigeante la concrétisation de ces objectifs démocratiques, allant au-delà parfois des exigences apparentes de la constitution. Si les femmes ont partout suscité des dispositions spécifiques, dont la portée est très différente d'un pays à l'autre, la Tunisie a également pris de telles dispositions à l'égard des jeunes, des personnes handicapées et des militaires.

L'Algérie a été le premier Etat à réformer sa loi électorale pour élever la présence de femmes dans les conseils locaux, en application de principes prévus dès 2008[346]. Cette réforme est un des fruits les plus visibles et nouveaux des travaux de la Commission nationale de consultation sur les réformes politiques (CNCRP)[347] dont le rapport a été remis en juin 2011. Encore ce fruit aurait-il pu être différent, les députés des partis au pouvoir (FLN et RND) ayant amendé le projet gouvernemental, devenu la loi organique n° 12-03 du 12 janvier 2012 fixant les modalités augmentant les chances d'accès de la femme à la représentation dans les assemblées élues. Ces modalités restent applicables dans le cadre de la loi organique n° 16-10 du 25 août 2016 relative au

[346] Sur la modification de la situation des femmes en politique et dans la société algérienne en général, voir : Nouria Benghabrit-Remaoun, *Femmes en politique : une minorité en émergence ?* in Hassan Remaoun (dir.), *L'Algérie aujourd'hui : approches sur l'exercice de la citoyenneté*, chapitre 6, p. 135, Centre de recherche en anthropologie sociale et culturelle, éd., 2012 ; Louisa Dris-Ait Hamadouche, *Les femmes dans le système politique algérien, entre inclusion sélective et exclusion ciblée*, Insanyat, Revue algérienne d'anthropologie et de sciences sociales, 2016-74, p. 75.

[347] La CNCRP, encore appelée « commission Bensalah » du nom de son président, Abdelkader Bensalah, président du Conseil de la nation, a été mise en place à la suite d'un discours du président Bouteflika lu à la télévision nationale le 15 avril 2011. Par son existence et ses travaux, cette commission devait servir au pays à éviter le passage par les émeutes d'un printemps arabe. Sur le contexte politique de la réforme, v. Ahmed Aghrout, Yahia H. Zoubir, *Algérie : des réformes politiques pour éluder le « printemps arabe »*, in Bichara Kader (coordination), *Le printemps arabe, un premier bilan*, Alternatives sud, vol. 19-2012/2, p. 137, Editions Syllepse.

régime électoral. Pour l'élection des assemblées populaires communales et de wilayas, cette loi a établi un scrutin de liste, avec représentation proportionnelle et application de la règle du plus fort reste[348].

La loi algérienne de 2012 a institué un système complexe. Toutes les wilayas sont concernées, mais non pas toutes les communes. Elle prévoit que « *le nombre de femmes figurant sur les listes de candidatures, qu'elles soient indépendantes ou présentées par un ou plusieurs partis politiques, ne doit pas être inférieur aux proportions définies ci-dessous, proportionnellement au nombre de sièges à pourvoir...*

Elections des assemblées populaires de wilayas :

- 30 % lorsque le nombre de sièges est de 35, 39, 43 et 47 sièges,

- 35 % lorsque le nombre de sièges est de 51 à 55 sièges.

Elections des assemblées populaires communales :

- 30 % pour les assemblées populaires communales situées aux chefs-lieux des daïras et au sein des communes dont le nombre d'habitants est supérieur à vingt mille (20 000) habitants. »[349]

Un certain nombre de communes ne sont donc pas concernées par cette obligation.

L'article 3 prévoit que « *Les sièges sont répartis en fonction du nombre de voix obtenues par chaque liste. Les proportions fixées à l'article 2 ci-dessus, sont obligatoirement réservées aux candidates femmes selon leur classement nominatif dans les listes.* »

Ainsi la présence de femmes est-elle assurée à la fois sur les listes et dans les conseils ; elle se traduit, au moment de l'attribution des sièges, par la désignation de femmes quel que soit leur rang d'apparition dans les listes.

---

[348] L.O. n° 16-10 du 25 août 2016 relative au régime électoral, art. 65 et 66.
[349] L.O. n° 12-03 du 12 janvier 2012, art. 2.

Il existe des garanties au système. Les listes non conformes sont rejetées et ne peuvent concourir[350]. Par ailleurs, des incitations financières sont prévues par l'article 7 : « *Les partis politiques peuvent bénéficier d'une aide financière spécifique de l'Etat, selon le nombre de leurs candidates élues aux assemblées populaires communales, de wilayas et au Parlement* », ce qui peut inciter les partis à aller au-delà des minima prévus par la loi.

Ces dispositions devaient mécaniquement assurer une certaine représentation féminine dans les assemblées. Le ministère de l'intérieur a publié sur son site internet deux tableaux, édités le 24 novembre 2017, soit le lendemain des élections locales du 23 novembre 2017. Il s'agit de résultats « préliminaires ». Les statistiques ne comportent l'indication du nombre de femmes élues que pour les assemblées populaires communales, ce qui permet de voir l'influence des communes de 20 000 habitants et moins dans la détermination du nombre d'élues. Nous sommes loin des 30 %, obligatoires dans les listes et dans les conseils des communes de plus de 20 000 habitants. Ainsi, selon ces résultats provisoires, 4 132 femmes ont été élues sur 24 876 sièges pourvus, soit 16,61 % des élus.

Au Maroc, la loi organique 34-15 du 16 juillet 2015 a introduit des dispositions plus favorables aux femmes dans la loi organique 59-11 du 21 novembre 2011 relative à l'élection des membres des conseils des collectivités territoriales.

Au niveau régional, la loi organique de 2011 a établi un « *scrutin de liste à la représentation proportionnelle suivant la règle du plus fort reste, sans panachage ni vote préférentiel* »[351]. Ses articles 76 et 77, complétés par l'article 85, ont été réformés. L'article 76 (qui garantissait déjà une présence féminine dans les conseils des régions, mais de façon différente), garantit aujourd'hui aux femmes un quota de sièges du tiers au moins

[350] L.O. n° 12-03 du 12 janvier 2012, art. 5. L'alinéa 2 prévoit que « *Toutefois, un délai est accordé pour la conformité des listes de candidats aux dispositions de (l'article 2)... sans que ce délai n'excède le mois précédant la date du scrutin* ».

[351] L.O. n° 59-11 du 21 novembre 2011 relative à l'élection des membres des conseils des collectivités territoriales, art. 78.

dans les conseils des régions. A cette fin, chaque liste de candidature est divisée en deux parties (art 85, al. 2 nouveau) : la seconde partie des listes de candidatures est réservée exclusivement aux femmes, qui peuvent néanmoins se porter également candidates sur l'autre partie (qui, de ce fait, n'est pas réservée exclusivement aux hommes). « *La candidate classée en première position sur la partie réservée aux femmes est considérée comme tête de liste et dispose des mêmes droits que la tête de liste de candidature concernée* » (art. 85, al. 2).

Le système électoral, s'agissant des communes, varie selon l'importance démographique de celles-ci[352]. Certaines comportent des arrondissements qui ont leurs conseils. Dans les communes de plus de 35 000 habitants, et dans les arrondissements, les membres des conseils sont élus au scrutin de liste, à la représentation proportionnelle à un tour, avec recours à la règle du plus fort reste, sans panachage ni vote préférentiel. Dans les communes de 35 000 habitants ou moins, ils sont élus au scrutin uninominal à un tour.

Rien n'était prévu, en 2011, pour favoriser l'élection de femmes dans les communes. La réforme de 2015 a inséré un article 128 bis dans la loi de 2011. Cet article réserve aux femmes un nombre fixe de sièges, variable suivant la configuration de la commune. Ces sièges réservés sont pour partie des sièges prélevés sur le total des sièges des assemblées tel qu'il est fixé par la loi aux articles précédents, et pour partie des sièges supplémentaires. Si ces sièges sont réservés aux femmes, elles ne sont pas pour autant privées de leur droit de candidater aux autres sièges. Le nombre de sièges réservés est à peu près égal à un sixième des sièges prévus pour chaque commune.

Pour les communes relevant du scrutin de liste, le système à deux parties décrit pour les régions est repris, pour garantir aux femmes le nombre de sièges réservés prévu à l'article 128 bis.

Le tout donne l'impression d'une construction alambiquée. Il aurait été plus simple de procéder par scrutin de liste avec alternance des candidatures par sexe, mais cela n'aurait été

[352] L.O. n° 59-11 du 21 novembre 2011, précitée, art. 130.

possible que dans le cadre de l'acceptation d'une parité totale. Le système trouve sa sanction dans l'article 8 de la loi de 2011 qui prévoit le rejet des candidatures « *en infraction avec l'une des règles posées* » par la loi.

Il a été précisé hier que les élections locales avaient donné un résultat de 21 % de femmes parmi les élus, ce qui va au-delà du sixième prévu par les textes, il est vrai pour toutes les communes quelle que soit leur importance. C'est intéressant, car si on compare avec le système algérien, par exemple, qui prévoit 30 % pour un nombre limité de communes, celui-ci a abouti à 16,61 % de femmes élues au total.

En ce qui concerne la Tunisie, la constitution et les lois n'ont pas seulement favorisé la participation des femmes à la vie politique locale, elles ont aussi voulu ouvrir celle-ci à d'autres publics. C'est l'œuvre de la loi organique n° 2017-7 du 14 février 2017 modifiant et complétant la loi organique n° 2014-16 du 26 mai 2014 relative aux élections et référendums, cette dernière ne traitant à l'origine que des élections nationales et des référendums nationaux.

S'agissant de l'électorat, après des discussions fournies au parlement, la loi électorale a ouvert aux militaires la possibilité de voter aux élections municipales et régionales. L'article 6 de la loi organique du 26 mai 2014 disposait initialement que « *ne (pouvaient) être inscrits sur le registre des électeurs... les militaires, tels que définis dans les statuts généraux des militaires et des agents des forces de sûreté intérieure* ». Cette disposition a été abrogée en 2017, tandis qu'un article 6 bis nouveau de la loi du 26 mai 2014 prévoit que « *Sont inscrits au registre des électeurs, les militaires et les agents des forces de sécurité intérieure exclusivement pour les élections municipales et régionales.* » En revanche, l'éligibilité leur a été refusée[353]. Le

---

[353] L.O. n° 2014-16 du 26 mai 2014, relative aux élections et aux référendums, modifiée par la L.O. n° 2017-7 du 14 février 2017, art. 49 ter, dernier alinéa : « *Les militaires et les agents des forces de sécurité intérieure ne peuvent se porter candidats aux élections municipales et régionales* ».

Maroc n'a pas non plus saisi l'occasion de la réforme de sa loi de 2011 relative à l'élection des membres des conseils des collectivités locales, en 2015, pour accorder l'éligibilité aux militaires[354].

Par ailleurs, la loi du 14 février 2017 traduit les préoccupations du constituant tunisien à l'égard des femmes, des jeunes et des personnes handicapées.

Conformément au programme de l'article 46 de la Constitution[355], la loi du 14 février 2017 a adopté le principe de la parité des sexes dans la composition des listes électorales dans le but d'approcher le plus possible la parité dans les conseils. Elle envisage même cette parité dans deux dimensions. A la parité dite verticale, la seule consacrée, par exemple, en France, la loi ajoute l'exigence de la parité dite horizontale qui constitue une particularité du système tunisien.

La parité verticale est celle qui doit être vérifiée au sein de chaque liste. « *Les candidatures pour le mandat de membre des conseils municipaux et régionaux sont présentées sur la base du principe de parité entre femmes et hommes et de la règle de l'alternance entre eux sur la liste.*

Les listes qui ne respectent pas ces règles sont irrecevables »[356].

Ajoutons que, selon l'article 52 bis inséré par la loi organique n° 2017-7 du 14 février 2017, « *Les militaires et les agents des forces de sécurité intérieure ne peuvent participer aux campagnes électorales et aux réunions partisanes et toute activité ayant trait aux élections.*
Tout militaire ou agent de sécurité qui participe aux activités définies dans l'alinéa précédent, est révoqué par décision du Conseil d'honneur ou de discipline après qu'il lui (a été*) permis d'exercer son droit à la défense.* »

[354] Voir L.O. n° 59-11 du 21 novembre 2011, relative à l'élection des membres des conseils des collectivités territoriales, art. 6 § 4. Au contraire, les droits de vote et d'éligibilité (sous réserves) des membres de l'Armée nationale populaire et des fonctionnaires des corps de sécurité existent en Algérie.

[355] C. Tunisie, art. 46 : « *L'Etat s'emploie à consacrer la parité entre la femme et l'homme dans les assemblées élues* ».

[356] L.O. n° 2014-16 du 26 mai 2014, modifiée par L.O. n° 2017-7 du 14 février 2017, art. 49 nonies.

La parité horizontale s'entend de la parité entre les femmes et les hommes « *à la tête des listes partisanes et celles de coalition qui se présentent dans plus d'une circonscription électorale* »[357]. Une régularisation des listes qui ne respectent pas cette règle est toutefois possible dans le délai imparti par l'Instance supérieure indépendante pour les élections (ISIE), instance qui est également compétente pour déterminer les listes qui doivent être annulées à défaut de régularisation.

De façon très remarquable, la loi de 2017 a aussi prévu[358] que « *Chaque liste candidate doit inclure, parmi les trois premiers, une candidate ou un candidat âgé de trente-cinq ans au plus le jour de la présentation de la demande de candidature* » ; que « *Chaque liste candidate doit également inclure dans le reste de la liste respectivement parmi tous les six candidats, une candidate ou un candidat âgé de trente-cinq ans au plus le jour de la présentation de la demande de candidature* » et que « *La liste qui ne respecte pas ces conditions est irrecevable* »[359]. Enfin, « *Chaque liste candidate doit inclure, parmi les dix premiers, une candidate ou un candidat porteur d'un handicap physique et titulaire d'une carte de handicap.* » La sanction est ici financière : « *La liste qui ne respecte pas ces conditions est privée de la subvention publique* »[360].

Sur tous ces points, la Tunisie fait sans doute figure de pionnière.

Quels sont les résultats de toutes ces nouveautés ?

Les élections locales du 6 mai 2018, en Tunisie, ont d'abord été marquées par une très faible participation. Avec 64,4 % d'abstentionnistes, il est clair que les électeurs n'ont pas vu un grand changement dans les propositions qui leur étaient faites, même si elles incluaient plus de femmes, plus de jeunes, plus de personnes handicapées. Néanmoins, en ce qui concerne les élus, l'application de la loi a bien produit les effets escomptés.

---

357 *Ibid.*

358 En application de l'article 133 de la Constitution.

359 L.O. n° 2014-16 du 26 mai 2014, modifiée, art. 49 decies.

360 L.O. n° 2014-16 du 26 mai 2014, modifiée, art. 49 undecies.

Selon les résultats annoncés par l'ISIE, 37 % des élus aux élections municipales sont âgés de moins de 35 ans[361] et 47 % sont des femmes. Les femmes étaient à 29 % têtes de liste, comme à Tunis où la liste présentée par Ennahda était emmenée par Mme Souad Abderrahim, qui fut élue maire après avoir gagné les élections[362].

Les conseils municipaux ne sont finalement pas totalement paritaires, car les listes indépendantes ont été très nombreuses à se présenter[363]. Ne se présentant que dans une seule municipalité, elles n'étaient pas tenues de respecter la parité horizontale. Ayant un homme pour tête de liste, c'est souvent lui seul qui a été élu. Or ces listes indépendantes ont fait une belle percée, au point qu'on a parlé de camouflet pour les partis institutionnels.

Enfin, parmi les listes candidates aux élections municipales figuraient dix-huit listes présidées par des personnes porteuses de handicap (treize hommes et cinq femmes), a indiqué l'Instance supérieure indépendante pour les élections (ISIE) lors d'une conférence de presse à Tunis. Il y aurait eu 1 400 candidats porteurs de handicap. Je n'ai trouvé aucune information quant aux candidats élus.

B - Des règles nouvelles pour les conseils locaux

Des dispositions nombreuses tendent à améliorer le caractère démocratique des structures et du fonctionnement des conseils locaux, en agissant dans plusieurs directions. Parmi celles-ci, on voit que les législations tendent à favoriser la parité entre les femmes et les hommes, à reconnaitre une opposition disposant d'un certain nombre de droits et responsabilités, à mieux définir les droits des élus, dans leur ensemble. Les préoccupations sont souvent les mêmes mais les solutions nationales sont évidemment différentes. Les nouveautés les plus marquantes se

---

361 Malgré cette entrée des jeunes dans les conseils municipaux, une très forte abstention dans la jeunesse a été enregistrée.

362 V. par exemple : https://www.france24.com/fr/20180510-tunisie-ennahda-municipales-souad-abderrahim-mairie-tunis-capitale-femme.

363 Sur 2074 listes en compétition, plus de 800 étaient des listes d'indépendants.

trouvent au Maroc et en Tunisie[364], alors qu'un nouveau code des collectivités territoriales est attendu en Algérie depuis déjà plusieurs années[365].

1. Le cas marocain

Au Maroc, un nouveau cadre de l'administration locale a été adopté en 2015, grâce à trois lois organiques promulguées le 7 juillet 2015 : la loi organique n° 111-14 relative aux régions, la loi organique n° 112-14 relative aux préfectures et provinces et la loi organique n° 113-14 relative aux communes. Des inspirations identiques parcourent parfois ces trois lois, mais on trouve aussi quelques particularités.

Ainsi, les trois lois favorisent l'attribution d'un certain nombre de vice-présidences des conseils locaux à des femmes, sans pouvoir en garantir aucune. Les élections ont lieu au scrutin de liste, mais aucune alternance stricte entre les femmes et les hommes candidats sur une liste n'est imposée. Toutefois, la loi organique relative aux communes prévoit une obligation nouvelle : « *Il faut œuvrer à ce que chaque liste de candidatures à la vice-présidence comprenne un nombre de femmes candidates non inférieur au tiers des postes de vice-présidence* »[366]. Cette obligation est également nouvelle pour la composition des listes de candidatures aux vice-présidences des conseils de région et des conseils de préfecture ou de province, à

---

[364] Quelles que soient les avancées du Maroc et de la Tunisie en ce qui concerne le fonctionnement des assemblées locales et leur rôle, elles restent en partie en retrait sur ce que prévoit la Constitution égyptienne de 2014, dont l'article 180 dispose : « *Les conseils locaux... exercent les divers outils de contrôle sur les appareils exécutifs : propositions, questions, demandes d'informations, interpellations, y compris les motions de censure contre les présidents des unités locales dans les conditions prévues par la loi* ». Ces dernières n'existent ni au Maroc ni en Tunisie.

[365] La loi n° 11-10 du 22 juin 2011 relative à la commune serait, par ailleurs, peu appliquée.

[366] Art. 17.

propos desquelles les deux lois concernées invoquent, cette fois, l'article 19 de la Constitution et le principe de parité[367].

Les trois lois organiques favorisent aussi la parité dans la présidence des commissions permanentes, celle-ci n'étant pourtant pas assurée dans les faits. Ainsi, on lit pour les communes que « *Le conseil élit parmi les membres de chaque commission, en dehors des membres du bureau, à la majorité relative des membres présents, un président pour chaque commission et son adjoint... Doit être pris en compte, dans la candidature à la présidence des commissions permanentes, le principe de la parité entre les hommes et les femmes prévu par l'article 19 de la Constitution.* »[368] Des dispositions identiques sont prévues pour les autres collectivités territoriales[369]. Il peut y avoir loin de la candidature à l'élection.

Les lois marocaines reconnaissent la possibilité d'une majorité et d'une opposition au sein de tous les conseils, puisqu'elles apportent à cette dernière au moins une garantie : dans les conditions établies par le règlement intérieur, « *la présidence d'une commission permanente est réservée à l'opposition* »[370]. Ce règlement intérieur indiquera sans doute dans quelles conditions se reconnaissent les élus de la majorité et ceux de l'opposition.

La distinction entre la majorité et l'opposition est accompagnée de la possibilité de former des groupes d'élus. A vrai dire, pas dans toutes les collectivités, ce qui est surprenant. La loi organique régionale est celle qui leur consacre les

---

[367] L.O. n° 111-14 relative aux régions, art. 19 et L.O. n° 112-14 relative aux préfectures et provinces, art. 18 : « *En vue d'atteindre la parité prévue par l'article 19 de la Constitution, il faut œuvrer à ce que chaque liste de candidatures à la vice-présidence comprenne un nombre de femmes candidates non inférieur au tiers des postes de vice-présidence* ».

[368] L.O. n° 113-14 relative aux communes, art. 26.

[369] L.O. n° 111-14 relative aux régions, art. 29 et L.O. n° 112-14 relative aux préfectures et provinces, art. 27.

[370] L.O. n° 111-14 relative aux régions, art. 30 ; L.O. n° 112-14 relative aux préfectures et provinces, art. 28 ; L.O. n° 113-14 relative aux communes, art. 27.

dispositions les plus nombreuses[371]. Dans les conseils régionaux, « *Les membres du conseil peuvent constituer des groupes en vue de coordonner leurs actions* » et « *le président du conseil met en place les moyens nécessaires à même de faciliter les réunions de ces groupes.* »[372] Un membre des groupes de l'opposition est désigné par le conseil de la région pour siéger dans le comité de supervision et de contrôle de l'Agence régionale d'exécution des projets[373]. Les présidents de groupes perçoivent des indemnités de représentation et de déplacement[374].

Le contrôle des élus sur les affaires qui intéressent les collectivités se renforce[375], soit à titre individuel, soit en passant par un groupe d'élus.

Comme par le passé[376], « *les membres du conseil en exercice, peuvent, à titre individuel ou par le biais du groupe auquel ils appartiennent, demander par écrit au président l'inscription à l'ordre du jour des sessions de toute question faisant partie des attributions du conseil* ». Mais dorénavant, cette inscription est obligatoire, dans les communes, les préfectures et les régions,

---

[371] A noter que dans les communes, les groupes ne semblent devoir exister que dans les conseils des communes à régime d'arrondissement : cf. L.O. n° 113-14 du 7 juillet 2015, art. 7. Ils sont ignorés dans les conseils des préfectures ou des provinces.

[372] L.O. n° 111-14 relative aux régions, art. 27.

[373] L.O. n° 111-14, art. 132.

[374] L.O. n° 111-14, art. 55.

[375] Les conditions de la démission forcée du président d'un conseil par les élus, qui n'était et ne reste prévue qu'en ce qui concerne le président du conseil de la région, ont été rendues plus restrictives par l'article 73 de la L.O. n° 111-14 du 7 juillet 2015, qui a privilégié la stabilité des exécutifs régionaux. Comparer avec l'article 16 de la loi n° 47-96 du 2 avril 1997 relative à l'organisation de la région.

[376] L. n° 78-00 du 3 octobre 2002 portant charte communale, art. 59 al. 2 : « *Tout conseiller ou groupe de conseillers peut proposer par écrit au président l'inscription à l'ordre du jour des sessions de toute question entrant dans les attributions du conseil. Le refus d'inscription de toute question ainsi proposée doit être motivé et notifié sans délai aux parties intéressées* ». L. n° 79-00 du 3 octobre 2002 relative à l'organisation des collectivités préfectorales et provinciales, art. 50 ; L. n° 47-96 du 2 avril 1997 relative à l'organisation de la région, art. 25.

« *dans le cas où une demande écrite… est présentée par la moitié des membres du conseil* »[377].

Pour les trois collectivités est aussi apparu un nouveau droit : les questions écrites, individuelles ou collectives, sont autorisées. « *Les membres du conseil de la commune peuvent adresser, à titre individuel ou par le biais du groupe auquel ils appartiennent, des questions écrites au président du conseil sur toute affaire concernant les intérêts de la commune. Ces questions sont inscrites à l'ordre du jour de la session du conseil qui suit la date de leur réception, à condition qu'elles parviennent au président un mois avant la tenue de la session. Les réponses à ces questions font l'objet d'une séance réservée à cette fin… / Le conseil de la commune réserve aux réponses aux questions posées une seule séance par session. / Le règlement intérieur du conseil fixe les modalités de publicité des questions et des réponses.* » A défaut de réponse lors de cette séance, la question est inscrite, à la demande du membre ou des membres concernés, dans l'ordre du jour de la séance réservée aux réponses aux questions lors de la session suivante[378]. Des dispositions analogues se retrouvent pour les conseils de préfectures ou de provinces et les conseils de région[379].

2. Le cas tunisien

En Tunisie a été adoptée, après de longs travaux de préparation, la loi organique n° 2018-29 du 9 mai 2018 relative au code des collectivités locales, dont l'article 5 déclare que « *Les communes, les régions et les districts sont dirigés par des conseils élus* ». Les conditions entourant la désignation des

---

[377] L.O. n° 111-14 relative aux régions, art. 43 ; L.O. n° 112-14 relative aux préfectures et provinces, art. 41 ; L.O. n° 113-14 du 7 juillet 2015 relative aux communes, art. 39.

[378] L.O. n° 113-14, art. 46.

[379] L.O. n° 111-14 relative aux régions, art. 49 ; L.O. n° 112-14 relative aux préfectures et provinces, art. 47. Dans cette loi, il est écrit que « *Les membres du conseil de la préfecture ou de la province peuvent adresser, à titre individuel ou collectif, des questions écrites…* » et non pas « *à titre individuel ou par le biais du groupe auquel ils appartiennent* », ce qui corrobore le sentiment que les groupes d'élus n'ont pas été envisagés par le législateur dans les conseils de ces collectivités.

divers organes de ces collectivités et leur fonctionnement poursuivent au niveau institutionnel les objectifs de la loi électorale, en ce qui concerne la parité entre les hommes et les femmes, l'attention portée aux jeunes et aux personnes handicapées et le contrôle démocratique.

Pour l'ensemble des collectivités, les dispositions générales prévoient que, « *hormis les cas d'impossibilité, le président et son premier adjoint doivent être de sexes différents. L'âge du président ou de l'un des deux adjoints doit être inférieur à 35 ans.* »[380] Dans les communes dont le territoire est divisé en arrondissements, « *est créé, dans chaque arrondissement, un comité consultatif, dit conseil d'arrondissement, composé de cinq membres au moins, désignés parmi les membres du conseil municipal, par décision du président de la commune et après délibération dudit conseil.*

Sont prises en considération dans la désignation des membres du conseil d'arrondissement le principe de parité et la représentation des jeunes »[381].

Les collectivités locales veillent à mettre à la disposition des membres des conseils élus ayant un handicap les moyens appropriés pour accomplir leurs missions[382].

Les réunions des conseils locaux à la demande des élus, voire des électeurs, sont facilitées. Ainsi, dans les communes et les régions, le conseil tient obligatoirement une session tous les trois mois. « *Il tient également des réunions chaque fois que nécessaire à la demande de son président, du tiers de ses membres* » (et non plus de la moitié au moins[383]) « *ou d'un dixième des électeurs inscrits dans le registre des électeurs* » de

[380] L.O. n° 2018-29 du 9 mai 2018, art. 7.
[381] Art. 229.
[382] Art. 10.
[383] En Algérie, la convocation n'est obligatoire qu'à la demande des deux tiers des membres de l'assemblée populaire communale (L. n° 11-10 du 22 juin 2011 relative à la commune, art. 17) mais également du tiers de ses membres de l'assemblée populaire de wilaya (L. n° 12-07 du 21 février 2012 relative à la wilaya, art. 15).

la commune ou de la région[384], ce qui constitue un droit nouveau pour eux, inexistant au Maroc et en Algérie. Dans les communes, la participation des habitants à la préparation des séances du conseil au cours d'une réunion préliminaire – une originalité de la loi organique des communes de 1975[385] – a été maintenue dans une rédaction plus précise : il ne s'agit plus seulement d'écouter « *leurs interventions sur les questions d'ordre local* », mais d'« *écouter leurs opinions et doléances sur les affaires locales* »[386].

Des commissions permanentes (obligatoires) ou *ad hoc* sont formées au sein des conseils, dans les conditions suivantes : « *La composition des différentes commissions s'effectue sur la base de la représentation proportionnelle des différentes listes ayant remporté les élections du conseil. Hormis les cas d'impossibilité, sont prises en considération dans la composition des commissions respectivement le principe de parité, la représentativité des jeunes et la corrélation entre la spécialité des membres du conseil et le domaine d'intervention de la commission* »[387]. Et comme au Maroc, l'opposition (si elle existe) a la grande probabilité, sinon la certitude, de détenir la présidence d'une commission, cette fois désignée par la loi. C'est ainsi que, « *hormis le cas de l'inexistence d'autres listes électorales, la présidence de la commission chargée des affaires financières et économiques est attribuée à un membre du conseil* » (municipal ou régional) « *qui n'appartient pas aux listes sur lesquelles ont été élus le président et son premier adjoint* »[388].

Si les groupes politiques ne sont pas mentionnés dans la loi organique des collectivités locales, peut-être pourront-ils être créés dans le cadre des règlements intérieurs adoptés par chaque conseil. Il est acquis, en revanche, que ces règlements devront fixer « *les conditions et les procédures régissant les questions*

---

[384] Communes : art. 216 ; régions : art. 311.
[385] L.O. n° 75-33 du 14 mai 1975 portant promulgation de la loi organique des communes, art. 32 (rédaction de 2006).
[386] L.O. n° 2018-29 du 9 mai 2018, art. 216.
[387] Communes : art. 210 ; régions : art. 308.
[388] Communes : art. 210 ; régions : art. 308.

orales relatives aux affaires » de la commune ou de la région « *ainsi que l'organisation des séances d'audition du président, de ses adjoints, des présidents d'arrondissements* » (dans les communes) « *ou des présidents de commissions* »[389]. Le caractère oral de la procédure est de nature à accroître son intérêt en favorisant la spontanéité des interventions. Le public, d'ailleurs, ne peut pas être que connivent ! « *Lors des sessions du conseil régional, il est réservé des places, à titre d'observateurs, aux membres de l'Assemblée des Représentants du Peuple élus dans les circonscriptions électorales situées dans la région et aux présidents des communes de la région. / D'autres places sont réservées aux représentants des syndicats des ouvriers et des patrons, des organisations nationales, des chambres d'industrie et de commerce concernées par la région ainsi qu'aux médias et composantes de la société civile intéressées par l'activité de la région et inscrits sur un registre spécial tenu par le directeur exécutif de la région.* »[390] Dans les communes, « *Il est réservé un siège au représentant du conseil régional pour assister aux réunions en tant qu'observateur. / Lors des séances du conseil municipal, il est également réservé une place aux organisations de la société civile et aux médias* »[391]. Reste à savoir quelle sera la largeur de cette place…

Si l'on voit ici la société civile entrer dans l'enceinte d'un conseil local, c'est parce que la Tunisie, comme le Maroc, et bien davantage que l'Algérie, ont inscrit dans leurs textes une conception moderne de la démocratie locale, qui ne se joue pas uniquement dans les enceintes des conseils locaux. De nouveaux droits peuvent être exercés directement par les citoyens et les acteurs de la société civile dans le cadre de procédés de démocratie directe ou de démocratie participative.

II. De nouveaux droits pour les citoyens et la société civile

Il semble bien que sur tous les continents, la démocratie locale élargisse son horizon en franchissant les murs entre lesquels

---

[389] Communes : art. 222 ; régions : art. 318.
[390] L.O. n° 2018-29 du 9 mai 2018, art. 315.
[391] Art. 219.

siègent les assemblées locales. Toutefois l'introduction de procédés de démocratie directe, avec un plein pouvoir de décision confié aux électeurs, ou de démocratie participative, rencontre encore de nombreuses résistances, quand ce n'est pas simplement, ici ou là, du désintérêt. Il faut se rappeler qu'en France la possibilité d'organiser des référendums locaux permettant aux citoyens de décider à la place des conseils n'a été introduite dans la constitution qu'en 2003, et qu'auparavant, ils étaient impossibles.

Les trois pays du Maghreb central ont considéré qu'il était devenu urgent d'ouvrir les voies de la participation des citoyens à la vie publique au-delà du seul acte électoral, par eux-mêmes ou par leurs organisations. Ils ont tous pris acte de ce que la démocratie participative s'imposait comme une exigence démocratique moderne, autant que la reconnaissance du rôle de la société civile. Les constitutions l'ont fait, sans toujours trop préciser ce qu'il fallait entendre par là. Le soin en est revenu aux législateurs, en sorte que la portée reconnue au principe de démocratie participative au niveau local a été variable selon les pays (A). L'Algérie, sur ce plan, est nettement plus réservée que le Maroc et la Tunisie qui ont, au surplus, ouvert des procédures de démocratie semi-directe aux citoyens, assistés ou non par la société civile (B).

A - La portée variable de la reconnaissance constitutionnelle de la démocratie participative et de la société civile

Les constitutions des trois pays évoquent la société civile et la démocratie participative. En Algérie, cette reconnaissance paraît assez formelle, la constitution n'apportant pas beaucoup de précisions sur sa portée, notamment en ce qui concerne la vie publique locale (1). Les dispositions textuelles sont beaucoup plus abondantes au Maroc et en Tunisie (2).

1. Une portée restreinte en Algérie

En procédant à la double reconnaissance évoquée ci-dessus, la constitution algérienne est restée très générale. Pour l'instant, le législateur n'y a puisé qu'une inspiration peu explicite et n'a ouvert que des perspectives assez vagues à la participation concrète de la société civile à la vie publique locale. Ce qui ne veut pas dire que les choses ne bougent pas.

La Constitution algérienne, réformée en 2016, ne semble envisager la société civile qu'au niveau national. Elle a constitutionnalisé un organe dont les résultats paraissaient controversés, le Conseil national économique et social, « *cadre de dialogue, de concertation et de proposition dans le domaine économique et social. / Il est le conseiller du Gouvernement* »[392]. Selon son article 205, « *Le Conseil a notamment pour mission : - d'offrir un cadre de participation de la société civile à la concertation nationale sur les politiques de développement économique et social* ». Aucune référence n'est faite au rôle de la société civile dans l'administration locale. La constitution en revanche, depuis 2016, dispose que « *L'Etat encourage la démocratie participative au niveau des collectivités locales* »[393]. Mais l'article 17 dispose que « *L'Assemblée élue (dans les communes et les wilayas) constitue l'assise de la décentralisation et le lieu de la participation des citoyens à la gestion des affaires publiques.* » Il n'y a pas de renvoi à une loi pour la mise en œuvre de ces principes constitutionnels. Faut-il comprendre que la participation des citoyens ne peut se faire que par l'intermédiaire de l'assemblée ?

Nous avons entendu hier matin Mme Ghaouti nous dire que ce n'était pas tant par l'individu que cette participation à la vie locale se réalisait, que par les associations[394]. La démocratie participative, c'est aussi la participation de la société civile, et les associations en font partie. J'ai également pris note de ce que Mme Ghaouti a insisté sur le rôle joué par le Conseil économique et social en matière de démocratie participative, à travers notamment les Assises nationales de la société civile en 2012, et de ce que, à cette occasion, elle a précisé que les associations plus que les personnes faisaient vivre cette démocratie participative.

---

[392] C. Algérie, art. 204.
[393] C. Algérie, art. 15.
[394] V. supra, S. Ghaouti, *L'appréhension de la décentralisation en Algérie dans la loi n° 11-10 du 22 juin 2011 relative à la commune*, pp. 35 et s.

Il demeure que le cadre juridique de la démocratie participative à l'échelle des collectivités territoriales reste embryonnaire. Il n'existe au niveau législatif que pour les communes. La loi n° 11-10 du 22 juin 2011 relative à la commune indique exactement que « *La commune est l'assise territoriale de la décentralisation et le lieu d'exercice de la citoyenneté. Elle constitue le cadre de participation du citoyen à la gestion des affaires publiques* », ce que n'est pas la wilaya[395]. La loi insiste dans son article 11 : « *La commune constitue le cadre institutionnel d'exercice de la démocratie au niveau local et de gestion de proximité* », et encore dans son article 103 : « *L'assemblée populaire communale constitue* un *cadre d'expression de la démocratie ; elle est l'assise de la décentralisation et* le *lieu de participation du citoyen à la gestion des affaires publiques* »[396].

C'est ainsi à l'assemblée populaire communale de s'organiser pour faire participer les citoyens à la vie publique dans le cadre de la démocratie participative ou « *de gestion de proximité* ». La loi y consacre un bref titre III dans sa première partie, intitulé : « *La participation des citoyens à la gestion des affaires de la commune* », mais les formulations sont peu précises.

Dès lors, « *L'assemblée populaire communale prend toute mesure pour informer les citoyens des affaires les concernant et les consulter sur les choix des priorités d'aménagement et de développement économique, social et culturel, dans les conditions définies par la présente loi* » (art. 11). La loi ne définit pas les conditions de la consultation. D'une façon moins claire, la loi prévoit aussi que « *Pour réaliser les objectifs de démocratie locale, dans le cadre de la gestion de proximité visée à l'article 11 ci-dessus, l'assemblée populaire communale veille à mettre en place un encadrement adéquat des initiatives locales, visant à intéresser et à inciter les citoyens à participer au règlement de leurs problèmes et à l'amélioration de leurs conditions de vie.*

---

395 L. n° 11-10 du 22 juin 2011, art. 2. Rien de tel dans la loi n° 12-07 du 21 février 2012 relative à la wilaya.

396 C'est moi qui insiste sur « un » et « le ».

/L'organisation de ce cadre s'effectue conformément à la législation et à la réglementation en vigueur ».

La détermination du cadre de la démocratie participative n'a pas encore été faite, à ma connaissance, au niveau national. Pourtant l'Etat ne s'est pas désintéressé de la question, en accord avec l'injonction de l'article 15 de la Constitution. Il agit en coopération avec des organisations internationales.

Deux programmes peuvent être cités. Le programme *SPRING* est géré par le ministère algérien du commerce et financé par l'Union européenne. Il s'agit officiellement d'un « *programme d'appui à la gouvernance politique et économique en Algérie* » dans le cadre de l'accord d'association entre l'Algérie et l'Union. D'après sa propre propagande, ce programme vise, entre autres aspects, à « *appuyer le ministère de l'intérieur et des collectivités locales dans son appropriation des outils de la démocratie locale participative, et ce par le moyen de la formation des fonctionnaires du secteur, des élus locaux et des acteurs de la société civile.* » Ce programme doit être exécuté entre le 19 décembre 2013 et le 18 décembre 2019.

Il existe aussi un programme *CapDel*, acronyme pris pour « *Programme de Renforcement des Capacités des Acteurs Locaux du Développement* ». Une brochure le présente ainsi en 2017[397] : *« Démocratie participative et développement local » est (sic) promu par le Ministère de l'Intérieur et des Collectivités Locales (MICL) et le Programme des Nations Unies pour le Développement, avec l'appui du Ministère des Affaires Etrangères (MAE) et de l'Union Européenne (UE). Il vise, à travers le renforcement des capacités des acteurs locaux du développement, la promotion d'une gouvernance locale concertée et transparente, le renforcement de la cohésion sociale, et l'émergence d'une économie locale solidaire et*

---

397 Voir aussi Mohamed Dahmani, Directeur national du programme CapDel : « *Le CapDel est justement une approche modèle, une sorte de laboratoire nous permettant de construire petit à petit l'expérience algérienne en matière de gouvernance locale concertée.* » : Entretien in « Djanet expérimente les premiers pas de la démocratie participative », *El Watan* du 21 octobre 2017, repris sur le site d'Algeria Watch : https://algeria-watch.org/?p=12928.

diversifiée. »[398] Dix communes pilotes y ont été intégrées, dans le but de préparer, dans chacune d'elle, une méthode en vue de l'élaboration participative de documents concernant leur développement local et la gestion des risques et catastrophes. Il est ressorti du premier atelier du lancement national du programme la nécessité d'élaborer par commune une charte communale de la participation citoyenne, dont les jalons ont été posés au cours de cette première session.

Visiblement, l'Etat algérien cherche encore, mais activement, sa voie vers la pratique de la démocratie participative et son domaine d'application. La préparation des plans de développement locaux, qui sont réduits actuellement le plus souvent à des enveloppes budgétaires attribuées par l'Etat, devraient être un terrain où elle se développera, comme c'est aussi le cas au Maroc et en Tunisie, mais du fait, cette fois, de dispositions constitutionnelles plus précises, ayant fait par ailleurs l'objet de textes d'application.

2. Des dispositions plus exigeantes au Maroc et en Tunisie

Au Maroc, les responsabilités de l'Etat dans ce domaine, affirmées par la Constitution elle-même, sont très importantes.

Le préambule de la Constitution pose que le Maroc veut être « *un Etat moderne ayant pour fondements les principes de participation, de pluralisme et de bonne gouvernance* ». L'article premier renchérit : « ... *Le régime constitutionnel du Royaume est fondé sur la séparation, l'équilibre et la collaboration des pouvoirs, ainsi que sur la démocratie citoyenne et participative, et les principes de bonne gouvernance et de la corrélation entre la responsabilité et la reddition des comptes* ». Selon l'article 6, « *Les pouvoirs publics œuvrent à la création des conditions permettant de généraliser l'effectivité de leur participation* (des

398 Pour la brochure, voir : https://www.dz.undp.org/content/dam/algeria/docs/Rapport%20Capdel.pdf. On y lit aussi : « *Le Programme est cofinancé par les trois partenaires : 2,5 millions d'euros par le Gouvernement Algérien, 7,7 millions d'euros par l'Union Européenne, et 170 000 euros par le PNUD* ».

citoyens et des citoyennes*) à la vie politique, économique, culturelle et sociale* ».

L'article 12 est intéressant, car il élargit officiellement la démocratie participative aux associations et aux ONG et donc à la société civile, qu'il vise d'ailleurs expressément[399]. Selon lui, « *Les associations intéressées à la chose publique, et les organisations non gouvernementales, contribuent, dans le cadre de la démocratie participative, à l'élaboration, la mise en œuvre et l'évaluation des décisions et des projets des institutions élues et des pouvoirs publics. Ces institutions et pouvoirs doivent organiser cette contribution conformément aux conditions et modalités fixées par la loi.* » Cette disposition, qui vise « *les institutions élues* », intéresse clairement « *l'élaboration, la mise en œuvre et l'évaluation des décisions et des projets* » des assemblées des régions, des préfectures et des provinces et des communes.

L'article 13 ajoute un devoir pour les pouvoirs publics : « *Les pouvoirs publics œuvrent à la création d'instances de concertation, en vue d'associer les différents acteurs sociaux à l'élaboration, la mise en œuvre et l'évaluation des politiques publiques* ». Ces « instances de concertation » ne visent-elles que les « politiques publiques » de l'Etat ? Cela n'est pas dit. En tout cas, l'article 139 de la Constitution prévoit que « *Des mécanismes participatifs de dialogue et de concertation sont mis en place par les conseils des régions et les conseils des autres collectivités territoriales pour favoriser l'implication des citoyennes et des citoyens, et des associations dans l'élaboration et le suivi des programmes de développement.* »

Les dispositions générales des articles 14 et 15 de la Constitution prévoient aussi que les citoyennes et les citoyens ont un droit de présenter des propositions en matière législative, et des pétitions aux pouvoirs publics. Eu égard au contexte (l'initiative législative), il pourrait ne s'agir ici que des

---

[399] C. Maroc, art. 12 : « *Les associations de la société civile et les organisations non gouvernementales se constituent et exercent leurs activités en toute liberté, dans le respect de la Constitution et de la loi.* »

« *pouvoirs publics* » de l'Etat[400], mais là encore, s'agissant spécifiquement des collectivités territoriales, il est prévu par l'article 139 alinéa 2 la possibilité d'adresser une pétition en vue de demander l'inscription à l'ordre du jour du conseil d'une question relevant de sa compétence. Cette pétition peut être présentée par des citoyens ou des associations.

Les mesures précitées doivent être mises en œuvre par des lois organiques. Il s'agit des trois lois organiques déjà citées du 7 juillet 2015, relatives respectivement aux régions, aux préfectures et provinces et aux communes.

Enfin, la Constitution de la Tunisie paraît particulièrement rigoureuse à l'égard des collectivités locales. Elle leur impose, également en son article 139, « (d'adopter) *les mécanismes de la démocratie participative et les principes de la gouvernance ouverte, afin de garantir une plus large participation des citoyens et de la société civile à l'élaboration des projets de développement et d'aménagement du territoire et le suivi de leur exécution, conformément à la loi.* » Reste à savoir si la démocratie participative peut déborder le domaine envisagé par la constitution.

En revanche, elle ne dit rien de la possibilité d'organiser des référendums locaux, alors que ce sera une des principales ouvertures de la démocratie locale vers les citoyens introduite en Tunisie par le code des collectivités locales.

B - Des corpus juridiques innovants au Maroc et en Tunisie

En Tunisie comme au Maroc, ces principes constitutionnels de participation et d'inclusion de la société civile ont été particulièrement développés par des textes d'application. Chaque pays apporte cependant des droits nouveaux, mais différents.

---

[400] C. Maroc, article 14 : « *Les citoyennes et les citoyens disposent, dans les conditions et les modalités fixées par une loi organique, du droit de présenter des propositions en matière législative.* » ; article 15 : « *Les citoyennes et les citoyens disposent du droit de présenter des pétitions aux pouvoirs publics. Une loi organique détermine les conditions et les modalités.* »

1. Les progrès de la démocratie participative au Maroc et le droit de pétition

La démocratie participative se traduit dans les trois lois organiques du 7 juillet 2015 par la présence d'un court chapitre de deux articles traitant des « *mécanismes participatifs de dialogue et de concertation* »[401].

Le premier article indique que, « *conformément aux dispositions du premier alinéa de l'article 139 de la Constitution, les conseils* » des régions, les conseils des préfectures et des provinces et les conseils des communes « *mettent en place des mécanismes participatifs de dialogue et de concertation pour favoriser l'implication des citoyennes et citoyens, et des associations dans l'élaboration, le suivi et l'évaluation des programmes de développement* », pour les régions et les préfectures, ou « *des plans d'action* », dans les communes. Les collectivités semblent avoir la maîtrise des procédures, puisqu'elles sont appelées à agir « *selon les modalités fixées dans (leur) règlement intérieur* ». Cependant les lois organiques prévoient que « *la procédure d'élaboration* » du programme de développement pour la région et pour les préfectures ou les provinces et du plan d'action, pour les communes, celle « *de son suivi, de son actualisation, de son évaluation et des mécanismes de dialogue et de concertation pour son élaboration* », « *est fixée par voie réglementaire* »[402].

Le second article crée, auprès des conseils locaux, des conseils consultatifs (ou « *instances consultatives* »), « *en partenariat avec les acteurs de la société civile* ». Un seul conseil consultatif se trouve créé dans les préfectures ou les provinces et dans les communes, conseil qui existe aussi dans les régions. Il est chargé « *de l'étude des affaires* (régionales, préfectorales ou provinciales, communales) *relatives à la mise en œuvre des principes de l'équité, de l'égalité des chances et de l'approche*

---

[401] L.O. n° 111-14 relative aux régions : art. 116, 117 ; L.O. n° 112-14 relative aux préfectures et provinces : art. 110, 111 ; L.O. n° 113-14 relative aux communes : art. 119, 120.

[402] L.O. n° 111-14 : art. 86 ; L.O. n° 112-14 : art. 82 ; L.O. n° 113-14 : art. 81 ; ceci semble renvoyer à un règlement étatique.

genre » (sic). La région dispose en outre de deux autres organes consultatifs, dont l'un est « (chargé) *de l'étude des affaires régionales à caractère économique* », « *en partenariat avec les acteurs économiques de la région* »[403].

Le règlement intérieur de chaque conseil fixe les modalités de composition et de fonctionnement de ces organes consultatifs.

Le Maroc se distingue aussi des autres pays étudiés en ce qu'il a mis l'accent sur la pétition comme moyen de participation à la démocratie locale. En précisant que « *les citoyennes et les citoyens et les associations peuvent exercer le droit de pétition en vue de demander l'inscription à l'ordre du jour du Conseil, d'une question relevant de sa compétence* », l'article 139 ouvre un nouveau droit au Maroc. Toutefois, les pétitions ne peuvent bien avoir que cet objet. Des dispositions quasi identiques ont été adoptées par les trois lois organiques, inscrites dans un chapitre traitant « *Des conditions d'exercice par les citoyennes, les citoyens et les associations du droit de pétition* »[404]. Les lois distinguent les pétitions présentées par les citoyennes et les citoyens de celles qui sont présentées par les associations. Les conditions requises pour qu'une pétition soit constituée sont libérales. Par exemple, le nombre de signatures requis pour les pétitions présentées par les citoyens paraît très bas et les autres conditions sont peu difficiles à remplir[405]. Les conditions

---

[403] L.O. n° 111-14 relative aux régions, art. 117.

[404] L.O. n° 111-14 relative aux régions : art. 118, à 122 ; L.O. n° 112-14 relative aux préfectures et provinces : art. 112 à 116 ; L.O. n° 113-14 relative aux communes : art. 121 à 125.

[405] V. par exemple pour les régions, v. l'article 120 de la L.O. n° 111-14 :
« *Les citoyennes et les citoyens pétitionnaires doivent satisfaire aux conditions suivantes :*
- être des résidents de la région concernée ou y exercer une activité économique, commerciale ou professionnelle ;
- avoir un intérêt commun dans la présentation de la pétition ;
- le nombre des signatures ne doit pas être inférieur :
• à 300 pour les régions dont la population est inférieure à 1 000 000 d'habitants ;
• à 400 pour les régions dont la population est comprise entre 1 000 000 et 3 000 000 d'habitants ;

d'exercice du droit de pétition par les associations sont également très libérales. Ainsi, il n'est pas dit que la pétition présentée par une association doive être appuyée par des signatures. Le nombre minimum de 101 adhérents n'est imposé qu'aux associations qui entendent déposer une pétition au conseil de préfecture ou au conseil de province[406]. La condition la plus difficile à remplir est que les associations pétitionnaires doivent « *être reconnues et constituées au Maroc conformément à la législation en vigueur depuis plus de trois ans et fonctionner conformément aux principes démocratiques et à leurs statuts* ».

La pétition, accompagnée des pièces justificatives, est déposée contre un récépissé, délivré immédiatement, auprès du président du conseil de la collectivité. Après contrôle de sa recevabilité par le bureau, la pétition recevable est inscrite à l'ordre du jour du conseil de la session ordinaire suivante. La décision du bureau refusant la recevabilité de la pétition doit être motivée. Elle est notifiée au mandataire des citoyens ou au représentant légal de l'association, selon le cas, dans un délai de deux mois à compter de la date de la réception de la pétition. Un recours est alors possible.

Les lois organiques prévoient que la forme de la pétition et les pièces justificatives qui doivent y être jointes sont fixées par voie réglementaire. Il s'agit des décrets (identiques pour les trois collectivités) du 6 octobre 2016[407]. Les règles instituées sont encore une fois très libérales.

• *à 500 pour les régions dont la population est supérieure à 3 000 000 d'habitants.*
Les signataires doivent être répartis selon leur lieu de résidence effective, sur les préfectures et les provinces de la région, à condition que leur nombre dans chaque préfecture ou province relevant de la région ne soit pas inférieur à 5% du nombre requis. »

[406] L.O. n° 112-14 relative aux préfectures et provinces, art. 115 : « *avoir un nombre d'adhérents supérieur à 100* ». L'absence de précision sur ce point dans les deux autres lois organiques surprend. Une association avec trois adhérents pourrait ainsi imposer à un conseil régional ou un conseil communal de délibérer sur sa demande.

[407] D. n° 2-16-401 du 6 octobre 2016 fixant la forme de la pétition déposée auprès du président du conseil de la région et les pièces justificatives qui

Comme l'Algérie[408], le Maroc a pris des mesures permettant de développer l'esprit de la démocratie participative dans la population, ce qui apparaît en miroir de ses ambitions affichées en matière de formation des élus locaux à la bonne gouvernance[409]. D'une façon générale, il a rejoint (en 2018) le Partenariat pour un gouvernement ouvert[410], « *considéré comme un processus structurant qui ne pourra que consolider ses acquis en termes de transparence, d'équité, d'intégrité et de démocratie participative* »[411]. En particulier, le gouvernement a mis en place en juillet 2018 un portail internet, plateforme nationale de la participation citoyenne intéressant autant les consultations publiques, les motions à adresser au président de la Chambre des représentants ou au président de la Chambre des conseillers que les pétitions adressées au chef du Gouvernement, au président de la Chambre des représentants, au président de la Chambre des

doivent y être jointes. Pour la préfecture et la province, v. D. n° 2-16-402 du 6 octobre 2016. Pour la commune, v. D. n° 2-16-403 du 6 octobre 2016.

[408] V. supra la communication de Mme Ghaouti, pp. 35 et s.

[409] V. par exemple les trois décrets du 3 juillet 2017 « *fixant les mécanismes et les outils nécessaires d'accompagnement* » (de la région, de la préfecture ou de la province, ou de la commune) « *en vue d'atteindre une bonne gouvernance dans la gestion de ses affaires et dans l'exercice des compétences qui lui sont dévolues* », n° 2-17-304 (région), n° 2-17-305 (préfecture ou province) et n° 2-17-306 (commune), Bulletin officiel n° 6640, 18 janvier 2018, respectivement pages 81, 82 et 83.

[410] Voir le site https://www.opengovpartnership.org/fr/. La Tunisie est également membre du Partenariat pour un gouvernement ouvert depuis 2014.

[411] Maroc, Plan d'action national du Gouvernement ouvert pour la période août 2018- août 2020, accessible à l'adresse : https://www.opengovpartnership.org/fr/wpcontent/uploads/2018/10/Morocco_Actionplan_2018- 2020_FR.pdf. Dans ce plan sont pris et détaillés quatre engagements de l'État au titre de la « *participation citoyenne* » : « *Engagement 14 : Création d'une dynamique consultative au niveau nationale (sic) et régionale (sic). Engagement 15 : Mise en place d'une plateforme électronique de « la participation citoyenne ». Engagement 16 : Renforcement de la participation citoyenne par l'appropriation de la société civile des mécanismes relatifs à la démocratie participative. Engagement 17 : Renforcement de l'accès de la société civile aux Médias audiovisuels.* »

conseillers ou aux présidents des conseils des collectivités territoriales[412].

<u>2. Les progrès de la démocratie participative en Tunisie et les référendums locaux</u>

En Tunisie, les principes constitutionnels se trouvent nettement appliqués par la loi organique n° 2018-29 du 9 mai 2018 relative au code des collectivités locales, spécialement dans le chapitre intitulé « *De la démocratie participative et de la gouvernance ouverte* ». Selon l'article 29 de ce code, les programmes de développement et d'aménagement du territoire sont obligatoirement préparés en observant les procédés de la démocratie participative[413]. L'article 29 fixe déjà quelques règles et principes dans ce domaine, mais il est prévu « *un décret gouvernemental pour fixer un régime-type des procédés de la démocratie participative* ». Ainsi : « *Le conseil de la collectivité locale garantit une participation effective de tous les habitants et de la société civile au cours des différentes étapes de préparation des programmes de développement et d'aménagement du territoire et lors du suivi de leur exécution et de leur évaluation.*

La collectivité locale prend toutes les mesures pour informer préalablement les habitants et la société civile des projets des programmes de développement et d'aménagement du territoire.

Les programmes de développement et d'aménagement du territoire sont soumis à l'approbation des conseils locaux concernés après l'accomplissement des procédures prévues par la présente loi.

... Le conseil local élu doit déterminer, en concertation avec la société civile, les procédés de la démocratie participative sur la base du régime-type » fixé par décret, dont nous avons parlé.

---

[412] Voir le site https://www.eparticipation.ma/fr. D'après la version française du site, il semble qu'aucune pétition n'a déjà été tentée à l'égard d'une autorité locale (juillet 2019).

[413] Le code des collectivités locales y insiste dans son article 105 : « *Le plan de développement local, élaboré selon une méthode participative et avec l'appui des services de l'Etat, constitue le cadre de référence pour l'action et les interventions des collectivités locales et des organes qui en dépendent en matière de développement global.* »

Il ne s'agit certes pas ici d'envisager tout procédé de démocratie participative dans tout domaine, mais dans le champ d'application de l'article 29.

Dans ce domaine des plans de développement local, le respect de la démocratie participative est assuré par les dernières dispositions de l'article 29 : « *Les conseils locaux rejettent tout programme de développement pris en violation des dispositions du présent article. / Toute décision prise par la collectivité locale contrairement aux prescriptions du présent article est susceptible de recours pour excès de pouvoir.* » Toutefois, pour que la démocratie soit mise en œuvre, il faut bien sûr que le décret d'application de l'article 29 soit publié, ce qui n'est pas encore fait.

La préparation de ce décret a été à la fois active et participative, d'une part, et critiquée, d'autre part. Quatre consultations régionales ont été lancées en 2019, supervisées par l'Instance générale de prospection et d'accompagnement du processus de décentralisation au sein du ministère des affaires locales et de l'Environnement. Le président de cette instance a fait part de la fin des consultations à la mi-décembre 2019, la parution du décret étant annoncée dans les deux semaines à venir[414]. Au même moment, « *La Confédération tunisienne des maires (invitait) ses adhérents à boycotter les rencontres programmées par le ministère des Affaires locales et de l'Environnement sur le décret concernant "les mécanismes de démocratie participative"* », déduisait de l'absence d'évaluation préalable des « *rencontres participatives* » qui avaient pu être expérimentées, « *une tendance claire à saper les conseils*

---

[414] *Démocratie participative : Fin des consultations*, http://www.collectivitesl ocales.gov.tn/fr/democratie- participative-fin-des-consultations/ (consulté le 20 décembre 2019). Un projet de décret gouvernemental fixant un régime type des procédés de la démocratie participative pour l'élaboration des programmes de développement local et le suivi de leur exécution et de leur évaluation reste mentionné par le site legislation-securite.tn à la page : https://legislation-securite.tn/fr/node/104695 (consulté le 20 mars 2020).

municipaux élus » et invitait le ministre chargé des collectivités locales à ne pas se précipiter[415].

La loi organique de 2018 prévoit aussi des registres dans lesquels sont inscrites, à leur demande, les composantes de la société civile désirant être impliquées dans la gestion de l'intérêt local (article 30). Il y a là un risque que les élus se constituent une clientèle ou d'instaurer un contrôle sur les associations.

Dans la même idée, la collectivité tient un registre spécial ouvert aux habitants et à la société civile, dans lequel sont consignés leurs avis et leurs questionnements ainsi que les réponses apportées. Voici qui aurait peut-être empêché l'éclosion du mouvement des Gilets jaunes en France ! Le décret d'application de l'article 30 a été signé le 6 mai 2019[416].

Ces droits de questionnement sont rappelés en matière de dépenses publiques, où ils bénéficient d'un régime protecteur, selon l'article 165 de la loi organique. Il y est prévu que « *Les habitants de la collectivité locale et les composantes de la société civile inscrits auprès du secrétariat général et toute personne y ayant intérêt peuvent demander des éclaircissements par écrit auprès du président de la collectivité locale concernant des recettes ou dépenses particulières. Chaque demande est inscrite dans un registre numéroté réservé aux demandes d'éclaircissements. La collectivité peut opter pour un système informatisé sécurisé de tenue dudit registre.* » La sanction est forte : « *Les personnes visées au paragraphe précédent et qui ne*

---

415 WMC avec TAP, *Les maires appellent au boycott des rencontres sur "les mécanismes de la démocratie participative"*, 16 déc. 2019, https://www.webmanagercenter.com/2019/12/16/442598/les-maires-appellent-au-boycott-des-rencontres-sur-les-mecanismes-de-la-democratie-participative/ (consulté le 20 décembre 2019). Un rapport de l'organisation « Democracy reporting international » intitulé « *La mise en œuvre de la Constitution tunisienne au niveau du cadre juridique* », à jour au 31 mars 2020 (disponible à l'adresse internet https://democracy-reporting.org/wp-content/uploads/2020/09/2020-09-09-TN_FR-rapport-semestriel-2020-03.pdf) a pointé du doigt quelques difficultés juridiques dans ce projet de décret qui n'était toujours pas publié.

416 Décret gouvernemental n° 2019-401 du 6 mai 2019, fixant les conditions et les procédures de la mise en œuvre des mécanismes de la démocratie participative citées à l'article 30 du Code des collectivités locales.

reçoivent pas de réponse motivée dans un délai d'un mois à partir du dépôt de leur demande, peuvent saisir le tribunal administratif territorialement compétent. / Le tribunal autorise le cas échéant l'obtention des documents demandés. »

La participation de la société civile au contrôle des services publics locaux au moyen d'une commission spéciale peut également être envisagée localement ; la collectivité le décide, mais elle peut être saisie d'une demande en ce sens. C'est ce que prévoient les dispositions de l'article 78 du CCL : « *La collectivité locale peut, sur demande des composantes de la société civile, créer une commission spéciale composée, outre des membres du conseil et d'agents de son administration, de représentants de la société civile, chargée d'assurer le suivi du fonctionnement des services publics sans s'immiscer dans leur gestion. / Cette commission présente des rapports au conseil de la collectivité locale.* »

Une autre innovation, qu'on ne trouve qu'en Tunisie, est l'introduction, dans toutes les collectivités locales, d'un *référendum dont les résultats sont obligatoires*, à condition que le taux de participation ne soit pas inférieur au tiers des électeurs inscrits. Il peut être décidé à l'initiative de la collectivité ou à celle du dixième des électeurs locaux, devant être appuyé par les deux tiers des membres du conseil dans le délai de deux mois (CCL, art. 31). Ce référendum a cependant un domaine d'application restreint : celui des programmes de développement et d'aménagement du territoire. Il ne peut aussi être organisé qu'un seul référendum durant le mandat municipal ou régional, c'est-à-dire pendant cinq ans dans une commune ou dans une région[417].

Le gouverneur peut s'opposer à l'organisation du référendum devant le tribunal administratif, ce qui semble exclure toute opposition pour des motifs d'opportunité, mais aussi garantit

---

[417] « *Les membres des conseils municipaux et régionaux sont élus pour un mandat de cinq ans...* » (L.O. n° 2014-16 du 26 mai 2014, relative aux élections et aux référendums, art. 117 quater).

qu'aucun référendum ne sera organisé en dehors de son champ d'application délimité par le code des collectivités locales.

Prévu par la loi organique, le référendum n'a pas été envisagé en tant que tel par les dispositions constitutionnelles relatives au pouvoir local. Dès lors, est-il conforme à la constitution ? S'agit-il d'un élément de la démocratie participative, qui, elle, est prévue par la constitution ? Cette dernière expression n'a pas une définition juridique si stricte qu'elle pourrait en exclure le référendum, même décisionnel. Or, si le chapitre VII de la Constitution, relatif au pouvoir local, n'envisage la démocratie participative qu'« *afin de garantir une plus large participation des citoyens et de la société civile à l'élaboration des projets de développement et d'aménagement du territoire et le suivi de leur exécution* », c'est d'une façon générale que l'article 65 de la Constitution indique que « *Sont pris sous forme de loi organique, les textes relatifs aux matières suivantes : ... - le pouvoir local* », et le référendum local est bien un mode d'exercice de ce pouvoir local. Si l'article 133 de la Constitution pose que « *les collectivités locales sont dirigées par des conseils élus* », cette phrase (dans la version officielle française) n'implique pas que toute décision revienne à un conseil local, notamment dans le cas où, dans son pouvoir de direction, « *le conseil de la collectivité locale peut décider, à la majorité des deux tiers de ses membres, de consulter les habitants par voie de référendum sur les programmes de développement et d'aménagement du territoire* »[418].

Si on ajoute à ce qui précède la possibilité qu'ont les collectivités locales d'organiser des rencontres publiques avec les habitants au cours desquelles seront présentées des clarifications, par le conseil et des propositions, par les habitants, préalablement à l'adoption d'un certain nombre de décisions qui peuvent être importantes, il sera clair que la loi organique n° 2018-29 du 9 mai 2018 relative au code des collectivités locales apporte vraiment des ouvertures intéressantes dans le domaine de la démocratie locale.

---

[418] L.O. n° 2018-29 du 9 mai 2018 relative au code des collectivités locales, art. 31.

Cependant, en Tunisie comme dans d'autres pays du Maghreb central, comme souvent, c'est la mise en œuvre qui se trouve empêchée par le défaut de textes d'application[419].

[419] Democracy reporting international note ainsi, fin mars 2020, que « *tous les décrets d'application du Code des collectivités locales n'ont pas vu le jour. Ainsi, le nombre des décrets d'application publiés au 31 mars 2020 s'élève à dix sur une quarantaine prévus par ledit Code. Pourtant, la mise en œuvre effective de la décentralisation et du chapitre VII de la Constitution relatif au Pouvoir local, dépend de leur édiction* » (Democracy reporting international, rapport précité, disponible à l'adresse internet https://democracy-reporting.org/wp-content/uploads/2020/09/2020-09-09-TN_FR-rapport-semestriel-2020-03.pdf).

ELECTIONS LOCALES ET ELECTIONS LEGISLATIVES EN ALGERIE : LE REPOSITIONNEMENT DES PARTIS DE GOUVERNEMENT, LA DIVERSIFICATION DE L'OFFRE POLITIQUE ET LA FAIBLE PARTICIPATION DES CITOYENS

Fouad NOHRA

Maître de conférences (HDR) à l'Université Paris Descartes
Centre Maurice Hauriou – CMH (EA 1515)

Le système d'élections compétitives que connaît la société politique algérienne aujourd'hui s'explique à partir de la transition marquée par l'élection présidentielle du 16 novembre 1995, qui a permis de mettre en place de nouveaux mécanismes de transition à un système politique pluraliste. L'adoption de la nouvelle constitution du 28 novembre 1996, suivie de la révision constitutionnelle du 15 novembre 2008 et du nouveau texte constitutionnel du 6 mars 2016, et le vote des lois électorales du 6 mars 1997, puis du 12 janvier 2012, ouvrent la voie à un nouveau processus politique pluraliste.

Les élections locales font partie des mécanismes institutionnels de la République algérienne dès la Constitution du 22 novembre 1976 dont l'article 31 dispose que « *le peuple participe (à l'élaboration des politiques) par l'intermédiaire de ses assemblées élues à l'échelle de la commune, de la wilaya et du pays, ainsi que par l'intermédiaire des assemblées de travailleurs et les organisations de masses...* »[420].

Seulement, la nature de ces élections a continuellement été le reflet de la nature du système politique et du jeu politique défini à l'échelle nationale. Avant 1989, les listes étaient établies par le

[420] Algérie, Constitution du 22 novembre 1976, Digithèque des matériaux juridiques et politiques (MJP), https://mjp.univ-perp.fr/mjp.htm

Front de libération nationale (FLN) en tant que seule force politique représentante de droit des « masses populaires ». La transition rapide au pluripartisme s'est traduite par la victoire incontestée du Front islamique du salut (FIS) aux élections communales du 12 juin 1990. De même, les élections locales du 23 octobre 1997, qui se tinrent dans l'état d'exception prévalant depuis janvier 1992, sont le reflet des élections présidentielles et législatives, et l'on y voit émerger les mêmes forces politiques, dans des proportions similaires.

C'est pourquoi, la présente contribution présente de manière concomitante le processus des élections nationales et celui des élections locales au niveau des communes et des wilayas. La constitution de 1996 met en place un parlement bicaméral avec une chambre basse, l'Assemblée populaire nationale élue au suffrage universel et une chambre haute, le Conseil de la nation élu au suffrage universel indirect pour les deux tiers de ses sièges et nommé par le Président de la République pour le tiers restant. La seule élection nationale qui sert de terme de comparaison aux élections locales est l'élection des députés de l'Assemblée populaire nationale, car l'on y retrouve un mode de scrutin, des mécanismes de compétition et une représentation politique similaires.

Les élections qui sont notre objet d'étude sont les suivantes : à l'échelle nationale, l'élection des membres de l'Assemblée populaire nationale (appelée par raccourci élections législatives) du 5 juin 1997, du 30 mai 2002, du 17 mai 2007, du 10 mai 2012 et du 4 mai 2017 ; à l'échelle locale, les élections communales et wilayales (ou de wilayas) du 29 novembre 2007, du 29 novembre 2012 et du 23 novembre 2017, avec une référence faite aux résultats globaux des élections similaires du 23 octobre 1997 et du 6 novembre 2002.

L'analyse des résultats comparée à celle des discours de campagne et des informations présentées par la presse algérienne nous permet de présenter ce que nous appelons des « effets constatés » des mécanismes électoraux mis en place par l'ordonnance 07-97 du 6 mars 1997, les lois électorales successives 12-01 du 12 janvier 2012 et 16-10 du 22 août 2016, mécanismes qui prévoient des règles communes pour les élections nationales et locales. Les constatations résultent d'abord du croisement des données chiffrées présentées par les proclamations des résultats des élections, car les chiffres détaillés ne sont pas toujours disponibles à partir des mêmes sources primaires, celles du ministère de l'intérieur.

Ces données nous permettent, lorsque nous les confrontons aux débats et aux discours politiques qui structurent la vie politique algérienne, d'énoncer un certain nombre d'hypothèses concernant le rôle attribué au parti de gouvernement dans le système qui a prévalu depuis l'élection présidentielle du 16 novembre 1995 et jusqu'aux élections communales et wilayales du 23 novembre 2017, mais aussi eu égard au type de relation instauré entre l'élite au pouvoir et les forces politiques oppositionnelles, et de la marge de manœuvre dont celles-ci disposent à l'échelle locale.

L'authenticité de cette analyse peut être remise en cause par les propos parfois journalistiques, parfois académiques qui questionnent l'intégrité du processus électoral. S'il avait été possible d'infirmer en bloc l'intégrité du processus électoral, l'ensemble de la présente contribution serait dépourvu de signification. Or la réalité est plus complexe, et pour plusieurs raisons.

D'abord, les lois électorales successives ont progressivement amélioré les mécanismes de contrôle des élections. La loi électorale du 12 janvier 2012 instaure une Commission nationale de surveillance des élections, tandis que la loi 16-11 du 25 août 2016 crée une Haute instance indépendante de surveillance des élections, constituée pour moitié de magistrats et pour moitié de représentants de la société civile nommés par le président de la République.

Par ailleurs, certaines élections ont admis des observateurs internationaux : les élections législatives du 10 mai 2012 ont été directement suivies et évaluées par la Mission d'observation de l'Union européenne. Cette dernière, malgré ses conclusions critiques quant à l'importante prolifération des listes et à la faible participation des forces d'opposition aux missions d'observation, n'a trouvé qu'une seule irrégularité dans le mécanisme lui-même : l'indisponibilité pour les observateurs d'un fichier national consolidé des listes électorales[421].

Pour sa part, le Conseil constitutionnel est demeuré actif malgré les contraintes en termes de moyens et de temps : dix-sept contestations pour irrégularité ont été reconnues en 2012, ce qui a remis en cause les gains de dix-sept candidats FLN et RND.

Enfin, et dans le même temps, la présence des listes d'opposition n'a pas été systématique et l'accès aux procès-verbaux des résultats n'a pas été aisé[422]. C'est la raison pour laquelle, nous faisons abstraction de cette question qui est bien plus complexe et partons du présupposé que les résultats des élections nous permettent de connaître les rapports de force sur le terrain, ainsi que le tropisme des électeurs.

Une autre limite à notre sujet est imposée par le présent mouvement de contestation qui change à la fois la donne en termes de rapports de forces politiques et en termes de perception des élections passées. La situation présente nous a permis de nuancer la narration connue au cours des décennies précédentes, mais nous incite à la prudence, car peu d'informations sont actuellement disponibles sur les derniers événements liés au *Hirak*.

C'est en cela que réside l'intérêt des élections locales dont l'enjeu est différent de celui de l'élection présidentielle. Ces élections sont justement le lieu qui offre une marge de manœuvre relativement plus importante aux acteurs politiques oppositionnels et révèlent un élargissement constant de l'offre politique électorale : les élections locales ont connu en 2012, tout comme les élections législatives de la même année, une prolifération des listes électorales en compétition. Certains

---

421 Parlement européen, *Elections législatives en Algérie, Délégation d'observation des élections, 8-12 mai 2012*, rapport de Madame Tokia Saifi et de Monsieur Antonio Panzeri : https://www.europarl.europa.eu/cmsdata/212641/Election_report_Algeria_10_May_2012_(FR).pdf.

422 The Carter Center, *People's National Assembly election in Algeria*, 2012, www.cartercenter.org.

continuent à y voir une manipulation politique[423], mais cette perception est binaire et peu cohérente ; elle a surtout l'inconvénient de masquer l'évolution des dynamiques politiques en Algérie et les progrès accomplis depuis l'élection présidentielle de 1995.

I. Les leçons de la première expérience de transition au pluripartisme et les réformes électorales de la deuxième phase de transition au pluripartisme

L'on ne peut comprendre le processus électoral algérien si l'on ne compare pas les deux principales phases de transition au pluripartisme. La première phase de transition, allant de 1989 à 1991, marque le passage d'un système à parti unique à un système pluraliste où plus de soixante-dix partis politiques ont acquis une existence légale, tandis que la seconde allant de 1995 à 2011 instaure à la fois des limites et des procédures de régulation plus prudentes.

Ce qui caractérise la première phase n'est pas uniquement la prolifération de forces politiques aux spectres idéologiques très hétérogènes, mais également la mise en place de processus électoraux qui ont échappé au pouvoir.

Parmi les mécanismes de la première phase, nous pouvons citer la loi électorale 89-13 du 7 août 1989, modifiée par la loi 91-06 du 2 avril 1991[424]. La première réforme électorale introduit pour l'ensemble des élections le mode de scrutin proportionnel à un tour avec prime majoritaire.

La liste ayant obtenu la majorité absolue au premier tour obtient la totalité des sièges au niveau de la circonscription. Lorsque aucune liste n'a obtenu la majorité absolue, celle ayant

---

[423] Un exemple de perception binaire faisant appel au pouvoir de manipuler les processus électoraux : Saoudi Abdelaziz, *Comment le DRS fabriquait les majorités dans les assemblées*, www.algerieinfos-saoudi.com. L'article fait référence aux élections de 1995-97. Il s'agit des débuts de la transition politique, à un moment où le conflit armé interne ne s'était pas encore achevé.

[424] Journal officiel de la République algérienne démocratique et populaire, 7 août 1989, www.joradp.dz ; Journal officiel de la République algérienne démocratique et populaire, 3 avril 1991, www.joradp.dz.

obtenu la majorité relative dispose de la majorité absolue des sièges à pourvoir (articles 61, 62).

La seconde réforme électorale, celle introduite par la loi 91-06 du 2 avril 1991, s'applique aux élections législatives et instaure un scrutin uninominal à deux tours (article 84).

Or l'on attribue cette introduction de scrutins majoritaires ou à prime majoritaire forte à la volonté du FLN de conserver la majorité des sièges et, de ce fait même, de conserver le pouvoir à travers, cette fois-ci, des mécanismes de démocratie pluripartite. Cela ne pouvait s'appuyer que sur deux scénarios opposés : le scénario d'une fragmentation politique de l'opposition qui aurait permis au parti de gouvernement de conserver la majorité des sièges, et par conséquent le pouvoir exécutif ; le scénario d'un bipartisme ayant pour parti d'opposition le FIS, qui servirait de repoussoir.

L'adoption des modes de scrutin majoritaire ou à prime majoritaire s'est également accompagnée, pour les élections législatives, d'une forme de *gerrymandering*, remettant en cause le principe de représentation égale à population égale adopté en 1980.

Avec les élections communales de 1990, le FLN perd sa position dominante sur l'échiquier politique local, mais résiste en maintenant sa position de deuxième parti, avec environ 4 800 sièges contre un peu moins de 6 000 pour le FIS. Ce dernier obtient toutefois 54 % des suffrages exprimés contre seulement 28 % pour le FLN. Les autres partis sont loin derrière et la troisième force, le Rassemblement pour la culture et la démocratie (RCD), obtient 2 % des suffrages exprimés, essentiellement en Kabylie.

Le passage au scrutin majoritaire à deux tours s'explique, en partie, par les résultats de 1990 qui semblent établir un bipartisme, au moment où peu de partis politiques sont encore enregistrés, d'autant plus que la loi électorale exige soit que la liste municipale présentée représente un parti politique reconnu, soit qu'elle bénéficie de l'appui préalable d'au moins 10 % de l'électorat de la commune.

La prévision d'un regain de crédibilité du FLN et d'une capacité à rallier les électeurs étrangers au discours du FIS explique le pari du pouvoir sur un mode de scrutin majoritaire instaurant une possible compétition bipartisane avec, en face, un parti repoussoir.

Or les élections législatives de 1991 viennent contredire cette projection, dans la mesure où c'est l'électorat concurrent à celui du FIS qui est dispersé, à mesure que s'étend l'offre politique : plus de 65 partis furent autorisés entre 1989 et 1991. Le FIS obtient 47 % des 8,9 millions de suffrages exprimés, et plus de 52 % des voix en faveur des autres candidats sont dispersées, le FLN ne récoltant que 23 %. Il est déjà en ballotage défavorable dans les circonscriptions devant connaître un second tour et a déjà perdu là où les 188 candidats du FIS sont élus[425]. Le courant à orientation identitaire Amazigh (berbériste) représenté par le Front des forces socialistes (FFS) se repositionne en tant que troisième force avec 7 % des suffrages exprimés, mais avec davantage de sièges au premier tour que le FLN en raison de la concentration de son électorat en Kabylie où ledit parti obtient 24 sièges sur un total de 25.

Le scrutin majoritaire permet un raz de marée du FIS avec 188 sièges obtenus dès le 1er tour, contre 15 sièges pour le FLN et 25 pour le FFS, mais un scrutin proportionnel aurait tout de même permis la constitution d'une majorité en faveur du FIS, à partir du mécanisme de répartition des sièges non pourvus du fait de la prolifération des listes situées en deçà du seuil. Au moins 18 % des sièges auraient été répartis en faveur des deux premières listes, notamment celle du FIS qui aurait obtenu la majorité absolue des sièges.

Vient une autre question : la capacité du pouvoir local à contrôler les élections législatives, dans la mesure où il est désormais exercé par le FIS dans la majorité des communes, d'où

---

[425] Concernant la répartition géographique du vote en faveur du FIS, v. Jean-Claude Brulé, J. Fontaine, *Géographie de l'islamisme politique en Algérie : essai d'interprétation à partir des élections de 1990 et 1991*, Bulletin de l'Association de géographes français, 74e année, 1997-1, pp. 83-96.

la pratique d'irrégularités là où le gouvernement a perdu son pouvoir de contrôle[426].

C'est l'échec de cette première expérience qui explique le recours du législateur à de nouveaux modes de représentation électorale et de régulation de la dynamique politique partisane. La constitution de 1996 définit les limites à l'exercice de l'action politique : l'article 42 interdit les partis politiques qui instrumentalisent les composantes de l'identité algérienne (islam, arabité, amazighité), se constituent sur une base ethnique, raciale, sectaire ou religieuse, ou ont recours à la violence ou la légitiment. De même, l'article 101 instaure une seconde chambre, le Conseil de la nation, élue pour les deux tiers sur la base d'un suffrage universel indirect et nommée pour un tiers par le président de la République, afin d'équilibrer l'Assemblée nationale populaire élue au suffrage universel direct.

En ce qui concerne le mode de scrutin, l'expérience des années 1990-91 explique le choix en faveur du scrutin proportionnel, tant pour les élections législatives que pour les élections locales et wilayales. En vertu de l'ordonnance 97-07 du 6 mars 1997 portant loi organique relative au régime électoral, les assemblées nationale, municipales et wilayales sont élues au scrutin proportionnel[427], dans les conditions suivantes.

Les députés de l'Assemblée populaire nationale sont élus au scrutin proportionnel au plus fort reste, avec un seuil d'entrée de 5 % des suffrages exprimés (art. 101, 102).

Les membres des assemblées populaires communales et des assemblées populaires de wilaya sont élus au scrutin proportionnel au plus fort reste, avec un seuil d'entrée de 7 % des suffrages exprimés (art. 75 à 78).

---

[426] Fawzi Rouzeik, *Algérie 1990-1993 : la démocratie confisquée ?*, Revue du monde musulman et de la Méditerranée, n° 65, 1992, pp. 29-60.

[427] Journal Officiel de la République Algérienne Démocratique et populaire, 6 mars 1997, www.joradp.dz. Ces dispositions sont reprises par la loi organique 12-01 du 12 janvier 2012 (Journal Officiel de la République Algérienne Démocratique et populaire, 14 janvier 2012, www.joradp.dz).

Seuls les membres du Conseil de la nation sont élus au scrutin majoritaire plurinominal à un tour et au suffrage indirect.

Les modalités d'élection des présidents des communes et des wilayas sont aussi définies afin de permettre aux listes ayant obtenu des majorités simples de gouverner. A ce sujet, deux systèmes contradictoires coexistent en 2012 : la loi du 22 juin 2011 portant sur l'organisation des communes et la loi électorale du 12 janvier 2012[428]. La première (art. 65) pose que le président de l'assemblée populaire communale (le maire) est le candidat présidant la liste obtenant la majorité (relative) des sièges, tandis que la seconde définit une procédure plus complexe ainsi décrite (art. 80) : le candidat à la présidence de l'assemblée populaire de wilaya, élu par les membres de celle-ci, est issu des listes suivantes : celle qui a obtenu la majorité absolue des sièges ; à défaut, il est issu des listes ayant obtenu au moins 35 % des sièges ; à défaut, il peut être issu de toutes les autres listes.

Or la loi électorale du 22 août 2016 supprime l'ancien article 80 et ne détermine plus le mode d'élection du président de l'assemblée populaire communale, ce qui permet à nouveau à la loi du 22 juin 2011 de prévaloir, en ce sens qu'est proclamé président, le candidat qui préside la liste ayant obtenu la majorité (relative) des voix[429]. Ce revirement fait suite à de nombreuses situations de conflit et de blocages dues à l'application du principe prévalant jusqu'alors[430].

---

[428] Journal Officiel de la République Algérienne Démocratique et populaire, 22 juin 2011, www.joradp.dz.

[429] Journal Officiel de la République Algérienne Démocratique et populaire, 28 août 2016, www.joradp.dz.

[430] Al-Bilad le 22 nov. 2017, *hâkadha Sayatummu Intikhâb al-Amyar* (C'est ainsi que se fera l'élection des maires), http://m.elbilad.net/article/detail?id=7 6906 .

II. Les effets constatés des nouvelles règles du jeu électoral : des partis de gouvernement non hégémoniques et une prolifération-fragmentation des forces politiques concurrentes

La lecture des résultats comparés des élections législatives, communales et wilayales entre 2002 et 2017 nous permet de constater un certain nombre de faits que les discours généralisateurs sur le système politique algérien ne permettent pas de percevoir. Ces faits sont ici réduits aux résultats chiffrés des élections qui, en soi, ne permettent pas de donner une description exhaustive de la perception qu'ont les acteurs politiques des élections et du système politique[431]. Il permet au moins de découvrir un certain nombre d'indices.

Effet constaté 1 : Aucun parti n'a obtenu la majorité absolue des sièges à l'Assemblée nationale populaire (excepté le FLN en 2002 avec 34% des suffrages exprimés)

(*v. le graphique 1, page suivante*)

[431] Les derniers résultats chiffrés sont disponibles sur le site du ministère de l'intérieur. Néanmoins, les chiffres antérieurs sont issus, soit de déclarations antérieures du ministère de l'intérieur, obtenues directement ou à travers la presse, soit du croisement de rapports des *think tanks* et missions d'observations et articles d'analyse, où sont seulement retenues les données concordantes.

Graphique 1 : Voix et sièges obtenus par le parti dominant à l'Assemblée populaire nationale (1997-2017)

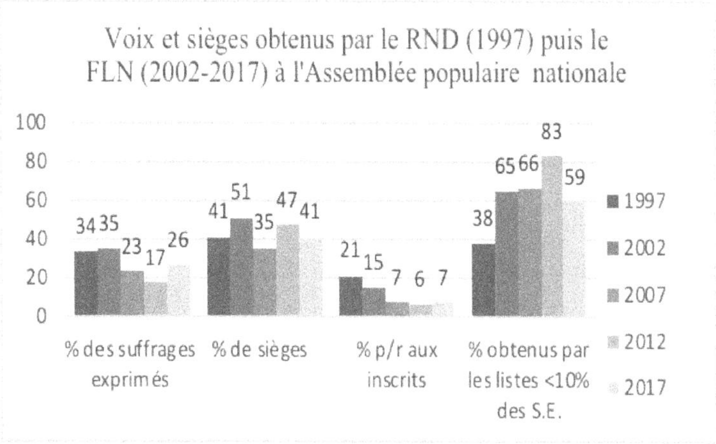

Données obtenues par croisement de sources concordantes, et dont la principale est le site du ministère de l'intérieur

Le premier parti, qui joue également le rôle de parti de gouvernement, n'a jamais obtenu davantage que 35 % des suffrages exprimés, ce qui a empêché la constitution de majorités absolues à l'Assemblée nationale populaire. Celle-ci n'a été obtenue par le seul FLN qu'en 2002 avec 35 % des suffrages exprimés et 15 % des voix par rapport aux inscrits[432].

Reste une seconde situation qui semble atypique, où le FLN est sur le point d'obtenir la majorité absolue des sièges : l'écart entre pourcentage de voix (17 %) et pourcentage de sièges (47 %) est la conséquence d'un avantage relatif par rapport aux autres listes en compétition. Cela est d'abord dû à la prolifération

---

[432] Les élections législatives de 1997 représentent un cas atypique, car elles se déroulent au moment où le conflit armé n'est pas encore achevé, et les conditions d'observation du scrutin demeurent lacunaires. La plupart des acteurs oppositionnels dénoncent la manipulation du scrutin, mais aucun ne parvient à établir de quelle manière cela a été fait. Reste que nombre de commentaires y voient le moment décisif d'une transition d'un état d'exception à un système de démocratie pluraliste. V. Youcef Bouandel, Yahya Zoubir, *Algeria's elections, prelude to democratization*, Third World Quarterly, Vol 19, n° 2, 1998, pp. 177-190 ; Ahmed Rouadjia, *L'Algérie, un an après l'élection de Liamine Zeroual*, Confluences en Méditerranée, Hiver 1997, pp. 87-100.

des listes électorales – au total 44 listes – qui a pour effet la dispersion de plus de 17 % voix sur des listes obtenant moins de 5% des suffrages exprimés.

Effet constaté 2 : Le parti dominant conserve son emprise sur l'Assemblée nationale populaire, voire parvient à accroître le nombre de ses sièges en 2012 avec un nombre décroissant de voix en valeur absolue

Entre 2002 et 2017, le nombre de voix en faveur du FLN passe de 2,6 à 1,6 million, et le parti conserve 47 % des sièges en 2012 pour seulement 1,3 million de voix. Ce fait peut être corrélé à la hausse de l'abstention[433]. Si l'on totalise le nombre d'inscrits s'étant abstenus et le nombre de votes blancs ou nuls, on passe de 10,5 à 16,7 millions d'électeurs inscrits.

Graphique 2 : Évolution comparative du vote FLN, des suffrages exprimés et des inscrits n'ayant pas de suffrages exprimés (2002-2017)

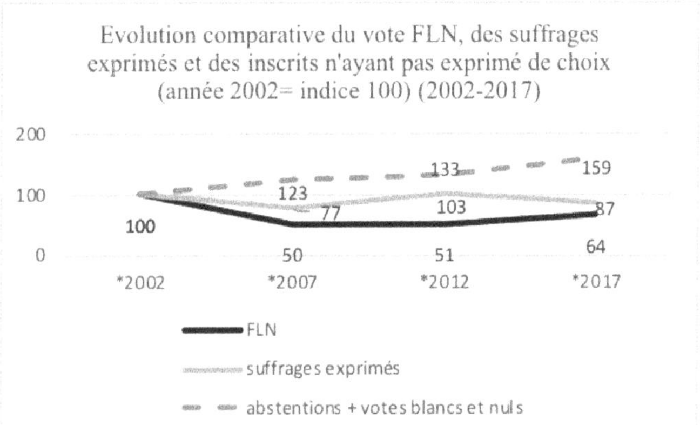

Effet constaté 3 : La majorité de gouvernement s'est constituée depuis 2002 à partir de l'alliance entre deux partis de gouvernement, le FLN et le RND, mais cette alliance

---

[433] Au sujet des multiples significations de l'abstention dans les élections algériennes, v. Louisa Dris Aït Hamadouche, *L'abstention en Algérie, un autre mode de contestation politique*, L'Année du Maghreb, 2009, pp. 263-273.

obtient une majorité absolue des sièges sans obtenir de majorité absolue des suffrages exprimés

Les deux partis de gouvernement représentent durant cette période deux forces d'appui à l'exécutif, concurrentes, mais complémentaires[434]. La tentative de substituer le RND au FLN a échoué du fait de la dynamique créée par les deux premières présidences Bouteflika, mais également en raison de l'ancrage historique du FLN, et de son projet de renouvellement dès les débuts de la décennie 2000.

Graphique 3 : Voix et sièges cumulés obtenus par le FLN et le RND à l'Assemblée populaire nationale (2002-2017)

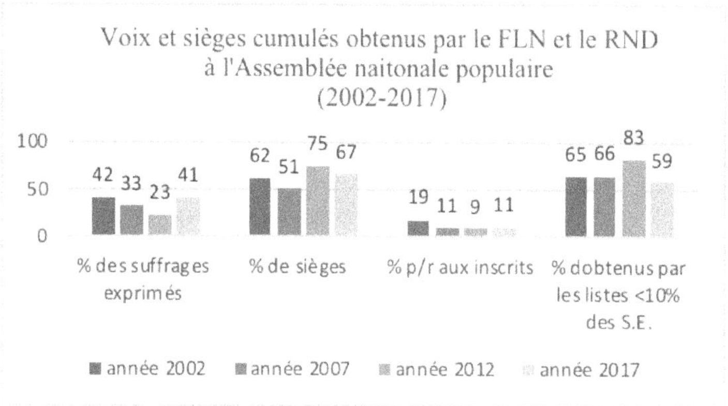

Quelques variations doivent être notées toutefois :

- Le nombre élevé de voix en faveur du RND en 1997 s'explique à la fois par le contexte de guerre lors du déroulement des élections, ainsi que par les lacunes dans le contrôle du processus électoral, ce qui explique l'effondrement apparent en 2002.

---

[434] L'expression « partis de l'administration » est aussi utilisée. Cf. Lahouari Addi : *Les partis politiques en Algérie*, Revue des mondes musulmans et de la Méditerranée, 2006, pp. 139-162.

- De même, l'évolution en dents de scie du vote FLN est à chaque fois dépendante de la conjoncture politique : présidence de Bouteflika et nouvelle politique d'Etat et de parti en 2002, démobilisation en 2007, réaction au « printemps arabe » en 2012.

Dans l'ensemble, nous pouvons observer un effet de vases communicants entre les deux partis de gouvernement : 2017 est l'année où face à une lente remontée des votes FLN, le RND connaît un quasi doublement du nombre de voix.

Graphique 4 : Evolution du nombre de voix des principales forces politiques

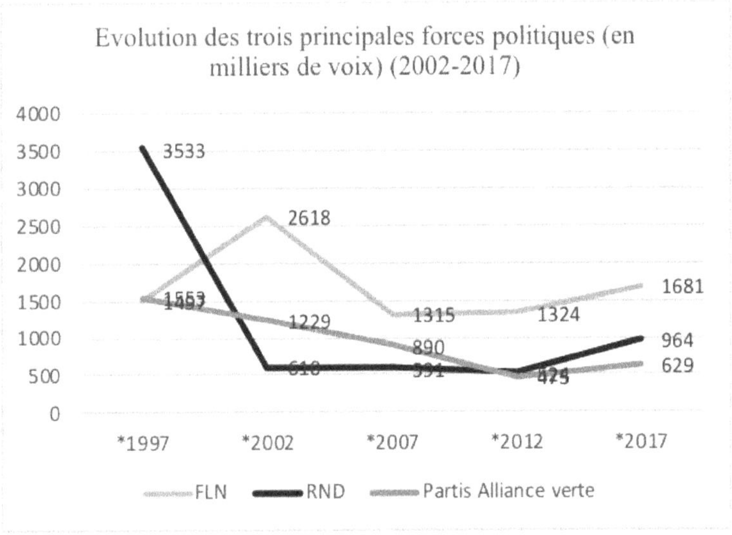

<u>Effet constaté 4</u> : Il existe une similitude entre les résultats obtenus par les principales formations politiques aux élections nationales (législatives) et aux élections locales (communales et wilayales)

En prenant le cas des élections communales de 2017, l'écart entre les pourcentages de voix (par rapport aux suffrages exprimés) obtenus à celles-ci et aux législatives qui les ont précédées de quelques mois est faible pour la plupart des partis politiques. Certains écarts s'expliquent par l'implantation plus forte du second parti de gouvernement, le RND, ce qui s'explique par le moindre impact du discours national et une meilleure implantation locale.

Reste une autre variable : pour l'année 2017, le nombre de votants *pour chacun* des partis politiques aux élections communales est supérieur à celui observé pour les élections législatives : plus d'un million de voix supplémentaires pour le FLN, plus du double de votants pour le RND[435]. Il existe un effet de levier des résultats nationaux sur les élections municipales, mais également un avantage en faveur des listes bénéficiant de l'appui de partis dominants.

Graphique 5 : Comparaison des voix obtenues par parti aux élections législatives et communales en 2017

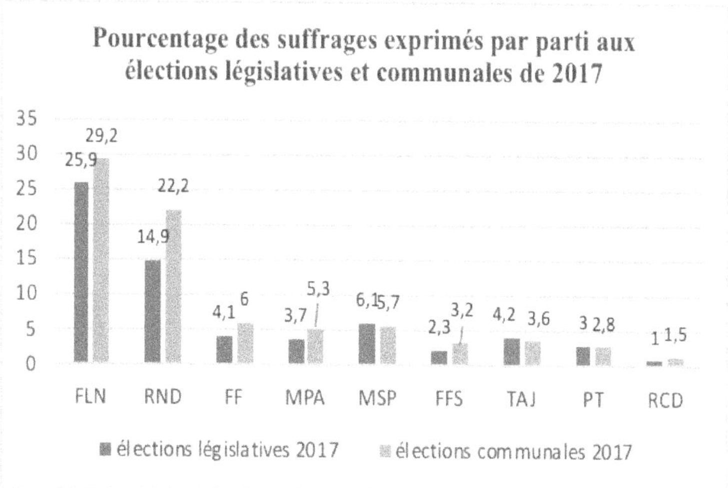

<u>*Légende*</u> *: FLN : Front de libération nationale – RND : Rassemblement national démocratique – MSP : Mouvement pour une société de paix – FFS : Front des forces socialistes – FF : Front du futur – TAJ : Mouvement pour l'espoir de l'Algérie – MPA : Mouvement populaire algérien – PT : Parti des travailleurs – RCD : Rassemblement pour la culture et la démocratie*

[435] Certains quotidiens évoquent la victoire de la « famille patriotique » aux élections locales de 2017 (v. Al Nasr, 24 novembre 2017).

Toutefois, si l'on compte le nombre de communes remportées, l'on retrouve à l'échelle des communes la même prédominance FLN-RND qu'à l'échelle nationale : pour 51 % des suffrages exprimés, les deux partis réunis emportent 65 % des communes. Les formations de petite taille obtiennent moins de communes que de votants en pourcentage, excepté lorsqu'elles connaissent un fort cantonnement géographique, comme cela est le cas des partis à dominante kabyle (FFS, RCD, MPA).

Le mode d'élection de l'exécutif communal adopté pour 2017 explique-t-il cet écart ? En appliquant l'article 65 de la loi 11-10 du 22 juin 2011 relative à la commune, est proclamé président de l'assemblée populaire communale le candidat en tête de la liste obtenant le plus grand nombre de voix, ce qui permet de contrôler l'exécutif de la commune avec une majorité relative quelle qu'elle soit. De même, en évitant la condition de majorité absolue ou de second tour, l'on évite les jeux d'alliances qui auraient pu compromettre la victoire de listes obtenant moins de 30 % des suffrages.

Graphique 6 : Voix et sièges obtenus et communes remportées par parti aux élections municipales de 2017

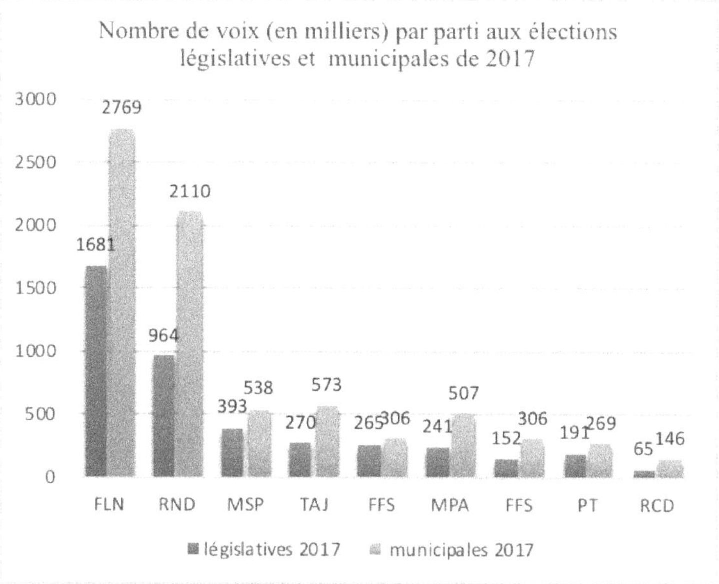

Graphique 7 : Nombre de voix par parti aux élections législatives et municipales de 2017

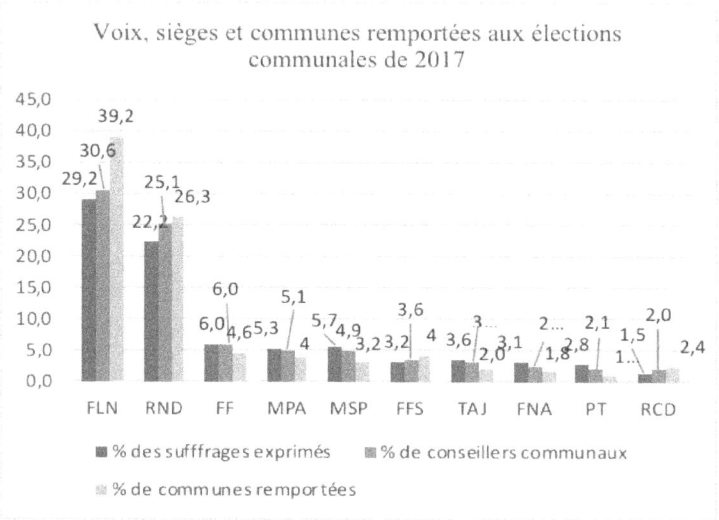

Cet écart est encore plus prononcé pour les élections wilayales, où les scores FLN-RND sont encore plus importants.

S'agissant de l'élection des assemblées, l'écart entre le pourcentage des sièges au niveau de la commune, d'une part et ce même pourcentage au niveau de la wilaya, d'autre part, demeure faible et est légèrement à l'avantage du FLN.

C'est lorsque l'on procède à l'élection du président de l'assemblée populaire de wilaya que l'écart est plus important et nettement favorable au FLN et au RND. L'article 59 de la loi 12-07 du 21 février 2012 relative à la wilaya définit ainsi les conditions de son élection, au bulletin secret, par les membres de ladite assemblée :

- le candidat à la présidence de l'assemblée est issu de la liste ayant obtenu la majorité absolue des sièges ;

- si aucune liste n'obtient la majorité absolue, toute liste ayant obtenu au moins 35 % des sièges dispose du droit de présenter un candidat ;

- si aucune liste n'obtient 35 % des sièges, toute liste dispose de ce droit.

Dans ce cadre, le FLN et le RND obtiennent des majorités d'au moins 35 % des sièges dans plus de 50 % des wilayas, tandis que moins de 10 % des wilayas voient des listes autres que celles des deux partis précités l'emporter avec des majorités relatives de 35 %.

Graphique 8 : Majorités obtenues par nombre de wilayas aux élections wilayales de 2017

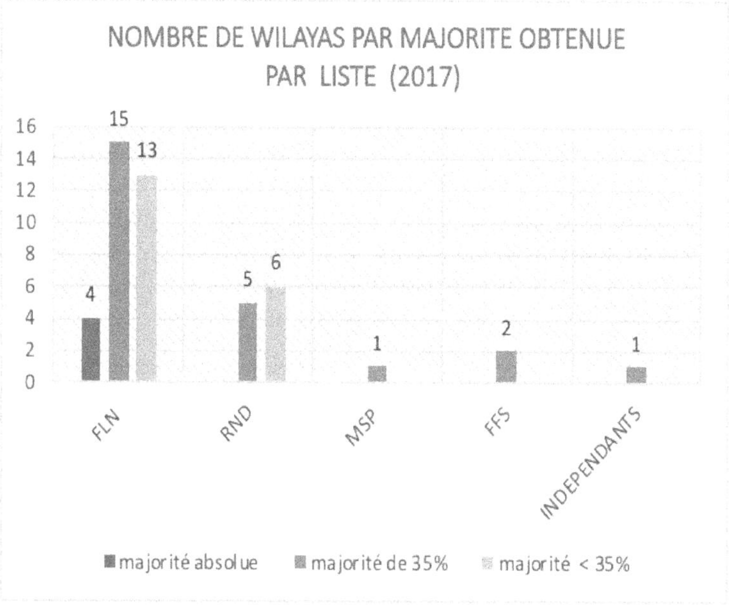

<u>Effet constaté 5</u> : La majeure partie des communes les plus peuplées est remportée par l'un des deux partis de gouvernement (FLN ou RND), parfois avec une majorité simple de moins de 40 % des suffrages exprimés

Tableau 1 : Résultats de la première liste aux élections communales de 2017 pour les chefs-lieux de wilayas emportés par le FLN ou le RND

V. infra

<u>Effet constaté 6</u> : Les résultats obtenus par les deux partis dominants varient en fonction des dynamiques régionales et certaines régions périphériques échappent au tandem FLN-RND

Les élections communales de 2017 marquent la victoire des forces oppositionnelles dans trois principales régions : la Kabylie, le M'zab et la région de Tamanrasset.

Or, si la première est, dès les années 1990, le fief des partis communautaires (FFS, RCD puis MPA), la wilaya de Tamanrasset était, depuis les élections législatives de 1991, considérée comme l'un des bastions du vote pour les partis de gouvernement. Plusieurs facteurs peuvent expliquer le recul de ces derniers. L'on peut évoquer le conflit entre le gouvernement et les populations du sud autour de l'exploration du pétrole et du gaz de schiste, l'effet des révolutions arabes ou la forte présence au Mali de mouvements séparatistes touaregs.

De même, Ghardaïa a été le lieu de violences durant la période succédant à 2013, avec des tensions intercommunautaires à l'initiative de certaines familles Mozabites, ce qui explique le basculement de la wilaya au détriment des partis du pouvoir.

Reste que le comportement électoral dans les provinces du sud permet de faire la différence entre la loyauté vis-à-vis des institutions étatiques, d'une part, et celle exprimée à l'égard des partis de gouvernement, d'autre part.

V. les tableaux 1 et 2 page suivante

Tableau 1 - Partis de gouvernement

Commune	Parti	% des suffrages exprimés
Annaba	FLN	91
Oran	FLN	83
Tlemcen	FLN	81
Batna	FLN	76
Constantine	FLN	65
Blida	FLN	60
Sidi Bel Abbès	FLN	56
Ouargla	FLN	45
Chlef	RND	42
Biskra	RND	37
Sétif	FLN	33
Adrar	FLN	30
Bechar	FLN	24

Tableau 2 - Partis d'opposition

Commune	Parti	% des suffrages exprimés
Boumerdès	Front du Futur	21
Tamanrasset	AHD 54	26
Tizi Ouzou	Indépendants (Tagmats/Thakmats)	45
Bejaia	FFS	33
Ghardaia	Indépendants (el Ichrak)	69

Tableau 1 : Résultats de la première liste aux élections communales de 2017 pour les chefs-lieux de wilayas emportés par le FLN ou le RND

Tableau 2 : Résultats de la première liste aux élections communales de 2017 dans les chefs-lieux de wilayas (en % des suffrages exprimés)

Effet constaté 7 : Dans les provinces où les grandes villes sont emportées par les partis de gouvernement, les élections communales des communes périphériques offrent des opportunités de gouvernement local aux nouvelles forces politiques

Si nous prenons le cas de la wilaya de Tlemcen, majoritairement acquise au FLN et au RND, les partis oppositionnels tels le Front du futur (Jabhad al-Mustaqbal) (FF), le Rassemblement pour l'espoir de l'Algérie (TAJ ou Tajammu' Amal al-Jazâ°ir), le Parti de la dignité (al-Karâma) et le Front national algérien (FNA) remportent un peu moins d'une dizaine de communes périphériques, dont la ville touristique de Marsa Ben M'hidi.

III. La mutation du FLN : du parti-Etat hégémonique au parti régulateur

La première question qui se pose est celle du rôle du parti dominant ; le scrutin proportionnel a pour effet la dispersion de la représentation et constitue un obstacle à l'émergence d'un parti politique hégémonique. En effet, à partir de 1997, aucun parti politique n'obtient à lui seul la majorité absolue des sièges, ce qui introduit une rupture avec le modèle de pouvoir centré sur un parti hégémonique.

Cette évolution est rendue possible par la distance qu'ont prise les élites bureaucratiques et militaires vis-à-vis du FLN. Ce dernier est, au moment où ce changement a lieu, affecté par plusieurs facteurs :

- l'exercice du pouvoir pendant les décennies précédentes et la crise politique et économique des années 1980 ;

- l'initiative du dialogue de San Egidio avec le FIS et le FFS en 1995, qui s'oppose à ce moment au choix stratégique du pouvoir qui est celui de l'éradication du FIS et de ses alliés ;

- l'autonomisation de l'institution militaire désormais affranchie du lien organique avec des structures partisanes, donc la déconstruction du modèle de « démocratie populaire » qui structurait les pouvoirs autour du parti de masse ;

- et surtout les divisions internes propres à la période de la première transition au pluripartisme.

En outre, la mise en place des nouvelles institutions s'accompagne du projet de création d'un nouveau parti de gouvernement distinct du FLN, capable de faire peau neuve et de se distancier des pratiques antérieures[436]. Ce rôle est attribué au RND dont le discours se structure autour de la lutte du pouvoir contre la pratique subversive et violente des groupes armés et de l'ambition de stabiliser et de reconstruire le pays. Ce dernier parti vient récupérer une partie importante des cercles politiques dominants qui s'était déjà distanciée du FLN.

La recherche d'un nouveau parti de gouvernement ne permet toutefois, ni de revenir au système antérieur du parti-Etat, ni d'évincer le FLN. Ce dernier est toujours porteur d'une légitimité politico-historique qui lui permet de récupérer son rôle de parti de gouvernement, plus précisément de premier parti de gouvernement[437].

Auprès d'une partie de l'électorat algérien, le FLN est toujours porteur de la légitimité historique de la libération nationale, ainsi que des constantes historiques – dont, essentiellement, l'arabité – qui fondent l'Etat moderne.

Sur le plan conjoncturel, il est renforcé par deux facteurs : la présidence de Bouteflika depuis 1999 qui en fait le parti de gouvernement et le projet de réconciliation nationale qui met fin à sept années de conflit armé.

---

436 Nasruldin Ben Tifour, *Athâr al-Thawrât al-'Arabiya fi al-Masâr al-Dimuqqrâti fi al-Jazâ°ir* (Les conséquences des révolutions arabes sur le processus démocratique en Algérie), in Collectif : *al-Intikhâbât wa al-Intiqâl al-Dîmuqrâti, Muqârabât Muqârana* (Les élections et la transition démocratique, approche comparative), Arab Center for Research and policy Studies, Doha, 2012.

437 Cf. Emma Tilleli, *« Les transformations de la société au regard des élections législatives et municipales de 2002 »* mars-avril 2003, accessible par https://www.sciencespo.fr/ceri/fr/content/les-transformations-de-la-societe-au-regard-des-elections-legislatives-et-municipales-de-200.

Reste que le FLN n'obtient la majorité absolue des sièges de l'Assemblée populaire nationale qu'une seule fois depuis 1991, lors des élections législatives de 2002, faisant suite à l'élection d'Abdelaziz Bouteflika et au processus de réconciliation nationale. Le nouveau gouvernement est toutefois demeuré un gouvernement de coalition, comprenant des ministres du RND, du Mouvement pour une société de paix (MSP) et du Rassemblement pour la culture et la démocratie (RCD).

Le schéma constant des années 2002-2019 est celui de la consolidation d'une majorité à deux principaux partis de gouvernement : le FLN et le RND. Les gouvernements successifs comprennent de manière récurrente des ministres des deux partis. Ils ont pendant neuf années discontinues le secrétaire général du RND, Ahmed Ouyahya, comme Premier ministre.

Le dernier avait vocation à remplacer le premier qui a résisté et est retourné en force. L'hypothèse que nous formulons est que la persistance du FLN en tant que parti de gouvernement est due au fait qu'il représente les constantes de l'identité algérienne et porte toujours la charge symbolique de la guerre de libération nationale des années 1954-62. Cette hypothèse est d'autant plus crédible que la transition des années 1989-92 et le conflit de 1992-97 ont achevé de dissocier l'ancien parti hégémonique des centres du pouvoir et de l'appareil d'Etat, ce qui a rendu envisageable le projet de substitution du RND au FLN à partir de 1996.

Même dans la période post-hégémonique, le FLN conserve une quadruple fonction au sein du système politique algérien. Il retrouve sa position dominante dès les débuts de la présidence Bouteflika en raison de sa fonction idéologique : celle qui en fait le porteur des constantes de l'identité algérienne. Il permet de réguler la compétition pluripartite et de jouer le rôle de parti pivot des coalitions. Il permet de fédérer les coalitions partisanes. Enfin, il est l'un des lieux – et non plus le seul, désormais – de recrutement de l'élite politique.

Il existe une complémentarité entre les deux partis, mais le FLN continue à davantage faire écho au tropisme patriotique de nombreux électeurs algériens et continue en 2016 à revendiquer plus de 530 000 adhérents contre un peu plus de 130 000 pour le RND[438].

IV. La restructuration du champ idéologique : de la cohabitation des trois identités à l'émergence des discours consensuels

Les partis autres que les deux partis de gouvernement sont cependant intégrés au fonctionnement du système politique et la plupart des gouvernements sont des gouvernements de coalition où l'essentiel des sensibilités politiques et idéologiques se retrouve.

Afin de mieux comprendre ce phénomène, revenons à la structuration du champ idéologique autour de trois courants principaux à partir du début des années 1990. Cette structuration est révélée par l'élection présidentielle de 1995, puis par les élections législatives de 1997. On retrouve le courant nationaliste, le courant dit « islamique » et le courant communautaire berbériste[439]. Ces trois courants sont représentés par les trois candidats les mieux placés à l'élection présidentielle de 1995 : Liamine Zeroual pour le premier, qui représente le discours officiel et obtient 61 % des suffrages exprimés, Mahfouz Nahnah pour le second, avec 25 % des suffrages exprimés et Saïd Saadi pour le troisième, avec 9% des suffrages exprimés. Ces candidats s'appuient sur les trois partis respectifs que sont le RND créé après cette élection, le Mouvement pour une société islamique (MSI) qui deviendra du fait des nouvelles règles constitutionnelles, le Mouvement pour une société de paix (MSP), et le Rassemblement pour la culture et la démocratie

[438] El Watan, 26 décembre 2016.

[439] Nombre d'écrits journalistiques présentent les partis du troisième courant comme l'« alternative social-démocrate » aux deux courants représentés par le FLN d'une part et le MSP d'autre part. Cette typologie est contredite par l'analyse de Ouali Ilikoud qui montre que les partis dits du « troisième courant » sont enfermés dans leur dimension ethno-communautaire ; v. Ouali Illikoud, *FFS et RCD, partis nationaux ou partis kabyles ?*, Revue des mondes musulmans et de la Méditerranée, 2006, pp. 163-182.

(RCD). Ces trois partis politiques soutiennent la présidence Zeroual.

En face, trois autres partis représentant respectivement des tropismes similaires se retrouvent à San Egidio pour s'entendre sur une réconciliation nationale pouvant mettre fin à la « guerre civile » : il s'agit du FLN, du FIS et du FFS, tous trois opposés à la poursuite de la guerre, et à la politique d'éradication du FIS. Reste que le FLN et le FFS réintègrent le jeu institutionnel mis en place par la constitution de 1996 et participent l'année suivante aux élections législatives, tandis que le FIS demeure dans l'illégalité.

La plupart des gouvernements mis en place depuis 2002 comprennent ces trois courants idéologiques, et l'on y retrouve à la fois des ministres du MSP et du RCD. Cette approche consensuelle a pour effet de réduire les distances idéologiques à deux niveaux : au niveau du discours politique et au niveau de la réforme constitutionnelle.

Les discours idéologiques de l'ensemble des acteurs du courant patriotique semblent avoir intégré ces trois dimensions que sont l'arabité, l'islamité et l'amazighité. Les candidats issus du FLN reconnaissent les droits culturels Amazigh, tandis que, les courants dits « islamiques » ont abandonné le discours clivant, adopté jadis par le FIS pour opposer « islamiques » et « laïques ». De même, les nouveaux partis intègrent systématiquement les trois dimensions dans leur plateforme politique (v. le cas du Rassemblement pour l'espoir de l'Algérie (TAJ)). A l'inverse, la surenchère ethno-communautaire persiste dans certains milieux berbéristes en Kabylie[440].

La réforme constitutionnelle de 2016 a définitivement placé les langues arabe et amazigh au même niveau en les reconnaissant comme langues officielles, ce qui va bouleverser les constantes historiques marquées une relation différente avec une identité amazigh ethnique participant à une identité arabe

---

440 Yâsîn Bûdhân, *Infisâl Mantaqat al-Qabâ°il, Jadal fi 'Umq al-Hirâk*, (La controverse autour de la séparation de la Kabylie au cœur du Hirak), Al Majalla, 4 mai 2019, https://arb.majalla.com.

civilisationnelle englobante. Reste que cette tendance à l'affaiblissement de la dimension identitaire arabe est commune à l'ensemble des systèmes politiques arabes, et l'intervention des puissances américaine et européennes a exercé cet effet de levier à partir des pays militairement occupés.

L'approche consensuelle au niveau des alliances politiques a pour effet d'orienter le débat vers les sujets relatifs aux réformes structurelles de l'économie, du système politique, de la distribution des richesses, etc.

V. Des lignes rouges de la présidence à la prolifération des revendications locales : y a-t-il une verticale de la vie politique ?

Dans la période 2000-2019, le pivot autour duquel l'ensemble des forces de gouvernement et d'opposition se structure est la présidence Bouteflika. Dans les faits, il s'agit de la seule institution qui est rarement contestée au sein du spectre des forces politiques en compétition. A titre d'exemple, le MSP, principal mouvement à rhétorique dominante islamique, a toujours affiché son soutien à la présidence et participé aux divers gouvernements de coalition, à l'opposé du mouvement al-Nahda d'Abdallah Jaballah qui, mis en minorité au sein de son parti a fondé al-Islah puis, pour la même raison, le Front de la justice et du développement.

De même, les nouvelles forces politiques représentées à l'Assemblée populaire nationale affichent leur soutien à la présidence, ce qui permet d'établir l'hypothèse selon laquelle la diversité de l'offre électorale joue également un rôle dans la consolidation du système politique. S'agit-il pour autant de partis clients, jouant à la fois un rôle de mobilisation de l'électorat et de légitimation du système politique en échange d'une rétribution politique[441] ?

L'on peut établir une distinction entre ce que l'élite au pouvoir perçoit comme l'élection présidentielle relevant pour

---

[441] Cherif Driss, *Algérie 2017 : de quoi les élections sont-elles le nom ?*, L'Année du Maghreb, 2017, Editions CNRS, pp 169-183.

l'élite dirigeante de la « *high politics* », et où l'on établit un consensus indiscutable – la présidence Bouteflika – et toutes les autres élections relevant pour la même élite de la « *low politics* », et où l'on élargit la marge de liberté. Les élections locales relèvent de la seconde catégorie. Cette distinction, entre un pilier présidentiel ou monarchique et un champ de compétition politique laissé aux autres institutions, apparaît comme une caractéristique commune à de nombreux systèmes politiques arabes, à la seule différence que dans les régimes monarchiques, le roi est officiellement reconnu comme le pivot immuable du système politique.

Graphique 9 : Comparaison entre le nombre de voix obtenues par le FLN aux élections législatives et par le candidat Bouteflika aux élections présidentielles (2002-2014)

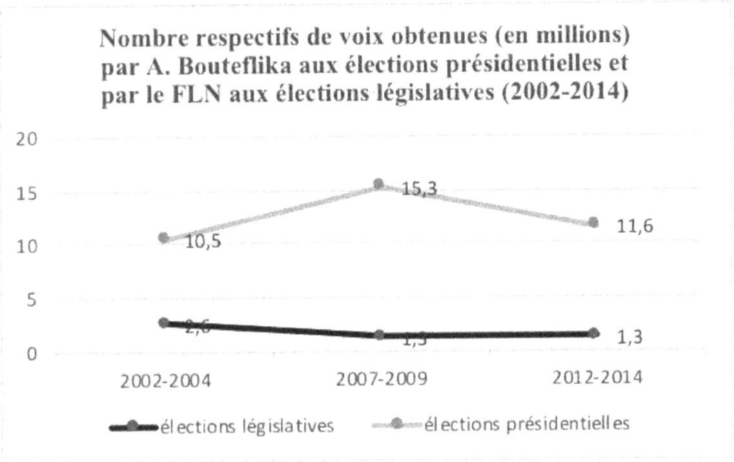

Graphique 10 : Comparaison du taux de participation et du vote pour les candidats FLN entre les élections locales, législatives et présidentielles

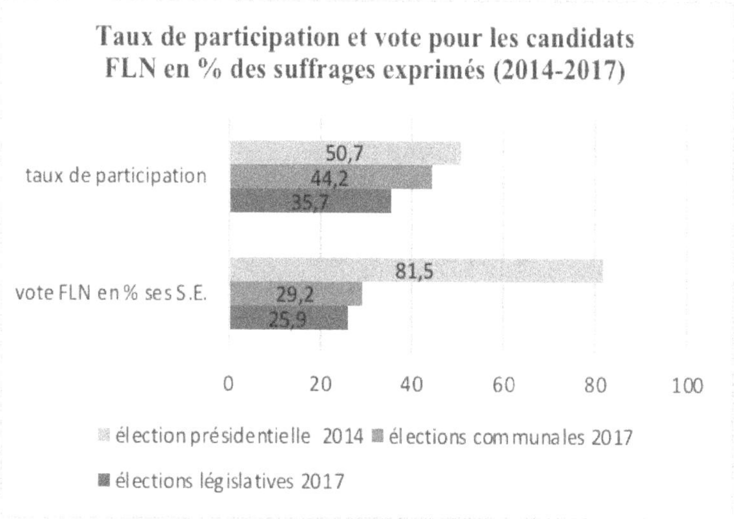

Ces chiffres nous permettent de conclure que les élections locales, qui pour l'élite au pouvoir relèvent de la « *low politics* », revêtent une plus grande importance pour les électeurs que les élections législatives, car elles leur donnent une plus grande marge de manœuvre. Cela est certes dû à la représentation que l'on a de l'Assemblée populaire nationale, à laquelle on attribue peu de pouvoirs, mais également à l'importance croissante que revêt le pouvoir local, en raison même de sa proximité vis-à-vis de l'électeur.

C'est en ce sens que les enjeux des élections locales ne sont pas le simple reflet des enjeux nationaux, mais qu'elles en révèlent une dimension essentielle, celle de la relation clientélaire qui s'appuie sur le processus vertical de distribution de ressources politiques, économiques, symboliques, par le pouvoir central, aux cadres politiques participants à la compétition et de ceux-ci aux électeurs[442]. Les élections locales peuvent être le lieu de consolidation du lien clientélaire permettant aux partis politiques d'élargir leur base électorale aux élections législatives, car c'est à leur niveau que s'effectue la distribution des ressources (économiques, politiques, symboliques).

L'on peut aussi évoquer un autre facteur : la persistance de certains électorats à maintenir leur attitude de contestation, tout en la transformant. A titre d'exemple, la commune Les Eucalyptus, dans la banlieue d'Alger, était considérée en 1991 comme l'un des bastions du FIS. Plusieurs facteurs explicatifs en furent donnés à cette époque, dont la marginalisation sociale de ses habitants, son implantation urbaine récente et chaotique et son abandon par le pouvoir central[443]. Les gouvernements successifs, depuis 2002, ont mis en place des politiques de réhabilitation et de restructuration urbaine qui ont influencé le comportement électoral à Cherarba. Les élections communales de 2017 ont révélé l'hostilité persistante de la population des Eucalyptus aux partis de gouvernement. C'est la liste TAJ qui obtint la majorité relative, suivie de la liste Justice et développement d'Abdallah Djaballah[444].

VI. Quelques paradoxes pour conclure

Si l'on compare l'élection de l'Assemblée populaire nationale avec celle des assemblées populaires communales, nombre de conclusions peuvent être mises en évidence.

---

[442] Mohammed Hachemaoui, *La représentation politique en Algérie entre médiation clientélaire et prédation (1997-2002)*, Revue française de science politique, 53e année, n°1, 2003, pp. 35-72.

[443] Nora Semmoud, *Les marges urbaines : un analyseur privilégié de l'urbanisme d'Alger*, Les Cahiers d'Etudes sur le Monde arabe et la Méditerranée, Politiques urbaines et inégalités en Méditerranée, 27/2015.

[444] La récente étude présentée par Mohamed Hachemaoui est davantage portée sur les régions périphériques, et notamment la région d'Adrar. La question se pose de savoir si l'on peut généraliser les conclusions à l'ensemble des espaces de l'Algérie. V. Mohammed Hachemaoui, *Clientélisme et patronage dans l'Algérie contemporaine*, Paris, Karthala, 2013.

1. L'introduction du scrutin proportionnel a pour fonction de mieux réguler le processus de transition au pluripartisme et d'empêcher l'ascension d'un nouveau parti similaire au FIS des années 1989-91, là où dans d'autres systèmes politiques il est perçu avant tout comme une garantie de représentation équitable des partis minoritaires.

2. Elle marque la fin du paradigme du parti-Etat et le détachement de l'élite dirigeante par rapport au parti dominant.

3. Le premier vainqueur des élections parlementaires ou locales demeure l'abstention : aux élections législatives de 2017, il y a dix fois plus d'abstentions et de suffrages non exprimés que de votes pour le parti arrivé en tête.

4. Les électeurs expriment davantage d'intérêt pour les élections communales que pour les élections législatives et sont davantage sensibles aux enjeux et dynamiques de proximité.

5. Les clivages des décennies précédentes semblent s'amenuiser avec l'émergence de nouveaux discours consensuels au sujet des questions relatives à l'identité.

6. Il y a une quasi-correspondance entre les résultats des élections nationales et celui des élections locales pour la majeure partie de forces politiques ancrées dans le paysage politique, ce qui est moins évident pour les nouvelles forces politiques.

7. Les partis dominants sont mieux organisés pour emporter une proportion de communes supérieure à la proportion des votes obtenus et pour contrôler la majorité d'entre elles. Si l'on excepte quatre wilayas (Tizi Ouzou, Bejaia, Ghardaia, Tamanrasset) on retrouve le FLN et le RND à la tête des assemblées populaires de wilaya.

8. L'écart entre les données des élections présidentielles et celles de toutes les autres élections révèle le contraste entre un espace contrôlé, celui de l'élection présidentielle où la candidature récurrente du président en exercice n'est contestée que par les acteurs extérieurs au processus électoral ou aux marges de celui-ci, d'une part, et l'espace des élections locales et

législatives donnant une plus grande marge de liberté aux acteurs politiques, d'autre part.

9. Enfin, l'objet de notre présentation étant limité à l'analyse de certaines données concernant la compétition politique entre les différents courants, ainsi qu'au type de participation, de nombreux aspects restent à explorer, notamment en ce qui concerne le profil des élus. Nous nous contentons d'énoncer deux constats : celui concernant le niveau scolaire des élus et celui concernant la représentation féminine.

L'inégalité de niveau scolaire entre les élus locaux et les élus nationaux est l'un des symptômes révélateurs de la relation verticale entre élite locale et élite nationale. A titre d'exemple, seulement 23 % des élus communaux ont un niveau d'études universitaires contre plus de 50 % des élus nationaux, et plus de 23 % ont au plus un niveau d'études élémentaires contre moins de 4 % à l'échelle nationale[445].

La représentation féminine a rapidement progressé au cours de la dernière décennie. La loi organique 12-03 du 12 janvier 2012 impose des quotas de représentation féminine dans les listes électorales : 30 % au moins dans les assemblées communales et entre 20 et 40 % par circonscription pour l'élection de l'Assemblée populaire nationale. La proportion des femmes élues à cette dernière est passée de 3 % en 1997 à 24 % en 2017. En ce qui concerne les assemblées populaires communales, la représentation féminine est passée à 19 % avec plus de 4 700 sièges à la suite des élections de 2017. Reste que seules quatre communes sont dirigées par des femmes depuis ces dernières élections[446].

---

[445] Ammar Boudiaf, *Al-Majâlis al-Sha'biya al-Baladiya fi al-Jazâ°ir bayna Muqtadayat al-Lamarkaziya wa Aliyât al-Hukm al-Rachid* (Les conseils populaires communaux en Algérie entre les nécessités de la décentralisation et les mécanismes de la bonne gouvernance), Majallat al-Fikr al-Barlamani, n° 27, avril 2011.

[446] Ahmad Rouabia, *Zahia Bin Qara : la première femme élue maire, présentée par un parti « islamique » en Algérie*, BBC, 30 novembre 2017, https://www.bbc.com/arabic/middleeast-42178924.

RAPPORT DE SYNTHESE

Michel VERPEAUX,
Professeur à l'Université Panthéon-Sorbonne

Tout rapport de synthèse commence par des remerciements adressés aux organisateurs, les professeurs Dominique Maillard Desgrées du Loû et Jean-Philippe Bras pour nous avoir réunis dans des lieux aussi prestigieux qu'agréables. Ce rapport n'échappera donc pas à cette règle qui n'est pas de simple convenance. La collaboration entre l'Université Paris-Descartes, l'Université de Rouen-Normandie et l'Institut du Monde arabe fut très heureuse. Les remerciements et les félicitations sont aussi, bien entendu, destinés aux intervenants pour la richesse de leurs contributions qui ont facilité grandement le travail du présent rapporteur, mais nous ne saurions oublier la qualité des présidences de séance, tenues avec une ferme autorité qui a permis de respecter les horaires d'un colloque riche et dense. Je voudrais aussi, à titre personnel, mais je suis certain que ces remerciements sont ceux de tous les participants à ce colloque, adresser mes félicitations à M. Vincent Jung pour la qualité de l'organisation de ces deux journées.

Les colloques sont, dans le monde académique, des occasions de retrouver des amis, mais aussi de nouer de nouvelles relations. Celui-ci n'échappe pas à ce constat et tout le monde espère qu'il pourra avoir des suites !

Les difficultés d'un rapport de synthèse sont multiples, parmi elles, celle d'oublier un sujet ou une question abordée par les communications, nombreuses et variées dans le cas de ce colloque, celle de commettre des erreurs d'interprétation. On voudra bien excuser celles-là et celles-ci.

Les risques d'erreur sont en effet grands. Le colloque était consacré à trois pays, c'est-à-dire trois régimes politiques distincts, une monarchie, deux Républiques, ayant chacun une histoire propre. Il faut aussi éviter la tentation, pour un juriste français, de chercher à comparer les situations locales avec la réalité française, et d'être tenté par le mimétisme. Les liens entretenus avec l'ancienne puissance coloniale ne sont pas identiques mais ce colloque a pu faire émerger, entre les trois pays, une similitude des questions et parfois des solutions.

Au Maroc et en Tunisie, deux constitutions nouvelles ont été adoptées, après ce que l'on a pu appeler des printemps arabes[447], mais cet événement s'est déroulé dans des contextes très différents dans ces deux pays et avec des résultats politiques variés. Ces événements ont surtout mis en lumière des revendications en faveur des libertés, mais peu en faveur d'une plus ou moins grande décentralisation.

Les trois pays concernés sont des Etats unitaires de taille fort différente mais le colloque ne s'est pas attardé sur l'influence, commune ou non, de la religion musulmane.

Les pays du Maghreb connaissent, comme la plupart des pays, des tensions entre le centre et la périphérie, entre le local et le central. Pour autant, le poids du pouvoir central n'est pas le même et les tendances centralisatrices ont pu varier selon la nature du régime.

S'agissant des textes constitutionnels, ces derniers ne permettent pas d'avoir une vue toujours exacte des réalités car ils se contentent parfois de pétitions de principe plus ou moins suivies d'effets. Le développement récent du constitutionnalisme et du contrôle des lois par un juge constitutionnel est néanmoins de nature à imposer le respect de ces normes par le législateur. Encore faut-il que ce contrôle soit réel et exercé par un juge indépendant. Cette question n'a pas, non plus, été abordée lors du présent colloque.

Celui-ci était consacré à l'administration locale et non à l'administration territoriale. L'utilisation parallèle de ces deux mots pour désigner ce qui n'est pas national ou étatique suscite

---

447 Depuis la tenue de ce colloque, l'Algérie a connu une autre forme de printemps avec des manifestations pacifiques ayant conduit, début avril 2019, à la démission du président Bouteflika, jusque-là candidat à un cinquième mandat présidentiel.

des interrogations dans tous les pays mais le choix du mot « locale » avait l'avantage de souligner la tension précitée avec le pouvoir central ou le national puisque le Maroc, l'Algérie et la Tunisie constituent des Etats-nations.

Dominique Maillard Desgrées du Loû soulignait, en présentant le plan du colloque, que les travaux allaient partir du général pour aller vers le particulier et ces vues se sont en effet réalisées. Pour autant, c'est une autre démarche qui sera adoptée dans cette brève et incomplète synthèse, tant il a semblé que, tout au long de ces travaux, se sont affrontées dans les trois pays, d'une part, des volontés de décentralisation fondées sur des objectifs et selon des modalités différents d'un pays à l'autre, et, d'autre part, des résistances et des obstacles aussi bien politiques que juridiques, parfois très anciens, parfois beaucoup plus contemporains. Si cette dialectique n'est pas originale sur un tel sujet, et si elle peut être rencontrée dans d'autres pays et à d'autres époques, elle a été particulièrement illustrée dans les trois pays concernés dont l'histoire ne fut pas toujours un long fleuve tranquille. Comme le soulignait son Excellence Gherairi, en ouverture du colloque, les dynamiques ne sont pas nécessairement comparables.

Opposer décentralisation et centralisation nécessite de résoudre la question de l'ordre de présentation des deux tendances. Une version pessimiste consisterait à privilégier la seconde, une vision plus optimiste à mettre l'accent sur la première. Optons alors pour la version optimiste, tant, comme l'a suggéré M. Benyahya, le processus de décentralisation « parait, malgré tout, irréversible ».

I. Les obstacles et les résistances à la décentralisation

Jean-Philippe Bras soulignait, en présentant une perspective historique longue, le tropisme centralisateur présent depuis longtemps dans cette région. Ce tropisme peut avoir, néanmoins, des causes plus proches qui peuvent être extra-juridiques comme elles peuvent être liées à des raisons plus administratives ou juridiques.

A - Les obstacles extra-juridiques

Il serait tentant de qualifier ces obstacles de politiques, mais ils peuvent avoir une autre origine.

Les résistances peuvent en effet reposer sur des caractéristiques physiques ou même géologiques comme l'a illustré de manière savante Jean-Philippe Bras, cartes à l'appui qui ont montré les trois bandes géographiques qui traversent le Maghreb, tant il est vrai qu'il n'est pas possible d'étudier le droit des collectivités territoriales sans recours à la géographie. Cette région connait des territoires diversement habités, révélant de grandes inégalités. Ainsi, 60 % du territoire tunisien ne sont pas habités, nous a appris M. Baccouche.

Les raisons sont aussi humaines, du fait de l'existence de populations nomades qui peuvent difficilement fonder ou justifier la création ou la reconnaissance de collectivités territoriales organisées à partir de populations permanentes.

Ces raisons trouvent aussi leur fondement dans les relations complexes susceptibles d'exister entre le pouvoir central et le pouvoir local dans des périodes anciennes, antérieures à la colonisation. Cette dernière a bien sûr été aussi un facteur important du centralisme. En Algérie, la commune était perçue comme un instrument du colonisateur, en tant qu'élément de discrimination entre les Européens et les populations indigènes. Au moment des indépendances, la préoccupation principale des dirigeants fut surtout de privilégier un pouvoir centralisé, au nom de la construction d'un Etat nouveau et moderne, comme le firent les rois de France au XVIIe siècle.

Les élites locales furent par là-même disqualifiées, parce qu'elles étaient soupçonnées d'avoir collaboré avec le colonisateur. La modernisation autoritaire était la condition de la création des Etats nouveaux, en s'appuyant sur l'existence d'un parti unique et en s'aidant du poids d'un homme accaparant les pouvoirs, même de la part d'un véritable réformateur comme le fut Habib Bourguiba en Tunisie.

Plus près de nous, la lutte contre le terrorisme, quelles qu'en soient les formes, et qui ne date pas de 2001, a justifié le recours à des pouvoirs concentrés, comme en Tunisie jusqu'en 2010. Ce fut vrai aussi en Algérie comme l'a bien montré Mme Souâd Ghaouti. Parmi les trois impératifs ayant encadré la loi de 2011 sur les communes algériennes, l'un d'eux était la recherche de la sécurité « *après vingt ans d'état d'urgence et dix années de terrorisme* », selon ses propres termes. Les effets de cette période se sont, en effet, fait ressentir bien après la fin de cette dernière. La sécurité nationale est nécessairement une sécurité centrale, et les menaces ne sont jamais absentes, comme le montre le cas de la Tunisie qui a connu plusieurs attentats récents. En Algérie, cette situation a contribué à renforcer le rôle du *wali*, représentant de l'Etat, qui dispose de pouvoirs exorbitants en matière de substitution sur les autorités locales ou de dissolution des assemblées.

Même le réchauffement climatique, autre source d'inquiétudes, favorise le centralisme du pouvoir de décision, par exemple dans la lutte contre les inondations et les catastrophes dites naturelles.

Relèvent, enfin, de ces considérations extra-juridiques, les phénomènes plus sociaux, tels que le poids de l'analphabétisme, le vieillissement des élites locales, l'inadaptation des ressources humaines et, spécifiquement au Maroc comme nous l'a montré M. Benyahya, un trop faible respect de la parité entre les femmes et les hommes.

Ces pesanteurs peuvent se manifester même à l'occasion des réformes décentralisatrices, selon les propos de M. Ben Jelloul à propos du découpage des nouvelles communes et de l'extension de communes existantes en Tunisie. Il a bien montré, cartes et statistiques à l'appui, qu'il était parfois difficile de changer les habitudes et les attaches territoriales, même s'il n'y a eu, en définitive, qu'assez peu de contestations.

B - Les pesanteurs administratives

Pour toutes ces raisons, il existe, dans les trois pays présentés, une absence globale de tradition d'une pratique communale.

Cette pesanteur est illustrée par un phénomène qui a été évoqué et parfois dénoncé, celui d'un fort décalage entre les textes et la pratique réellement suivie. La proclamation de principes constitutionnels ne suffit pas à garantir la décentralisation, ce qui est vrai dans tous les pays. Il faut qu'ils soient traduits dans des lois, souvent organiques, auxquelles renvoie la constitution. Encore faut-il aussi que ces textes soient adoptés, ce qui pose aussi la question du choix de la voie législative ou de celle des décrets.

Le Maroc, selon L. Benyahya, s'est doté de trois lois organiques, à raison d'une par niveau territorial, en plus d'une loi électorale, alors même que la Constitution ne prévoit qu'une seule loi. Ces lois complémentaires de la constitution peuvent prendre la forme d'un code communal comme en Algérie avec la loi précitée de 2011, à la suite de nombreuses lois adoptées à la suite d'une première ordonnance remontant à 1967.

Ces lois peuvent être remplacées par des décrets, comme cela fut le cas pour le découpage des territoires des collectivités au Maroc après la Constitution de 2011. Furent ainsi dessinées douze régions, au lieu des seize qui existaient jusque-là, soixante-deux provinces, essentiellement à dominante rurale, treize préfectures, à dominante urbaine et mille cinq cent trois communes. Ce sont aussi des décrets qui ont procédé au découpage des communes en Tunisie après 2014.

L'éclatement normatif des textes fait ressentir le besoin d'un code des collectivités territoriales, notamment au Maroc, où il est très difficile de maîtriser l'ensemble des textes, toujours selon M. Benyahya. Le cas tunisien est alors significatif dans l'autre sens, car ce pays s'est doté d'un code des collectivités locales très riche, comme l'a très bien exposé M. Baccouche, entre autres raisons parce qu'il n'a pas caché qu'il avait fortement participé à son élaboration ! Ce code concrétise la libre administration des collectivités, grâce au recours au principe électif et à la suppression de la tutelle.

Une autre raison « administrative » est le lien, pour ne pas dire le mélange des genres, entre la déconcentration et la décentralisation. Précisément, la France a longtemps confondu les deux procédés d'administration locale pour des raisons historiques, les collectivités territoriales s'inscrivant dans le cadre de circonscriptions administratives de l'Etat, mais aussi pour des raisons de simplification de gestion des territoires.

Le même phénomène se rencontre dans les pays du Maghreb. Les régions tunisiennes, administrations déconcentrées à l'origine, ont été érigées en collectivités territoriales en 1989 et le gouverneur possède une « double casquette » en tant qu'autorité déconcentrée et autorité décentralisée. M. Baccouche a bien montré que le chiffre de vingt-quatre régions, trop élevé pour la Tunisie, était difficilement modifiable car il est hérité de la déconcentration.

Cette politique de déconcentration est loin d'avoir disparu. C'est ce qu'a montré Madame Ghaouti pour l'Algérie avec un nouveau maillage des circonscriptions déconcentrées, illustré par la création en décembre 2015 de quatorze circonscriptions qui ont été ajoutées autour des grandes villes côtières et destinées à faire face à l'afflux de populations venues de zones rurales et fuyant le terrorisme. Des causes politiques peuvent ainsi rejoindre des raisons plus administratives.

La publication d'une charte de la déconcentration le 3 janvier 2019, ont rappelé aussi bien Frédéric Rouvillois que M. Benhyaya, ce qui constitue un heureux hasard du calendrier, montre la persistance et la nécessité de la déconcentration.

II. Les avancées progressives de la décentralisation

Le colloque n'aurait pas eu lieu s'il n'y avait pas eu des politiques de décentralisation. Même si celle-ci n'a pas une cause unique et n'est pas que le produit d'événements récents, ceux-ci ont provoqué l'édiction de constitutions nouvelles, au Maroc et en Tunisie, qui ont proclamé ou renforcé des principes allant dans le sens d'une plus grande décentralisation. Cette dernière a été consacrée par des modalités nouvelles et a donné naissance à des liens nouveaux entre l'Etat et les collectivités territoriales.

A - Des principes nouveaux

Ils peuvent être le fruit de bouleversements politiques et sociaux. Madame Signoles a pu ainsi monter que les printemps arabes ont entraîné, en 2011 et dans les pays qui ont connu un tel phénomène, une remise en question du modèle centralisateur, entre autres raisons parce qu'il s'agissait de mouvements territorialement situés avec des revendications en faveur de besoins locaux de services publics, ce qui contribuait à la fois à critiquer un fort déficit démocratique et à exiger une plus efficacité, pour ne pas dire une effectivité réelle, de ces services publics, tels que l'eau par exemple.

Ces « printemps » n'ont véritablement concerné, dans les trois pays du colloque, que la Tunisie. L'Algérie, en janvier 2019, n'était pas concernée. Quant au Maroc, M. Benyahya et Frédéric Rouvillois ont montré que la Constitution de 2011 n'était pas une vraie réponse au mouvement – essentiellement de jeunes – et qu'il n'y avait pas eu de « révolution ». La « régionalisation avancée » inscrite dans cette Constitution existait dès 1992 et s'est poursuivie en 2001 dans une volonté de moderniser l'Etat. C'est aussi ce qu'a pu montrer M. Ben Abdallah. Dès lors, les mouvements sociaux n'expliquent pas tout, mais ils ont pu constituer des accélérateurs efficaces. Le cas tunisien est alors très significatif.

Avec ou sans révolution, les textes constitutionnels ont été assez profondément renouvelés, pratiquement à la même période. Tous ont vu le nombre de leurs articles et de leurs dispositions augmenter considérablement. Au lieu d'un seul article purement descriptif, des subdivisions complètes sont désormais consacrées aux collectivités territoriales ou au pouvoir local, comme le montre le chapitre VII de la Constitution de la Tunisie en 2014.

L'article 1er de la Constitution marocaine de 2011 proclame que « *Le Maroc est un Etat décentralisé fondé sur une régionalisation avancée* ». Cette même Constitution a aussi consacré un principe profondément novateur, au moins dans son énoncé, celui de subsidiarité.

Il a été rappelé que ces constitutions ont pu être précisées par des lois organiques ou par des codes comme celui des collectivités territoriales en Tunisie en mai 2018. L'édiction de ces textes accompagne évidemment la décentralisation, à défaut de la précéder. L'adoption d'un seul code consacré à cette matière est aussi, semble-t-il, imminente en Algérie.

Un redécoupage des territoires des collectivités peut constituer une conséquence de ce mouvement, comme l'a illustré le vaste redécoupage des communes en Tunisie, analysé par M. Ben Jelloul, dans le cadre une communalisation totale du territoire, mais aussi par application du principe d'égalité. Il s'agissait d'assurer une vie digne à chacun, tout en pratiquant, par une forme de discrimination positive, une forme d'inégalité compensatrice. C'est ainsi que 86 communes nouvelles ont été créées pour un total de 350 communes à l'heure actuelle, alors qu'en 2014 seulement 9 % du territoire était municipalisé.

Frédéric Rouvillois a rappelé que le décret du 20 juillet 2015 avait découpé, au Maroc, douze régions viables et stables dans le temps au nom du concept de régionalisation avancée et selon un processus volontariste qui ne se voulait surtout pas une forme de régionalisme. Ce découpage a voulu concilier les inégalités existant entre les régions, entre celles du nord et celles du sud par exemple, et un pragmatisme nécessaire. C'est alors à l'Etat de compenser les inégalités, naturelles ou non, par le principe de solidarité et, à l'heure actuelle, seulement cinq de ces régions connaissent un dynamisme satisfaisant.

Ces principes nouveaux s'accompagnent et se concrétisent par des modalités nouvelles.

B - Les modalités nouvelles

Il est significatif qu'en Tunisie, comme au Maroc, le régime de la tutelle a été remplacé par un régime de contrôle de légalité. M. Ben Abdallah, pour le Maroc, a indiqué qu'après 2011, le mécanisme de substitution de l'Etat aux autorités locales en cas de carence de celles-ci a été assez profondément modifié et la place du juge a été renforcée. M. Baccouche a indiqué que la Tunisie a créé, dans cet objectif, douze juridictions administratives sur l'ensemble du pays.

La décentralisation se caractérise aussi par un nouveau partage des compétences. M. Bouachik a parfaitement montré comment le régime de répartition des compétences avait pu s'inspirer du modèle allemand, alors même que le Maroc n'est évidemment pas un Etat fédéral, bien que, selon M. Bouachik toujours, Hasan II l'ait envisagé en 1984 ! Trois catégories de compétences sont ainsi distinguées, celles dites propres, celles dites partagées entre l'Etat et les collectivités territoriales, au nom de l'efficacité et les compétences transférables de l'Etat vers lesdites collectivités. Cette nouvelle répartition a entrainé la suppression de la compétence générale.

La répartition des compétences a aussi créé la notion de prééminence des régions sur les autres niveaux de l'administration décentralisée, afin d'intégrer les propositions de ces autres niveaux dans le cadre d'un plan régional. Si cette prééminence peut n'avoir qu'un sens fonctionnel, et non institutionnel, elle ne peut entraîner une tutelle d'une collectivité sur une autre. On perçoit bien, vu de France, le caractère très novateur de cette notion.

L'autre modalité nouvelle de la décentralisation est évidemment la recherche d'un approfondissement de la démocratie, ce qui constitue un autre des trois impératifs de la loi communale algérienne de 2011 présentée par Madame Ghaouti. Pour M. Baccouche, la démocratie constitue aussi la traduction de la libre administration. Elle peut être participative, informative, mais plus simplement aussi se manifester par des élections. Les premières élections libres municipales ont eu lieu en Tunisie en 2018. Si 47 % des conseillers municipaux sont désormais des femmes, le taux de participation n'a été que de 33 %, un peu comme si l'on pouvait se lasser assez vite de la démocratie, pourtant chèrement et récemment acquise. Cette démocratie a connu de nouveaux horizons selon Dominique Maillard. Le renouveau démocratique s'est en effet manifesté au sein des assemblées locales, par la place renforcée des femmes, des militaires et des handicapés, sans qu'il puisse y avoir un lien entre ces trois catégories. Pétitions et référendums locaux font leur entrée.

Cette présentation a été complétée par une analyse politiste présentée par M. Nohra mais limitée à l'Algérie qui a subi les contraintes liées à l'existence d'un parti unique devenu dominant, et au poids du « socialisme » proclamé, suivi de la lutte contre le Front islamique de salut.

Un autre moyen de renforcer les capacités des collectivités locales consiste sans doute à introduire des mécanismes de coopération entre ces collectivités, comme l'a montré l'étude de Madame Smiri. Ces mécanismes peuvent être prévus par les constitutions, comme en Tunisie, à l'article 140, ou au Maroc à l'article 136, ou par des lois comme en Algérie. Ils peuvent prendre une forme conventionnelle ou revêtir celle d'établissements publics. Les difficultés de mise en œuvre sur le terrain sont nombreuses et beaucoup de chemin reste à parcourir, semble-t-il, faute de textes qui restent à édicter.

Cette coopération peut avoir aussi une dimension internationale grâce à l'Agence française de développement, banque de développement constituée sous la forme d'un établissement public industriel et commercial et dont le rôle a été très bien présenté par Madame Hugonnenq. Cette banque peut en effet participer au financement de la décentralisation et au développement du secteur public local

Les difficultés restent nombreuses, du fait notamment de la faiblesse des ressources financières des Etats, soulignée par M.

Baccouche. La Constitution tunisienne de 2014 n'a ainsi pas consacré un pouvoir fiscal local et elle n'a reconnu qu'une autonomie financière au profit des collectivités décentralisées par le principe de la part prépondérante des ressources propres. Néanmoins, c'est aux collectivités territoriales que revient la compétence d'établir le rôle des propriétés, donc la base des impôts fonciers locaux. La Haute instance des finances locales évite en principe la politisation des transferts des moyens financiers, en tant qu'institution indépendante. M. Majid Yanat a souligné les particularités de la situation algérienne, marquée par la lourdeur et la complexité du système fiscal qui aboutit à un rendement assez faible de l'impôt et à la nécessaire création d'impôts nouveaux. Ceux-ci sont ceux de l'Etat qui sont affectés totalement ou partiellement aux collectivités territoriales. Seul l'Etat peut en effet décider la création d'impôts nouveaux, mais les compétences des assemblées locales ont été renforcées dans le projet algérien de code de la fiscalité locale.

Dans les trois pays concernés par ce très beau colloque, la décentralisation est présentée comme un moyen de permettre la nécessaire modernisation de l'Etat alors que, au lendemain des indépendances, la centralisation était conçue comme la solution adéquate pour parvenir à ce même résultat. On mesure ainsi le chemin parcouru, qui est celui qu'ont parcouru de nombreux autres pays.

Venu saluer le colloque, au nom de l'Institut du monde arabe, M. Jack Lang a souhaité que soit organisé, un jour, un colloque sur la nécessaire réforme de l'administration locale en France, notamment sous l'angle de la démocratie. L'étude d'autres pays peut aussi être l'occasion d'un retour sur soi.

Structures éditoriales du groupe L'Harmattan

L'Harmattan Italie
Via degli Artisti, 15
10124 Torino
harmattan.italia@gmail.com

L'Harmattan Hongrie
Kossuth l. u. 14-16.
1053 Budapest
harmattan@harmattan.hu

L'Harmattan Sénégal
10 VDN en face Mermoz
BP 45034 Dakar-Fann
senharmattan@gmail.com

L'Harmattan Cameroun
TSINGA/FECAFOOT
BP 11486 Yaoundé
inkoukam@gmail.com

L'Harmattan Burkina Faso
Achille Somé – tengnule@hotmail.fr

L'Harmattan Guinée
Almamya, rue KA 028 OKB Agency
BP 3470 Conakry
harmattanguinee@yahoo.fr

L'Harmattan RDC
185, avenue Nyangwe
Commune de Lingwala – Kinshasa
matangilamusadila@yahoo.fr

L'Harmattan Congo
219, avenue Nelson Mandela
BP 2874 Brazzaville
harmattan.congo@yahoo.fr

L'Harmattan Mali
ACI 2000 - Immeuble Mgr Jean Marie Cisse
Bureau 10
BP 145 Bamako-Mali
mali@harmattan.fr

L'Harmattan Togo
Djidjole – Lomé
Maison Amela
face EPP BATOME
ddamela@aol.com

L'Harmattan Côte d'Ivoire
Résidence Karl – Cité des Arts
Abidjan-Cocody
03 BP 1588 Abidjan
espace_harmattan.ci@hotmail.fr

Nos librairies en France

Librairie internationale
16, rue des Écoles
75005 Paris
librairie.internationale@harmattan.fr
01 40 46 79 11
www.librairieharmattan.com

Librairie des savoirs
21, rue des Écoles
75005 Paris
librairie.sh@harmattan.fr
01 46 34 13 71
www.librairieharmattansh.com

Librairie Le Lucernaire
53, rue Notre-Dame-des-Champs
75006 Paris
librairie@lucernaire.fr
01 42 22 67 13

www.ingramcontent.com/pod-product-compliance
Lightning Source LLC
LaVergne TN
LVHW011257061026
849535LV00005B/1286